国家出版基金项目
NATIONAL PUBLICATION FOUNDATION

话说世界

TALKING ABOUT THE WORLD

8

启蒙时代
Enlightenment Age

刘小玲◎著

主　编：陈晓律　颜玉强

人民出版社

主　　编：陈晓律　颜玉强

作　　者：刘小玲

编　　委：

高　岱
北京大学世界史教授

梅雪芹
清华大学世界史教授

秦海波
中国社会科学院世界历史研究所
研究员

黄昭宇
中国现代国际关系研究院研究员
《现代国际关系》副主编

任灵兰
中国社会科学院世界历史研究所
《世界历史》编审

姜守明
南京师范大学世界史教授

孙　庆
南京晓庄学院外国语学院
世界史副教授

策　　划：杨松岩

特邀编审：鲁　静
　　　　　杨美艳
　　　　　陆丽云
　　　　　刘可扬

图片提供：
中国图库
广州集成图像有限公司
视觉中国

《话说世界》出版说明

希望与探索

为广大读者编一部普及世界历史的文化长卷

今日世界植根在历史这块最深厚文化土壤中。要了解世界首先要从学习世界历史开始。学习世界历史不仅有助于我们借鉴外国历史上的成败得失，使我们在发展的道路上少走弯路；而且还有助于我们养成全球视野，自觉承担起作为大国对人类的责任；同时还有助于我们更深入地理解和贯彻构建人类命运共同体理念。人类文明发展 5000 多年来，各地区和各民族国家的文明差异性很大，都有自己独特的发展轨迹和文化，在交往日益密切的今日世界，我们更要努力学习世界历史与文化。因此我们策划出版这套《话说世界》。

世界史方面的读物出版了不少，但一般教科书可读性不足，专题类知识读物则不够系统全面，因此我们在编撰这套《话说世界》时，主要考虑普及性，在借鉴目前已有的世界历史读物的基础上，进行了新的尝试：

首先，史实准确。由著名世界史专业教授和研究员组成的编委会保证学术性，由世界史专业教授和博士为主的创作队伍保证史实的准确性。

其次，贯通古今。从史前一直到 2018 年 12 月，目前国内外尚没有时间跨度如此之大的历史读物。本套书内容丰富，传奇人物、探险故事、艺术巨作以及新思潮、新发明等，无所不包，以独创的构架，从政治、经济、文史、宗教、思想、艺术、科学、生活等多维度地切入历史，从浩瀚庞杂的史料中，梳理出扼要明晰的脉络，以达到普及世界史知识的作用。

再次，图文并茂。采用新颖的编排手法，将近万张彩图与文字形成了有机组合。版面简洁大方，不失活泼，整体编排流畅和谐，赏心悦目。

最后，通俗易懂。作者秉持中肯的观点，采取史学界主流看法，立论中肯、持平、客观，文字深入浅出，绝不艰涩枯燥，流畅易懂。

这套书总计 20 卷，各卷书名分别为：《古典时代》《罗马时代》《王国时代》《封建时代》《宗教时代》《发现时代》《扩张时代》《启蒙时代》《革命时代》《民族时代》《工业时代》《劳工时代》《帝国时代》《一战时代》《主义时代》《危机时代》《二战时代》《冷战时代》《独立时代》《全球时代》。

十几年前，上海锦绣文章出版社出版的《话说中国》，以身体作为比喻说还缺少半边身子，缺失世界历史的半边，因此《话说世界》的策划项目在七年前孕育而生。经过近七年的努力，这套图文并茂的普及性世界史《话说世界》（20 卷）陆续出版。今年又适逢新中国成立 70 周年，这套书被列入国家出版基金资助项目，作为一个从事 36 年出版工作的出版人感到由衷的喜悦。

在本套书行将付梓之际，特别感谢陈晓律、颜玉强、秦海波、刘立群、黄昭宇、任灵兰、鲁静、杨美艳、陆丽云、刘可扬等十几位世界史专家的辛勤劳作，感谢所有参与《话说世界》（20 卷）本书的作者、专家、学者、编辑、校对为此作出的贡献。最后，谨以两位世界史专家对本套书的点评作为结束：

　　徐蓝（中国史学会副会长）：首先要说这套书使得我眼睛一亮。这不是我们通常说的以政治经济为全部内容的世界历史，而是多维度的世界历史解读，其内容涵盖了政治、经济、文史、宗教、思想、艺术、科学、生活等，使世界历史更加充盈饱满相生相成。特别是将其每卷书的类别单独合在一起，相当于一部部专题史。这在国内世界历史读物中是仅见的，具有很高的出版价值。《话说世界》又是一套通俗读物。全套书 5000 篇左右的文章，通过人文地理、重回历史现场、特写、广角、知识链接等拓宽了内容的容量，增强了趣味性。可以说这是一套具有"广谱"特性的世界历史普及读物。这套书的社会效益不仅会普及国民的世界历史知识，也拓宽了国际视野，将世界历史作为基础知识之一，才能具备大国的胸怀和责任担当。

吴必康（中国社会科学院世界史所，国家二级研究员）：历史题材类的通俗读物一向是热门读物，富有意义。但其出版物主要是中国史，世界历史通俗读物出版甚少。而且，这些不多的世界历史出版物也多为受众少的教科书式作品。《话说世界》可以说弥补了这方面的缺憾。今天，中国正处民族复兴之时，作为世界第二大经济体，其世界影响越来越大，责任也更大，广泛了解世界，具有国际视野成为大势所趋。广大人民需要了解世界，知晓世界历史，已是必不可少之举。世界历史虽然内容浩如烟海，但作为文明历程有规律可循，有经验教训可资借鉴。《话说世界》的专业作者梳理千古，深入浅出，从容不迫地娓娓道来，使世界历史清晰明了，趣味盎然。这套丛书应该说是一套全民读物也不为过，可谓老少咸宜，可谓雅俗共赏。尤其是其文体具有故事性，很适合青少年。也望通过这套书能激发青少年阅读世界历史的广泛兴趣，兴起热潮，为我国的各类国际人才打下知识基础，更好地立足祖国走遍世界。知晓天下，方可通行天下。

人民出版社编审　杨松岩

2019 年 8 月 27 日

《话说世界》序一

读史使人明智

在世界历史的洪流中寻找人类的智慧

不知不觉，现在已经是 2019 年了。在人类几千年有文字记载的历史中，这个时间点或许并没有什么特别之处，但对于处于改革开放进程中的中国而言，这样一个年代显然具有不同寻常的意义。那就是，历经磨难成立新中国以后，中华民族在对外开放的过程中，重新找到了一个与自己国力吻合的位置。

中国是一个历史悠久的国度，创造了十分丰富的物质与精神的财富。尤其是在东亚这一范围，中国几乎就是文明的代名词。然而，在近代以来，中国却被自己过长的衣服绊倒了，结果从鸦片战争开始，中华民族经历了一段屈辱的历史，不仅使天朝上国的心态遭受沉重打击，也迫使我们重新认识外部世界。

从历史的角度看，中国人如何看世界，并不是什么新问题。古代中国人对周边"蛮夷"的看法千奇百怪，但无论是否属实，对自己的生活似乎影响不大。不过近代以来情况有所变化，自 1840 年始，中国人想闭眼不看世界也难。然而，看似简单的中国人应该如何睁眼看待外部世界，尤其是西方国家，却并不简单，因为它涉及"华夷"之间的重新定位，必然产生重大的观念与思想碰撞，所以它经历了一个几起几落的变化。

从传统的中国视角考察，以中国为天下中心的历史观一直在我国的史学领域占主导地位。因此，在 1840 年以前，中国还没有今天意义上的世界史，有的只是《镜花缘》一类的异域风情书，或是一些出访周边国家的记录，严肃的史书则只在中国史的范畴内。鸦片战争之后，中国被迫接受中国之外还存在一个世界这一事实。但对外部世界，主要是西方的研究是以急功近利的原则为出发点，缺少系统的基础研究。直到新中国成立前夕，我国的高校中，世界史都还不能算是能与中国史相提并论的学科，一些十分有名望的老先生，也必须有中国史的论文和教中国史的课程才能得到承认。这一事实反映出一种复杂的民族心态和文化背景。人总是从自己已有的知识基础上去发现和分析外部世界的，没有对外部世界知识的系统了解，要正确地看世界的确不易。

实际上，早在100多年以前，张之洞就认为，向西方学习应该是学习西艺、西政和西史。但是如何以我为主做到这一点，则是至今尚需继续解决的问题。

在一个开放的时代，任何一个试图加入现代发展行列的国家都必须尽量地了解他国的情况，而了解他国最主要和最基本的途径，除开语言外，就是学习该国的历史。就笔者所接触的几所学校看，美国一些著名大学的历史系往往都是文科最大的系，而听课的学生也以外系的学生居多。我的体会是，出现这样的现象无非两点原因：通识教育的普及性与本科教育的多样性，以及学生的一种渴望了解和掌控外部世界的潜意识。相比西方，我们的教育课程设置显然还有许多需要完善的地方。

按北大罗荣渠老师的看法，中国在向西方学习的过程中经历了三次大的起伏。一次是鸦片战争前后，中国是在战争的威胁中开始了解西方的，这种了解带有表面的、实用主义的性质，对西方的了解和介绍都十分片面，社会的大部分人对此漠不关心，甚至国家的若干重要成员对此也十分冷漠。与此相反，日本却密切地关注着中国的情况，关注着中国在受到西方冲击后所作出的反应，以致一些中国介绍西方的书籍，比如《海国图志》，在中国本身尚未受到人们重视时，日本已在仔细地阅读和研究了。尽管如此，第一次学习还是在中国掀起了洋务运动。

由于甲午战争的失败，中国开始了第二次向西方的学习，即体用两方面都要学。但不想全面改革而只想部分变革的戊戌变法因各种原因失败了，最终是以辛亥革命作了一次总结。从此以后，中国的政治实践大体上是在全面学西方，但是又由于历史的机遇不好，中国的这种学习，最终也未成功。尽管我们不能完全说它是失败的，但要成为一个强国的愿望却始终未能实现。

新中国成立以后由于西方的封锁和我们自己的一些政策，使中国经历了一个主动和被动地反对向西方学习的过程。直到改革开放以后，我们才再次开始了向世界强国——主要是西方国家学习的第三次高潮。而这次持续的时间显然要长得多，其内涵也要丰富得多。其中一个最重要的标志也许是，在沉默了几十年以后，中国的学术界终于开始出版一批又一批的世界史教材和专著，各种翻译的世界史著作也随处可见。这是一个令人欢欣鼓舞的现象。在这个意义上，中国人重新全方位看世界是改革开放的产物。

从中国人看世界的心态而言，也先后经历了三种变化：最初是盲目自大式的看世界，因为中国为中央之国，我们从来是当周围"蛮夷"的老师，尽管有时老师完全打不过学生，但在文化上老师终归是老师，我们从未丧失自信心。所以，对这些红毛番或什么其他番，有些"奇技淫巧"我们并没有真正放在心上。然后面临被列强瓜分的危机，我们的心态第二次变化，却是以一种仰视的方式看世界——当然主要是看西方国家，这种格局直到新中国成立后才开始逐渐改变。而改革开放后，中国重回世界舞台中心，成为GDP第二大国，自信心再次回归，看世界的态度又一次发生了变化——中国人终于可以平视外部世界了。

心平气和地看外部世界，需要的是一种从容和淡定，而这种心态，当然与自己的底气有关。随着物质生活的丰富和对外交流的日渐频繁，国人已经意识到，外国人既不是番鬼，也不是天使，他们是与我们一样，生活在这个地球上的人类。当然，由于历史、文化、地域、宗教乃至建国的历程各不相同，差异也是明显的，甚至是巨大的。如何客观地认识外部世界，对有着重新成为世界大国抱负的国人而言，已经具有了某种紧迫性。而互联网时代的信息爆炸，对较为靠谱的学理性知识的需求，也超过了任何一个时代。因此，无论于公于私，构建一个起码的对外部世界认识的合理框架，都成为一门必修课而非选修课了。

应该说，国内学界为此做了大量的工作，从学术论文到厚重的专著，从普及型的读物到各类期刊，乃至各种影视作品，有关西方的介绍都随处可见，一些过去不常见的国家和地区的研究成果也开始出现。同时，为了增进国人对这些问题的了解，国内出版界也做了很好的工作，出版了很多相关的著作。

大体上看，这些著作可分为以下几类：第一类是关于西方国家、政府等有关政治机构的常识性问题。这些现象我们虽然十分熟悉，但并不等于我们已经从理论上了解了它们。因此很多国内的著作对一些概念性的东西进行了提纲挈领的解析，有深有浅，大致可以满足不同人群的需求。第二类是关于各个国家的地理旅游的书籍，这类书籍种类繁多，且多数图文并茂，对渴望了解国外情况的人群，读读这些书显然不无裨益。第三类是各国的历史著作，这些著作大多具有厚实的学术根基，信息量大，但由于篇幅原因，或许精读的读者不会太多。最后一类则是对各种国际组织和机构的介绍，包括各国概况一类的手册，写作的格式往往是一条一款，分门别类，脉络清晰，这类知识对于我们了解外部世界尤其是西方世界应该也很有帮助。

然而，总体上看，在我国历史学教育中，严格意义上的"世界历史"还是属于小众范畴，由此这个领域的普及出版物相对较少，这与现在日新月异的我国国情和日益全球化的国际形势很不契合。

对于这种不合拍的情况，原因很多，但学界未能及时提供合适的历史读物，尤其是世界史读物，难免是一种遗憾。这不是说目前没有世界史普及读物，而是说我们的学者和出版界未能完全跟上时代对世界史知识的需求，尤其是广大普通民众对世界史知识的需求。随着我国经济实力的不断增强，出国求学和旅游对普通中国民众而言已经不是一种可望而不可及的事情。而踏出国门，中国人通常会有一个共同的感受：在各种聚会或是宴请的活动中，只要有"老外"在，哪怕是一个人，气氛就很难避免那种浓厚的"正式"味道；而一旦没有"老外"，都是华人，气氛会一下轻松起来，无论是吃喝还是交谈，人们的心态转瞬之间就已经完全不同。我常与一些朋友讨论这一现象，大家的基本看法是，中外之间，的确有一种文化上的隔膜。这种隔膜十分微妙，甚至并非是相互不能沟通的问题，而只是一种"心态"。

这种心态往往是只可意会，却难以言传。其难以言传的根源在于，人是生活在一个由文化构筑起来的历史环境中的，这种长期浸润，会不知不觉地对一个人的行为方式、心态产生巨大的、具有强烈惯性的影响，这种影响往往也不是通过一两本学术著作而能轻易加以归纳的东西。

因此，要体验这种微妙的文化隔膜，最好的方式就是对世界的历史文化有一种"全景式"的了解，除开去所在国进行深度体验外（当然，这对很多人而言有些奢侈），读一些带有知识性、系统性和趣味性的世界史读物，应该也是一种不错的选择。而这类读物恰好是我们过去的短板，有必要尽快地将其补上。

为了满足国人这类迫切需求，本套丛书的策划编辑团队怀着强烈的家国情怀和对中华民族特有的忧患意识，一直在积极地筹编这样一套能满足时代需求的世界史读物。他们虽然是在筹编一套普及性读物，却志存高远，力图要将这样的一套读物做成精品，那就是不仅要使普通读者喜欢，还要经得起学界的检验。历经数年，颜玉强主编总算在全国的世界史学界找到了合乎他们要求的作者团队。这些作者当中，既有早已成名的学术大家，也有领军一方的中青年学者，更有留学归国的青年博士群体。而尤为重要的是，这些学者，都长期在我国的高校从事世界史的教学和科研工作，他们对我国学子乃至一般民众对世界史知识的需求有着更深的感受，因此，由这样的一支作者队伍来完成这样的一部大型作品，显然是再合适不过了。

历经数年的讨论和磨合，几易其稿，现在《话说世界》总算问世了。以我的一管之见，我觉得这套书有这样一些特点值得关注。

首先是体例方面的创新。历史当然是某种程度上按照时间顺序发展的，但作为一种世界历史的视野，人们的眼光当然不可能横视全球，而是自然地落在一些关键性的区域和事件上。这样，聚焦和分类就是一个基础性的工作。作者对历史的分类不仅显示出作者的学术功力，也会凸显作者的智慧。本套丛书的特点是将"时代"作为历史发展的主轴，比如古典时代、罗马时代等等。这样的编排，读者自应一目了然。然而，作者的匠心就此展现：因为一些东西并不仅仅是纵向而是横向的，所以，王国时代、宗教时代、民族时代、主义时代这样的专题出现了。

这样的安排十分精巧，既照顾了历史的时代顺序，又兼顾了全球性的横向视野。相对于一般教科书的编排，比如在人类起源部分，从两河文明到尼罗河文明，再到希伯来、印度和中国文明，然后再到古典时代的希腊罗马文明、希腊化文明，固然十分系统，但对于非专业的读者恐怕也有点过于正规，索然无味。所以，丛书的安排看似随意，却有着精心的考虑和布局，在目前的类似书籍中，应该是不可多得，别具一格。

而对有着更多需求的读者，《话说世界》则又是一种趣味盎然的教科书，因为它将各个时代的内容分门别类，纵向来读，可以说是类别的世界通史。比如可以将政治、经济、文化等串联下来的就是该类别的世界通史，这样读者能够全景式地看到每个历史切面，还能了解整个历史线索和前因后果。

其次是《话说世界》为了达到可读性强的效果而采取了图文并茂和趣味性强的杂志书编撰方式，适合以各种休闲的方式阅读。《话说世界》的图片不仅与文章内容结合紧密，还有延伸文字内容的特点，特别是每本书都有数张跨页大图呈现了历史节点的宏大场面或艺术作品的强烈感染力。这样的布局，显然能使读者印象深刻。实际上，国外的历史教科书，往往也是图文并茂，对学生有着很强的吸引力，使学生即便不是上课也愿意翻阅。我们目前的教科书尚达不到这一水准，但《话说世界》能够开此先河，应该是功德一件。

第三则是强烈的现场感，这是为了增进读者真正理解国外历史文化所做的一次有价值的尝试。从这套丛书的内容看，其涉及面很广，并不单单是教科书式的历史，而是一部全景式乃至百科全书式的历史：从不同文明区域之间的人员交往到风俗习性，从军事远征到兵器工艺，从历史事件到地标和教堂，从帝国争霸心态到现代宣传套路，从意识形态到主义之争，可以说林林总总，斑驳杂陈，十分丰富，具有很强的可读性。一个也许对编辑并不十分重要，但对读者而言却十分重要的事实是，这些读本的作者都是"亲临视察"了所写的对象的，所以除去知性之外，还多了难得的感悟。因为这套丛书的作者，都是亲临所在对象的国家和地区进行过求学乃至工作的。他们对这些对象的了解，或许还做不到完全学理意义上的深刻，但显然已经早就超越纸上谈兵的阶段了。因此，在这个意义上，他们是真正的"中国人看世界"。这种价值，在短期内或许并不明显，但随着时光的流逝，它肯定会越来越闪烁出学术之外的瑰丽光芒。

值得指出的是，今天移动互联的势不可挡，知识碎片化也日益严重，需要学者和出版社联袂积极面对，克服互联网内容的不准确性，做到价值恒定性；克服互联网知识的碎片性，做到整体性。《话说世界》于上述的三个特点，显然是学者和出版社共同合作的成功范例。

如果你是一个依然保持着好奇心，对问题喜欢打破砂锅问到底的人，那么，请阅读这套匠心独具的丛书吧！它既能增加你的知识，又能丰富你的生活，也或许能在紧张的工作与生活中给你带来一丝和煦的清风。

当你拿到这套书，翻开第一页的时候，我们衷心地希望你能够从头至尾地读下去，因为这是在一个全球化时代，使你从知识结构上告别梦幻童年、进入一个绚丽多彩的成人世界的第一步——读史使人明智。

愿诸君在阅读中获得顿悟与灵感。

南京大学历史学院教授、
博士生导师　陈晓律
2019 年 2 月 15 日

《话说世界》序二

立足学术　面向大众

献给广大读者的具有国际视野的世界历史全景图书

　　2019 年我国的经济总量腾飞为世界第二大经济体，社会经济文化都日益成为地球村重要的一部分，了解世界成为必要。正如出版说明所言，了解世界首先要从世界历史开始，我们不仅可以从外国历史的成败得失中得到借鉴，而且还能从中培养国际视野，从而承担起作为大国对人类的责任。人类文明发展 5000 多年来，各地区和各民族国家的文化差异性很大，都有自己独特的发展轨迹，在日益融为一体的今日世界，我们在世界历史知识方面也亟须补课。

　　我国史学界编撰世界史类图书内容有不包括中国史的惯例，加之上海锦绣文章出版社已经在 2005 年出版了取得空前成功的 20 卷《话说中国》，所以我们这套《话说世界》就基本不包括中国史的内容，稍有涉及的只有为数几篇中国与外国交集的内容。

　　《话说世界》共 20 卷，分别是 20 个时代，时间跨度从史前一直到 2018 年。基本囊括了各个时代的政治、经济、文史、思想、宗教、艺术、科学和生活娱乐等。

　　参与《话说世界》编写的作者有教授和博士共 30 多人，都是名校或研究所的世界史专业学者。学有专攻的作者是《话说世界》质量的保证。我们还邀请了一些世界史的著名专家教授作为编委，确保内容的准确性。

　　今天读者阅读的趣味和习惯都有变化，业界称为"读图时代"。所以我们在文章的写法和结构都采取海外流行的"杂志书"（MOOK）样式。我曾经为台湾地区的出版社主编过 300 本杂志书，深得杂志书编撰要领。杂志书的要素之一是图片,《话说世界》以每章配置 3—4 幅图的美观标准,共计配置了 10000 张左右的图片,有古代的历史图片,也有当今的精美图片。在内容的维度上也进行拓展,引入地理内容,增加了历史的空间感;每本书基本都有"重回历史现场",以增强阅读的现场感;同时每篇文章都有知识链接,介绍诸如人物、事件、术语、书籍和悬案等,丰富了文章内容,使文章更流畅、可读性更强。

当然,不能说《话说世界》就十全十美,但是不断完善是我们的追求。

启动编撰《话说世界》工程之时,我们就抱定了让《话说世界》成为既有学术含量又有故事可读性这个目标,使世界史知识满足大时代的需要。

结笔之际,感蛰居七年,SOHO 生活,家人扶助,终成书结卷。这里要感谢各位作者的辛勤笔耕,特别感谢人民出版社通识分社社长杨松岩慧眼识珠以及编辑们兢兢业业、精雕细刻的工作。"幸甚至哉"!

资深出版人　颜玉强

2019 年 10 月 28 日

《启蒙时代》简介

在欧洲，18 世纪是一个启蒙和革命的年代。这一时期被称为"理性时代"，伟大的法国思想家和作家们共奏了一曲"启蒙运动"的凯歌。

启蒙思想家们相信，理性的人的主要目标是知识、自由和幸福。他们赞美理性的力量，认为它让所有男人和女人理解宇宙并且不断改善自身。法国的哲学家和作家（包括狄德罗、卢梭和伏尔泰），信仰理性的终极力量。他们认为人类理性展示的是通往真理的道路。狄德罗是 28 卷百科全书的主编。这项里程碑式的工作展示了面对科学、艺术和职业的态度。

启蒙运动的哲学家以理性为基础，认为作为创造者的上帝是存在的。他们相信这种至高的存在创造了宇宙及其物理法则，但此后就不再干预宇宙的运作发展。这种对宗教和世界的理性主义态度被称为自然神论，与传统宗教信念包括基督教是相悖的。有些自然神论者对基督教会及其所作所为进行公开的批评。

他们把科学成就拓展得更广阔，并且提倡用自由的方式进行社

会改革。启蒙运动的观念吸引了欧洲统治者们的注意，影响了他们对权力的态度。有些君主被称为"开明君主"，包括俄国的凯瑟琳大帝、普鲁士的腓特烈大帝和奥地利的约瑟夫二世。他们仍然维持专制统治，但同时自上而下开始了启蒙运动。虽然欧洲的有些统治者采纳了他们的改革理论，但国内的矛盾和国际纷争让改革难以推进。很不幸的是，这些伟大的观念几乎没有给普通百姓的生活带来好处，而日益激化的阶级矛盾则为革命打下了基础。本书囊括了这个世纪主要的民族、帝国、君主、科学、艺术、建筑和音乐等的发展。到18世纪末，法国大革命改变了一个民族，并影响到欧洲大陆和整个世界。

启蒙时代是空前绝后的，是历史中光辉灿烂的存在。伏尔泰、狄德罗、康德等诸多启蒙学者，文学、哲学、音乐、科学等众多领域，法国、英国、德国等国家，不一而足，都在18世纪不约而同地闪现出璀璨的光芒。

目录

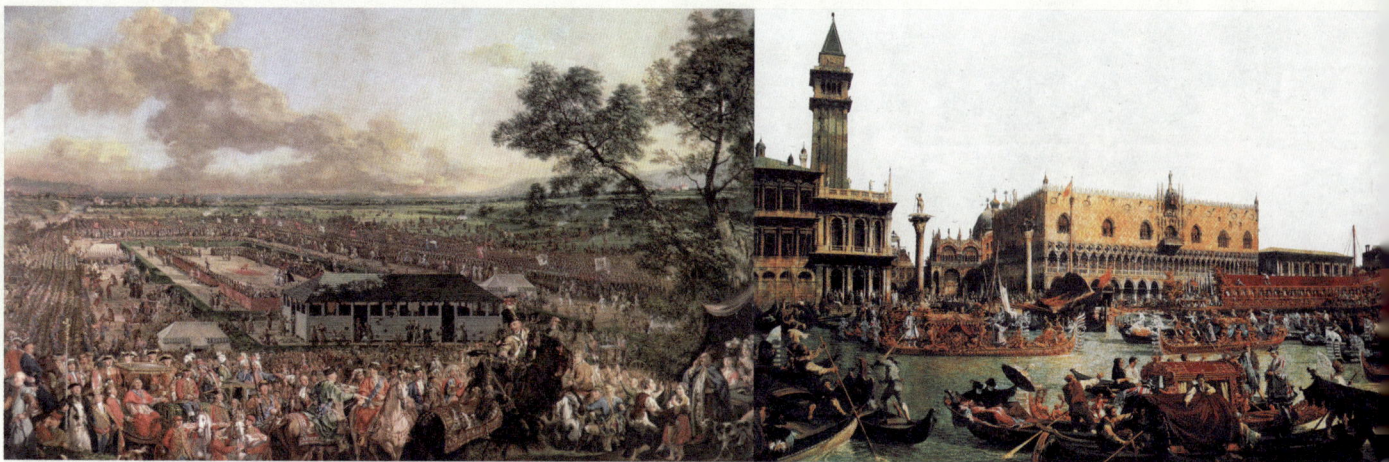

18世纪的光辉：启蒙运动

如果说历史的发展如同波浪上下起伏的话，那18世纪就是当之无愧的高潮，这段光辉灿烂的文明在历史长河中独树一帜。逐渐壮大起来的资产阶级要求突破封建专制统治和教会压迫，从思想领域发端，在文学、政治、艺术等各个领域展开了反对封建专制统治和天主教会的轰轰烈烈的思想解放运动，历史上称之为"启蒙运动"。

以伏尔泰、卢梭和百科全书学派等为代表的启蒙人士在运动期间指引人们追寻光明，同宗教狂热分子和专制君主的拥趸们进行了激烈的斗争。如彼得·盖伊所言，如同一个大家族一样，在对抗外部的敌人时他们是亲密的战友，互相声援以推动共同的事业；而在家族内部，他们又彼此互相斗争，针对一些具体的问题意见相左，甚至发生激烈的争吵。

启蒙巨匠们虽然同处"启蒙运动"的大家庭内，但他们并未形成统一的组织，亦无统一的纲领。先驱牛顿在力学和光学领域的成就为启蒙者们提供了一个共同的追求：光明。他们使用光的隐喻并将之作为终生的目标，旨在追求光明，用智慧、开明、理性、自由的光明驱逐愚昧、守旧、盲从、专制和迷信所带来的宗教黑暗。启蒙思想家的主要活动及著作都发生在18世纪，整个时代都因他们而光辉夺目，18世纪是当之无愧的启蒙时代。

知识、自由和幸福
理性的目标

我们生活在一个启蒙的时代，但不是一个已经启蒙了的时代。

——康德

启蒙运动开启了人类历史上一个新的时代，知识首次成为人类最锐利的武器。先哲们用知识划破黑暗时代的蒙昧，指引人类走上追求自由和幸福的康庄大道。

知识

知识是一把利剑，能够斩杀愚昧和无知。以伏尔泰、狄德罗为代表的启蒙运动的导师，从古希腊、罗马的文化知识中获得灵感，同时又将知识作为武器，引导人们去追求自由和幸福。在这个过程中，拉丁语扮演了连接古希腊、罗马和现代的重要纽带。

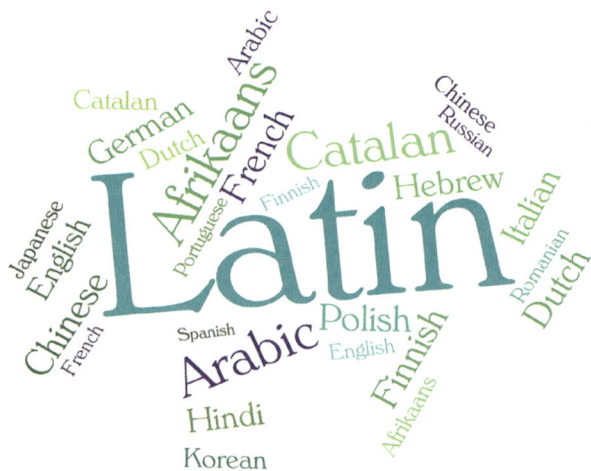

拉丁语，古代印欧语系意大利语族，原本是意大利中部拉提姆地区的方言。发源于此地的罗马帝国将拉丁语作为官方语言带往帝国广阔的领土上。基督教在欧洲广泛传播拉丁语版的《圣经》进一步提高了拉丁语的地位，拉丁语成为中世纪至20世纪初叶的罗马天主教公用语，亦是学术界的通用语言。

拉丁文是学校的基本课程，大家耳熟能详的《圣经》最初也只有拉丁文版本，直到宗教改革运动后，各国才慢慢地出现了用本国语言书写的《圣经》。在教会学校中，与拉丁文相关的知识是基础课程，只有熟练使用拉丁文才能准确地理解上帝的旨意。拉丁语同样是上流社会中贵族的通用语言，贵族子弟的必修科目之一就是拉丁语。就像我们学习汉语一样，无论后期英语掌握得如何完美，我们在情绪波动的时候还是会情不自禁地用汉语表达，这就是从小耳濡目染的影响，当时的贵族子弟们对拉丁语的掌握程度近乎母语。

拉丁语是启蒙时代哲人们认识古希腊、罗马古典文化的工具，掌握了拉丁语他们才能在古希腊、罗马文化的熏陶下茁壮成长。精通拉丁语，确保了处在文化上层的启蒙哲人有能力、有条件认真研读西塞罗、苏格拉底、亚里士多德和柏拉图等人的巨著，重新审视古希腊、罗马古典文化中宝贵的精神财富。

拉丁文帮助启蒙哲人看到了古希腊、罗马美好的精神世界。17世纪初，现实社会中森严的封建等级制度、腐朽的教会势力让启蒙哲人感到压抑和绝望，而与之对应的古希腊、罗马著作中描绘的美好蓝图让伏尔泰等启蒙巨擘们艳羡不已：罗马人民在共和国中作为独立的主体被他人和国家尊重，享受高度发达的文化，可以自由表达自己的观点，拥有参政、议政等权利。这是伏尔泰等人从未在现实社会中看到、与现实社会截然不同的生活场景。只

欧洲文艺复兴时期之后，各国的民族语言逐渐取代拉丁语，拉丁语在欧洲的主导地位遭受重创，但是拉丁语在学术界仍占有重要地位。在它的发源地意大利，拉丁语使用者仍然随处可见。直至近代，在欧美等国通晓拉丁语仍是研究人文学科的重要前提条件。图片是位于意大利首都罗马一面墙上的拉丁文。

有对生活不满，感受不到安全、自由和幸福，才会沉浸在对过去美好生活的追忆中。

强烈的对比让启蒙思想家们萌生出对古希腊、罗马时代深切的向往，种种怀旧情绪或明或暗地衍生出来。哲学家们坚信，只有让更多的人看到这种美好，现在的社会才会有希望。而传播知识则是让普通人开眼看世界的最佳途径。启蒙哲人有信心以知识为杠杆，撬开一个崭新的时代，懂得愈多，恐惧就会愈少。知识是读懂世界的开始，传播知识成为启蒙哲人毕生从事的事业。

自由的曙光

知识是人类进步的阶梯，愚昧总会阻挡自由选择的门径。学习和掌握知识，看清楚生活的世界，才能拥有重新选择人生道路的自由。从索邦

知识链接：马丁·路德的宗教改革

在漫长的中世纪，基督教占有绝对的统治地位。罗马天主教会为了维护自己的绝对统治地位，控制人们的精神信仰，拉丁文的《圣经》是唯一的官方文本，不存在英文、德文的《圣经》。普通百姓极少有条件接受正规的学校教育，拉丁文只被教士和贵族掌握。因此，罗马天主教会就拥有了对《圣经》的绝对解释权，普通民众也只能通过牧师等教会力量来读懂耶稣的旨意。

16 世纪，宗教改革家马丁·路德敏锐地看到罗马天主教会利用手中的特权在精神和经济上对德国民众进行残酷的压迫和剥削，他要打破罗马教皇的不合理特权，让德国民众凭借自己的力量去信仰上帝。他主张"因信称义"，即信徒并不需要包括教会在内的任何其他中介，只要虔诚地信仰《圣经》，就能得到救赎。他宣称《圣经》是人类和上帝沟通的唯一凭证。

马丁·路德因此以萨克森的法庭用语为基础、兼具各地语法的优点和特色的德语来翻译《圣经》，这本方言版的《圣经》不论从宗教意义还是文学意义上，都是无与伦比的存在。

神学院出走的杜尔哥等人，最初在教会学校中学习知识。但当他们具备了渊博的学识之后，经过独立思考和甄别，将关注点由神学转向思辨的哲学和实务中。休谟曾经说过："人类心灵一旦从昏睡中苏醒、开动起来，就会四面出击，带来艺术和科学的改良。"这无疑是对那个时代社会生活的最生动的描述。

中世纪的黑暗已经被宗教改革、文艺复兴等一点点打破，人类已经不再是看不见月亮和星光、只

会在黑暗中踽踽独行的那个人类。启蒙哲人大力倡导人们学习知识，实质上就是为了从根本上让民众可以拥有像杜尔哥那样独立思考和重新选择的自由。在启蒙思想家的努力下，民众的识字率大幅提高，民众可以自由接受科学学会、政治期刊等舆论力量的教育。启蒙思想家们与封建专制制度、宗教迷信力量的论战使得真理越辩越明，民众追求自由的信仰更加笃定。

自由的信仰表明，人人都是生而自由平等的，有权利按照自己的思想选择自己的生活和信仰。当然，这种自由是建立在每个人都具备充分的知识基础上的。只有有学识、有远见、卓越的人，才有机会按照自己的思想去思考和选择。人自始至终都是

向往自由和追求美好生活的。启蒙哲人让经受了中世纪暗淡生活的人们看到了与过去截然不同的生活的可能性之后，他们绝不再甘心于回归黑暗。自由的曙光引领了这个时代的进步。

幸福

幸福的人都是相似的，不幸的人各有各的不幸。只有具备广博的知识、拥有自由选择的权利，人类才有可能迈向幸福的康庄大道。幸福是启蒙哲人苦苦求索的终极自由。

与古希腊、古罗马美好的精神世界相对，伽利略、牛顿等科学家的学说则向人们展现了自然科学等知识的惊人发展所引导的未来美好的物质世

《雅典学院》是文艺复兴后三杰之一拉斐尔·桑西的代表作，是梵蒂冈教皇宫内最著名的壁画。画作以古希腊哲学家柏拉图所建的雅典学院为题，将柏拉图和亚里士多德置于画面的中央，再现了历史上知识的古典时代，表彰进步人类对智慧和真理的追求，描绘其对未来美好生活的向往。

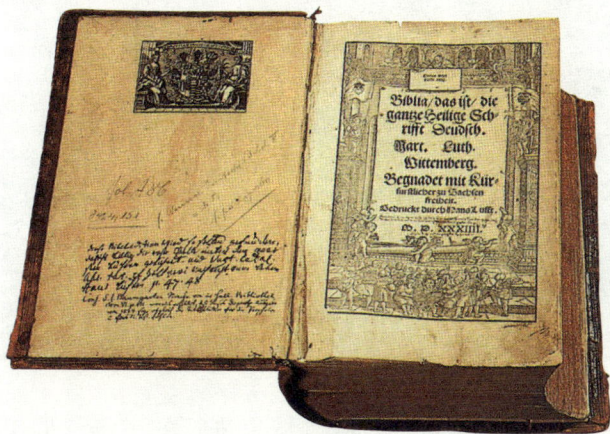

马丁·路德作为宗教改革的发起人，翻译完成的德文版《圣经》。对当时的德国而言，德文版《圣经》的意义超越了宗教，它不仅仅是德国普通民众宗教教义的源泉，更是统一德国语言和激发德国人民民族自豪感的不竭动力。

知识链接：德语版《圣经》

该书从根本上打破了漫长的中世纪教会对《圣经》解释的独占权。马丁·路德的创举具有划时代意义：信仰是人人平等的，新版《圣经》的出现意味着教徒有权利按照自己的理解解读《圣经》的精神。罗马天主教会包括教皇在内的第三方的力量无权为信众解释《圣经》，他们更没有权利凭借垄断对《圣经》的解释权而凌驾于人们的信仰之上。信徒作为人的地位凸显出来，人的意图首次得到尊重。在那之后，英语等各种方言版的《圣经》如雨后春笋般相继出现，普通信徒开始自己阅读和理解这部他们心中至为神圣的《圣经》。

界。医学的进步、风俗的改良、经济的迅速发展等都让 18 世纪的人们对生活抱有美好的期待。伽利略论证了日心说、牛顿提出的万有引力定律，直接推动了飞梭、蒸汽机等先进机器的出现、工厂制度的建立、工业社会的迅速发展以及医疗和教育事业的不断进步，几十年出现的新变化超过过去世纪的总和。

与过去停滞不前的社会面貌相比，整个社会呈现截然不同的新气象。每个人都开始成为自己的主人，人类理性的力量展现巨大的威力，让人们看到追求幸福似乎不再是遥不可及的梦想。人类不再甘心做附庸在教会或者是封建等级制度下的迷途羔羊，在知识、自由、理性的思想洪流指引下，他们渴望追求幸福的生活。

但是，追求幸福生活的道路上总是荆棘满布。腐朽的教会和封建宫廷不愿被时代的洪流冲刷掉，他们挖空心思、无所不用其极地百般阻挠。在知识的力量还不够强大的时候，言论的自由总是岌岌可危，进步的著作更是常常面临被查禁的危险，幸福

看上去美好可是又很难一下抓到。可敬的是启蒙思想家对理性的信仰的坚持，他们崇尚天道酬勤，相信通过辛勤的劳动，每个人都会获得幸福。正所谓冬天已经来了，春天还会远吗？

哲罗姆（Jerome，约 340—420 年），早期基督教会拉丁文教父，将毕生精力都贡献给了教会。哲罗姆根据希伯来语版本用拉丁文重新翻译完成的《圣经》，即举世闻名的《通俗拉丁文译本》，16 世纪中叶被特兰托公会议定为天主教法定版本。

迈向人类的理性
宗教和
自然神论

宗教是人类最开始的信仰，让人类在恐惧中感到安全，在困顿中坚守希望。

基督教是欧洲宗教信仰的权威，中世纪人类完全匍匐在上帝的脚下。为了证实信仰合乎逻辑的自然神论，却在无形中将人类的理性抬高到前所未有的高度，成为西方思想史上从宗教信仰到无神论思想过渡的重要中介。

荡涤污垢的宗教改革

17世纪中叶，以罗马教会为代表的基督教势力一直在人们的信仰中占有绝对的领导地位。相对的，是以教皇为首的罗马教廷在当时并没有做到洁身自好，本该是民众精神上的表率却在世俗权力和物质享受的道路上越陷越深，腐化堕落到无以复加的地步。马丁·路德的宗教改革正式对罗马教会吹响了号角，他致力于革除教会的腐败和虚伪，提倡人们只要真诚信仰上帝就可以获得救赎。

马丁·路德具有那个时代最坚定的信念："我的良心听命于神之道。因为违背良心，既不安全也无益处。因此，我不会宣布放弃神的道。我别无选择，这就是我的立场，愿神拯救我，阿门。"即使面对罗马教廷的威逼利诱，也始终遵从内心最虔诚的信仰。

宗教改革是基督教领域里进行的一场信仰革命，是虔诚的基督教徒为了适应资本主义经济发展的需要，革除旧时教会的繁文缛节而进行的一场以信仰主义为核心的道德纯洁运动。马丁·路德的宗教改革打破了罗马教会一统天下的精神格局，宗教的权威被信仰所取代，开创了一种宗教多元化和世俗化的局面。

宗教改革使得罗马教廷的权威受到了沉重的打击，基督教义不再是高高在上万年不变的真理。因此，启蒙思想家们开始沿着这条缝隙找寻自己心中的信仰。从某种意义上说，宗教改革无意中在信仰领域为自然神论思想的孕育和发展扫除了障碍。

让上帝之钟自行运转

自然神论（Deism）是17—18世纪在英国和欧洲大陆出现的一个哲学观点流派。主要内容是：相信上帝是宇宙的创造者，当他完成所有的创造之后就不再干扰人类的生活，而是让人类自由发展，宇宙自由运转。简而言之，就是上帝建造了一架自行运转的时钟，完成之后他就让时钟按照既定规律自行运转，分针、秒针各司其职，除非出现停转，否则上帝不会干预。启蒙思想家们则认为，宇宙运行的规则应该由人类按照理性的方式自己去探求。

宗教对思想的影响总是潜移默化的，科学巨擘牛顿坚信上帝是宇宙中一切事物的原动力，约

斯宾诺莎，出身于荷兰阿姆斯特丹的犹太家庭，西方近代哲学重要的理性主义学者。因为研究笛卡尔等人的学说而脱离当时所谓正统的学说范畴，被逐出犹太教会堂。秉持着"在一个自由的国家每人都可以自由思想，自由发表意见"的理想，斯宾诺莎在艰苦的生活中仍然坚持哲学和科学研究，并一直过着离群索居的生活。

翰·洛克、伏尔泰等启蒙大咖也都是自然神论的代表人物。尽管他们坚持用理性的观点来解释上帝存在的合理性，但上帝在他们的世界中占有的分量完全超出了人们现在的理解。他们的科学研究不是要把上帝从世界中剥离出去，而是论证上帝让他们发现了世界。

启蒙时代的自然神论者反对的是正统的神学教条，他们反对的并不是信仰本身，而是妨碍人们信仰自由的教会的专横和宗教压迫，维护的是理性和科学知识。最初的科学家和哲学家在坚持自然神论思想时，内心的信仰仍然是虔诚的，他们从来都没有想过背叛终生的信仰。牛顿一定不会想到他的万有引力定律和达尔文的进化论一样，成为无神论者驳斥宗教信仰的最有力武器。

上帝是否存在这本身就是无法通过合乎逻辑的理性加以论证的，宗教只能是一个信仰问题。自然神论者试图用理性来论证信仰，只会导致对信仰的淡化。经过自然神论和自然神论中引申出来的泛神论，思想洪流中才生发出无神论，科学和理性最终

> **知识链接：英国的自然神论**
>
> 自然神论起源于 17 世纪的英国，由赫尔伯特爵士（Edward Herbert）提出。他试图抛弃基督教中不合乎逻辑的神迹和启示，用理性的观点来解释基督教教义。赫尔伯特认为基督教是自然宗教，我们人类对上帝的信仰是合乎逻辑的，不需要来自《圣经》中神的启示。但基督教中一些违反常理的内容实际上已经超出了自然神论的范畴，他们认为，这一切都是迷信的教士为了争取更多的信徒而臆想、编造出来的，应该被剔除。自然神论者致力于革除基督教中的宗教迷信，提倡对信条有选择的接受而不是全然接受，使基督教义与理性法则相结合，引领大众的信仰与时俱进。

成为新的思想潮流。

赫尔伯特，英国著名的思想家，自然神论思想的先驱，代表作《论真理》。他的名言"神造了世界却不照管护理这个世界，任其发展"流传甚广，言简意赅地阐述了自然神论思想的内核。

29

法律史上的英雄时代
自然法

自然法的内涵从"上帝的启示"发展到人的禀赋，是法律史上的英雄时代。

如果不钻研法律，你一定不知道自然法曾经是神学的奴仆。自然法究竟是怎样实现从"仆"到"主"华丽转身的呢？

罗马法和神学自然法的较量

17世纪末，主流的法律体系倾向于中世纪的神学自然法学说，经院哲学家们普遍将自然法的本质看作是神的理性。经院哲学的代表人物托马斯·阿奎那坚持"上帝启示"的自然法思想，他说："神的面容照亮着我们，这光芒就是自然理性，我们因此远离恶而看到善，这就是自然法。"正义被归结为上帝的意志，自然法成为服膺于上帝意志的奴仆。

古罗马法具备健全的法律体系，是古罗马帝国最重要的精神遗产，也是维持罗马帝国统治的重要支柱。古罗马法学家认为，自然法是普遍理性的表现，不仅限于人类社会，还遍及所有生灵。不光罗马境内的人类受到法律的保护，天上飞的、地上跑的、海里游的亦享受自然法的保护。狄德罗曾经告诉叶卡捷琳娜大帝："希腊人是罗马人的老师，而希腊人和罗马人是我们的老师。"启蒙思想家对古希腊、古罗马推崇备至，他们通过弘扬古罗马法集大成者西塞罗的思想复兴罗马法的精神。

自然法的独立之路

正是发现了古罗马法中对理性的尊重、对人的权利的尊重，当时杰出的自然法学家对自然法作为

神学的从属极度不满，启蒙时代的先驱和代表人物极度重视并且力图重新恢复罗马法有关人本主义自然法的辉煌。他们从人的理性出发，试图建立全新的理论体系，自然法学进入英雄时代。格劳秀斯率先抛弃古代和中世纪自然法学的神学因素，将人本

托马斯·阿奎那，被基督教会奉为"圣人""神学界之王"。他把理性引进神学，用"自然法则"论证"君权神授说"，是自然神学最早的提倡者之一。阿奎那的代表作《神学大全》被看作是神学和法律的权威，在第十九届大公会议上与《圣经》和教谕并列。

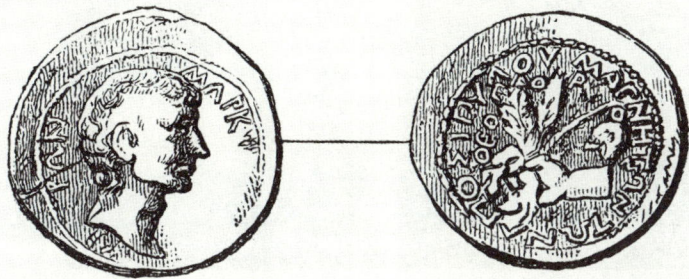

带有西塞罗头像和西塞罗字样的古币。著名的哲学家、政治家、律师、作家、雄辩家西塞罗，是古罗马时代最具影响力的人物之一。彼特拉克在 14 世纪重新发现了西塞罗的书信，文艺复兴学者对西塞罗的新一轮研究拉开了序幕。启蒙时代，西塞罗的影响达到了巅峰，洛克、休谟、孟德斯鸠等深受其政治哲学的影响。

主义的思想注入到自然法中，将上帝从自然法的神坛上拉下来而使用人类的理性取而代之，人性成为自然法的源泉。他还进一步提出国家起源的学说，认为国家是"一群自由的人为享受权利和他们的共同利益而结合起来的完整的联合体"，提出"为了维护公共和平和良好秩序，国家有权制止彼此间无限制地应用权利"。在个人和国家的关系上，霍布斯与格劳秀斯认为自由人将权利无条件地转让给了君主。自此，法律褪去神秘的色彩，人的地位在法律中开始凸显出来，遗憾的是，自那个时代起自由

胡果·格劳秀斯，古典自然法学派主要代表人物之一，世界近代国际法学的奠基人。格劳秀斯 14 岁便入大学，年少有为、才华盖世。他的《战争与和平法》《捕获法》和《海洋自由论》三书，全面系统地论述了近代国际法的基本原理，被世人誉为"国际法始祖"。

知识链接：西塞罗的自然法思想

斯多葛派认为自然法就是理性，基于理性原则的普遍的自然法是法律和正义的基础。西塞罗继承了斯多葛学派的自然正义思想，认为自然法的核心是正义，只有符合自然的法律才能够称为正义的法律。要达到最高的善就必须按照自然生活。此外，西塞罗还认为自然和理性在自然法中占有同样重要的地位。法律是人们享有的，如果人们不能平等地共享权利，自由就无从谈起。斯多葛学派将神的意志作为制定法律的标准，而西塞罗将之发展为人的理性，从根本上粉碎了任何个人的意志和专断成为法律的企图。

人的权利也转让给了君主。

洛克、孟德斯鸠和卢梭进一步将自然法推进到自由主义阶段。他们在主张天赋人权的同时，倡导社会契约与权力制衡。为了大众的利益，人们只应交出一部分自然权利，公民保留其余部分并将其作为基本权利。权利既然是被让渡给政府的，当人民的基本权利受到侵害时，人民有权反抗政府。卢梭强调，自由是人们以人的资格从自然方面获得的禀赋，人无法将自己作为人的资格转让出去，从根本上否定了格劳秀斯、霍布斯等人的"无条件转让"权利说。

从"上帝的启示"到人的禀赋，自然法在启蒙时代最终摆脱了中世纪时对神学的从属地位，人的理性地位被确凿无疑地确立下来。自然法进入空前发展的英雄时代，形成了全新的理论体系。自此，自然法走向了三百多年的辉煌时代，自然法学思想对西方社会的影响可谓是如影随形。

虚妄的旗号
开明君主

他（普鲁士国王腓特烈二世）机智而有魅力，更重要的是，他是国王。

——伏尔泰

启蒙时代，民主似乎成为一种潮流。聪明的统治者纷纷打起开明君主的旗号，为加强统治增加砝码。"开明君主们"大力扶持文化事业，邀请著名的启蒙学者到自己的宫廷装点门面。启蒙思想家迫于生计或者其他原因，同君主们走到一起，开启了一段和谐的"蜜月期"。

开明君主

开明君主由开明和君主两部分组成，单就君主而言，它与以前历朝历代的君主并没有本质区别。君主依靠世袭而来的专制权力实现对国家的统治，血脉传承成为权力传递的主要依据，比如，腓特烈二世（即腓特烈大帝）承袭祖荫登上王位。为了加强对国家的统治，君主们纷纷加强专制，法国的"太阳王"路易十四就是典型的代表。

所谓开明君主，顾名思义，重点在开明二字上。重农学派的代表里维埃的梅西耶提出"合法专制"的口号来反对绝对专制制度，传统意义上的君主是肆意践踏民权的，为此启蒙哲人们提出了开明君主与旧的专制君主相区别。开明君主与以前的君主相比，有什么明显的特点呢？其一，开明君主或多或少都受到进步思想的启发，表现出一种与过去的君主完全不同的气质和理念。开明君主大都成长在启蒙时代，接受了启蒙思想的影响。腓特烈二世自幼就喜欢研读启蒙思想家的作品，当王储的他曾几次三番向思想家伏尔泰示好。叶卡捷琳娜的家庭女教师是来自法国受到启蒙思想影响的巴贝·卡德尔小姐。巴贝·卡德尔小姐成为叶卡捷琳娜的朋友和知己，在她的教导下，叶卡捷琳娜可用法语自由阅读法国启蒙思想家的作品。其二，开明君主们不但接受了启蒙思想的教育或影响，他们还乐于在书信或者作品中时常提及"理性""平等""自由""自然法"等理念。无论是假意还是真心，他们都不再明目张胆地鼓吹君主的权力，开明君主们放弃将"君权神授"作为自己权力来源的解释。

腓特烈二世文武双全，多才多艺。在他的铁腕统治之下，普鲁士在短时间内蜕变成为欧洲强国，他也因此被尊称为腓特烈大帝、德意志之父。图为德国著名画家阿道夫·门采尔描述腓特烈二世时代宫廷音乐会场景的邮票。

甜蜜的结盟

启蒙思想家已经从根本上否定了"君权神授"的概念，普遍认为君主的权力是人民让渡的。孟德斯鸠认为君主政体需要"中间权力"，"中间的、从属的和依附的权力构成君主政体的性质"，他希望通过分权来避免王权的专制，同时他还希望有贵族等中间权力来牵制王权。狄德罗宣称"一切政府的目的是其所统治的社会的利益……每个社会都必须建立有足够权力的主权来获取它的目标……好的君主知道他们只是因为国家的幸福才成为权力的拥有者"。维也纳的约瑟夫·冯·索南费尔兹认为，"在君主的身上，在这种普遍智慧的永恒神谕中，我们得以理解社会，我们得以把自己看成是社会的一分子，君主是社会的象征、反映以及令人敬畏的化身"。当时的思想家达成了政府的唯一目的就是为人民谋幸福的共识，而开明的君主无疑是领导政府的最佳人选。

启蒙哲人们并未从根本上否定君主制，他们看到专制王权的优势，更多的时候他们与君主达成一种松散的联盟而互相倚重。甚至从某种程度上倡导君主制的积极作用，比如，伏尔泰在《路易十四时代》中表达了对"太阳王"路易的崇高赞誉。恩格斯认为："王权在混乱中代表着秩序，代表着正在形成的民族而与分裂成叛乱的各附庸国的状态对抗，在封建主义表层下形成的一切革命因素都倾向王权，正像王权倾向它们一样。"

开明君主吸收了启蒙思想的观点，不再论证权力的神圣性，甚至都不再刻意强调自己光辉的家族历史。他们顺应启蒙思想家的思维，把自己打造成为人民谋幸福的最佳代言人。他们使用"政府是为社会谋求公共福利的，君主只是这种政府的首领"类似的观点。正像腓特烈二世公开声称的那样：为使主权不偏离其职责，"君主应记住他是与他的臣民中最卑微者一样的人……他仅仅是国家的第一奴仆"。启蒙哲人与开明君主为了各自的利益互相倚重，结成甜蜜的联盟，都认同理性

路易十四，是波旁王朝的法国国王和纳瓦拉国王，颇具雄才大略和文治武功，使法兰西王国成为当时欧洲最强大的国家。他主张"朕即国家"，崇尚王权至上，打造凡尔赛宫。他是法国历史上执政最长久的君主之一，与康熙同时代的西方大帝，时人尊称"太阳王"。

而不是迷信，相信秩序而不是混乱，推崇人道而不是残忍。伏尔泰与腓特烈二世的友谊，狄德罗与叶卡捷琳娜的友好关系正是这种松散联盟的最好写照。

在中世纪迈向新时代的过程中，启蒙思想家们无法凭借一己之力对付教会和封建君主两种势力，君主作为瓦解旧秩序、对抗封建教会的一柄利剑，在启蒙思想遍地开花的过程中所起到的作用是不容忽视的。于是启蒙思想家们一度同开明君主形成甜蜜的关系，伏尔泰就曾到腓特烈二世的宫廷中服务。而且伏尔泰也通过与腓特烈二世和叶卡捷琳娜

的良好关系或多或少地为启蒙事业服务。即便伏尔泰并不完全认同开明君主的所有主张，但是，伏尔泰务实地说出"他（普鲁士国王腓特烈二世）机智而有魅力，更重要的是，他是国王。"国王的身份本身就是最大的砝码。

道不同，不相为谋

君主无论是采用"开明"抑或是"专制"，归根结底都是为了维护君主政体的根本利益。无论是腓特烈二世、叶卡捷琳娜如何用启蒙思想装点门面，对文化艺术事业如何推崇扶持，所谓的开明君主在王权受到威胁时都毫不犹豫地放下开明的外衣，维护君主所代表的社会结构。启蒙思想家从内心深处追求人类的普遍幸福，将人的理性、自由和幸福看作最终的追求。当开明君主侵犯到启蒙思想家的底线时，他们的联盟关系必然

查理三世，西班牙语中又称为卡洛斯三世，是最被幸运女神眷顾又不负众望的欧洲开明君主。长兄费迪南德六世意外去世之后，西班牙的王位由他继任。尽管是临危受命，但他却励精图治，知人善任，西班牙在他的治下迅速壮大。

叶卡捷琳娜二世治国有方、功绩显赫，使俄罗斯成为雄视欧洲的强大国家，被尊称为叶卡捷琳娜大帝。她是俄罗斯历史上唯一一位被冠以"大帝"之名的女皇。叶卡捷琳娜亦是欧洲著名的开明君主，爱好文学艺术。图片中以叶卡捷琳娜的宫殿为主题的明信片显示出一代女皇的非凡品味。

一话一说一世一界一

破裂。伏尔泰与腓特烈二世最终绝交，说明开明君主从根本上同启蒙哲人的追求还是不同的。

虽然启蒙思想家们同开明君主度过了一段比较友好的时期，可是开明只是君主权宜之计下为自己穿上的光辉的外衣，他们从一开始就是各有所谋，注定不会长久。当启蒙思想家同王族的利益发生冲突时，这对并不真心实意的恋人分道扬镳是在所难免的。

苏格兰国王詹姆斯六世凭借母亲玛丽·斯图亚特的血统在伊丽莎白女王去世后继承英格兰王位，是为詹姆斯一世。詹姆斯对英国的议会不甚了解并持有不屑的态度，大力鼓吹"君权神授"。他下令编纂英文版的《圣经》，使得英文真正渗透到英国各阶层，成为一种真正普遍性的读写文字，英语能成为当今世界最通用的语言亦是奠基于此。

知识链接："君权神授说"

"君权神授说"或称天授神权说，是封建君主专制制度的一种政治理论，借用宗教的力量来为君主的统治寻求合理性的解释。

中世纪时上帝是所有权利的来源。早期一些政论家把君权同上帝联系起来，为君主的权力寻找可信的来源。17 世纪的法国政论家博丹是集大成者，在《圣经政治箴言》中，他说"君主是上帝的使臣，是上帝在尘世的代理人……王位并非人的座位，而是上帝本人的王位……国王本身就是神圣的"，"而且，我们还看到，存在于人类的第一种权力概念是那种家长的权威，故国王乃遵从了父亲的模式"。简单来讲，国王就是上帝在人间的代理人，君主的权力是上帝授予的。这样，借助上帝在人们心中的高尚地位，君主的权力具有了神性，君主的地位也得到了巩固。

英国国王詹姆斯一世认为君权是上帝"膏立"的，国王加冕时经过了神圣的涂油礼。在詹姆斯一世看来，国王作为上帝的代理人，是政治权力和权威的代表，也是授予民众权利与自由的来源。他把该论调发展为"君权神授说"并极力鼓吹，厉行专制。詹姆斯一世还亲自撰写了《王室的礼物》之类的小册子来宣扬自己的思想。法王路易十四同样坚信"君权神授说"，公然宣称"朕即国家"。路易十四以上帝指定的"臣民之父"自居，他在给儿子的信中灌输说："国王是绝对的'主人'，就这个'主人'的本质而言，他们可以自由地全权处置一切。"

"君权神授说"是一种愚民学说，把君权同宗教力量结合起来是临时抱佛脚的急就章。随着基督教地位的动摇和民主自由思想的传播，"君权神授说"被历史所淘汰。

女性的主场
沙龙

启蒙时代的沙龙意义非凡，其魅力在何处？使思想家们趋之若鹜。

沙龙成为启蒙运动时期最重要的社交场合。沙龙的女主人借由时代的契机，成为沙龙活动的主要组织者，她们塑造了繁盛一时的沙龙文化。启蒙时代，女性在沙龙中大放异彩。

沙龙的登场

在文艺复兴时期出现、启蒙时代达到鼎盛的沙龙成为西欧文化社会生活最集中的场所。沙龙是天时地利人和的产物。一个兼具权势和才情的女主人，一个自由开放且通常装修比较豪华的场所，几位定期出席且在某个领域具有影响力的客人等诸因素汇合才能成就高品质的沙龙。

法国第一个著名沙龙女主人德·朗布依埃侯爵夫人（Marquise de Rambouillet，1588—1655年）1607年创办"蓝色沙龙"，在促进法语的净化、

巴黎歌剧院全名为加尼叶歌剧院，由建筑师查尔斯·加尼叶1861年在巴黎设计完成。歌剧院完成后成为法国上流社会欣赏歌剧的场所。图为巴黎歌剧院中的加尼叶大沙龙。

发展方面发挥了重要作用。沙龙的女主人普遍具有卓越的文学素养或至高的地位，如德·丝鸠德里小姐、德·塞涅尔夫人、德·拉法耶特夫人和德·蓬帕杜夫人（Madame de Pompadour，1721—1764年），她们大多自己进行文学创作，也取得了令人瞩目的成就。在沙龙女主人的引导下，沙龙讨论的主题以文学为主。可是，沙龙没能彻底摆脱法国社交界的习气，其基调仍然不尽如人意，场面充斥着贵族气息、矫揉造作和对优雅高尚的刻意追逐。

多样化的沙龙

18世纪，女性的社交技能得到提高，她们在沙龙中也拥有了更多的权力。除了贵族女性外，平民出身的乔芙林夫人、私生女德·莱斯比纳丝小姐等多样化出身的女性亦开始崭露头角，通过沙龙建立了广泛的影响力。

沙龙参与人的身份也出现多元化的趋势，作家、哲学家、政治家、科学家甚至宗教人士，只要具备特别的才能都可以在沙龙中获得一席之地。显赫的家庭出身之外，卓越的才智成为与门第同等重要的通行证。出身显赫、生活富足的贵族与普通人长成的具有重要影响力的作家、艺术家和科学家打破常规地坐到同一个客厅里，就各式各样的专题展开激烈的讨论。小市民出身的卢梭就曾受到华伦夫人的赏识和支持，为他打开思想的大门打下了坚实的物质基础。

乔芙林夫人（Mme Geoffrin，1699—1777年），法国启蒙运动时期著名的女性人物之一。她出身平民却通过参与沙龙活动和组织沙龙活动提高了自身学识。乔芙林夫人主持了诸多沙龙活动，其中的参与者不乏颇具影响力的启蒙运动者和著名的"百科全书派"人物。她亲自实践礼貌和优雅的重要性，塑造了沙龙活动中知识阶层的讨论氛围。

沙龙：文化圈的推手

伴随着沙龙主办者和参与人身份的多样化，沙龙谈话涉及的领域也愈发广泛，成为文化圈的推手，把启蒙运动带向高潮。

"沙龙到了18世纪逐渐由教育与教化的作用、文学性的讨论，转化为哲学、科学、宗教的思考中心。"《百科全书》的编纂从某种程度上说正是在莱斯比纳丝小姐的沙龙中完成的。莱斯比纳丝小姐的沙龙可以说是"百科全书派"的固定聚会场所，编纂者们经常聚集到一起讨论科学、技术、文学、艺术各方面的创造发明和成果，甚至谈论包括唯物论和无神论等在当时极端敏感的话题。沙龙社交也涉及政治领域，法国大革命时期沙龙成为革命思想传播的场所，各种党派在沙龙中聚合，宣传着自己的革命理论和政治信仰，使得"沙龙已经成为某种意义上的共和国"。

沙龙推动了启蒙运动的蓬勃发展，诸多大启蒙思想家在沙龙中获得认可，逐渐拓宽了自己的影响面而广为人知，有才识、有智慧的女性也凭借自己的才识留下了浓墨重彩的一笔。在当今社会，变异的沙龙作为促进文化、思想和艺术等交流和繁荣的

知识链接：蓝色沙龙

由朗布依埃侯爵夫人创办，因为房间的装饰色调采用蓝色而得名。举办场所为朗布依埃府。侯爵夫人创办的初衷是为了躲避喧嚣粗俗的宫廷生活，所以沙龙参照法国宫廷的规矩始终与其保持着适度的距离。她制定了沙龙的礼仪规则，希望将意大利式的优雅和西班牙式的骑士风范结合起来。具有才识、学问和谈吐高尚优雅的人才能获邀参加，门第出身并不是第一标准，这在一定程度上打破了等级的界限。蓝色沙龙基本上代表了17世纪法国沙龙的基调。

19世纪中期，俄罗斯的沙龙场景。俄罗斯一度是欧洲落后、蒙昧的象征，可是启蒙运动思潮依然吹到这片国土上。叶卡捷琳娜大帝时期，风靡欧洲的沙龙在齐娜伊达·亚历山德罗芙娜·沃尔康斯基公爵夫人等传奇贵妇的组织影响下在俄罗斯也如火如荼地展开。

发源地仍然发挥着重要的作用，这也是沙龙留给我们的宝贵精神财富。

第38—39页：沙龙

乔芙林夫人的巴黎沙龙上，一位表演者正在伏尔泰的半身像下朗读伏尔泰的剧作。百科全书作家狄德罗和达朗贝尔也在现场。

启蒙思想源头：大不列颠

大不列颠这个完全独立于欧洲大陆的大西洋岛国孕育出了最早的启蒙思想。

由 13 世纪的大宪章开始，英国政治逐渐确立起"王在议会""王在法下"的政治体制，在贵族与王权的政治斗争中逐渐形成了法律至上的原则和宪政的传统。现代西方政治制度基础中的议会制度和君主立宪制在英国最早确立下来，使得英国在世界各国强化王权的形势下首开民主、自由的先河。

1687 年，牛顿发表了《自然哲学的数学原理》，用严谨的科学实验和事实观察构建了包括牛顿三大定律在内的经典力学框架，堪称英国科学史上的巅峰之作，这使得上帝学说在自然科学领域的解释能力捉襟见肘。

牛顿的影响甚至超出科学领域，为宗教、哲学、政治等其他领域的发展也奠定了坚实的基础。科学革命带来的科学精神使得人民开始学习科学知识，用理性思考，重视亲身实践，这一切都为英国启蒙运动的肇始和兴盛打下了良好的基础。启蒙运动在大不列颠率先萌发，进而扩展到欧洲，人类历史上第二次轰轰烈烈的思想解放运动从英国开始。在这个大环境下，霍布斯、洛克等思想巨擘在相对开明的政治氛围中自由地思考，创建出独特的政治体系，对民智进行了早期的启蒙。

议会之母

英国的议会制度

议会制度作为近代政治文明的重要创制，从英国发轫，成为西方政治文明的基础。

英国是保守的国家，它借鉴古代召开议会的传统，为其注入时代的内核，成为新兴的资产阶级同封建国王斗争的前沿阵地，开创了现代文明的新模式。英国成为世界上最早确立议会制度的国家，因首创的功劳获得"议会之母"的尊称。

起源

议会制度并不是一蹴而就的，它的萌生发展经过了漫长的历史过程。英国的议会制度可以追溯到盎格鲁-撒克逊时期的贤人会（Witenagemot，又名咨议会）。贤人会由英国的贵族和教士组成，但只是国王的咨询机关，国王仍然拥有最终决定权。尽管如此，贤人会在一定程度上起到了一种表率作用。英国各阶层在贤人会的带动下发现了国王之外的力量

在国家政权中发挥的作用，萌生出参政议政的念头。

贤人会在诺曼征服之后开始蜕变。诺曼底诸王将诺曼底管理国家的方式与盎格鲁-撒克逊的传统融合起来，形成了"御前会议"。大地主成功跻身"御前会议"，并逐渐演变成由各州市的代表同国王及其御前会议人员所组成的"大议会"，进而转变成一种国家立法机构。贤人会从单纯的咨询机关转变成具有立法职能的新型机构，大地主的加盟更扩大了它的影响力。"大议会"在威斯敏斯特集会，逐渐形成了英国近代议会制度的雏形。

早期议会权力的发展

《大宪章》的颁布为英国议会制度的发展奠定了坚实的基础。1215年，英国的封建贵族为了对抗暴虐的约翰王，迫使其在贵族提出的"男爵法案"上盖章。最后王室宣布国王与贵族间订立的协议正式成立，这份由王室秘书整理的法案就是最初的《大宪章》。孟福尔领导贵族赢得的《牛津条例》取得了对国王斗争的决定性胜利。1265年，孟福尔召开英国历史上的第一次议会会议，贵族、主教、骑士和市民代表与会。自此，英国的等级议会制初步形成，并且不再臣服于国王的淫威，成为独立的力量，定期召开。

1295年，爱德华一世为筹措军费召开"模范议会"。会议仿照1265年的做法，参会人员除了贵族、

人人平等、生而自由一直存在于人类的理想中。自由、民主、选举权等词汇，在议会制度艰难的发展立足的道路中被最终确立。

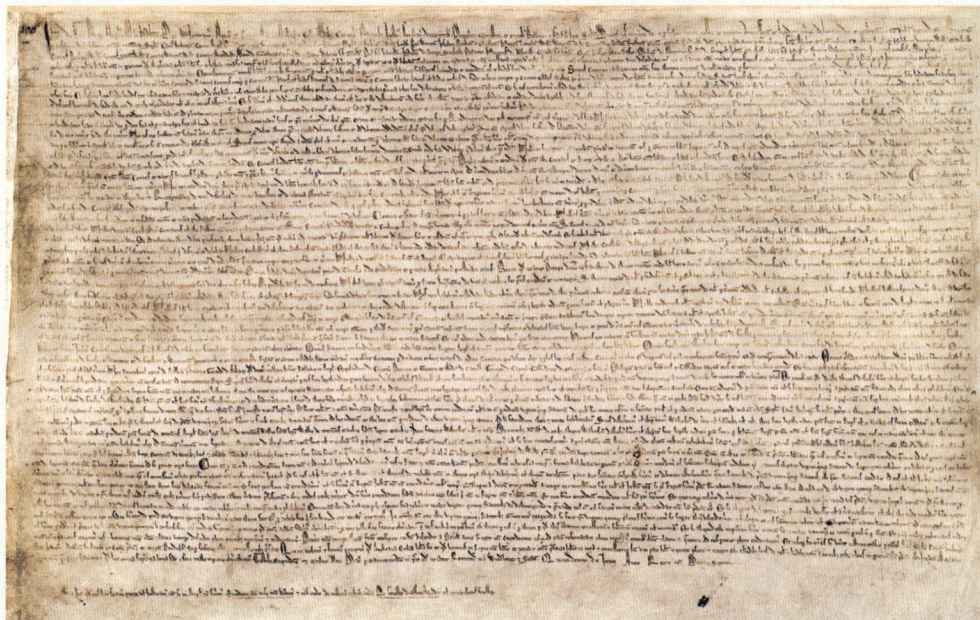

图为 1215 年《大宪章》仅存的四块牛皮纸之一。它的产生和存在一直是英国国民引以为傲的自由明证，奠定了英国宪法的基础。英国人民在历次同封建君主的斗争中，都高举《大宪章》作为武器，并且不断扩大英国国民的权利。

教士外，每郡选出两名骑士参加，每个大城市派两名市民代表参加，共计 400 多名议员参加了会议。1343 年，由于贵族和市民的利益和诉求的分歧，在议会内部分成贵族院和平民院，即上下两院。骑士因为与市民具有更多的共同利益，他们逐渐走到一起成为下议院的主要代表。"模范议会"的召开形成了今日的上下两院，英国议会制度的建制进一步完善。

议会作用的加强

议会在都铎王朝时期通过与国王的联姻提高了自己的地位。都铎王朝统治前期，罗马天主教会不断在英国扩大统治，妨碍君主扩大权力。而随着资本主义经济的发展，新贵族和新兴的资产阶级力量不断壮大，对罗马天主教会在英国的腐朽统治极为不满，多次要求简化宗教仪式，进行宗教改革。

为了对抗共同的敌人，两派结成同盟，以新贵族和新兴资产阶级为代表的下议院支持亨利八世进行宗教改革，使英国教会脱离罗马教皇，成立英国国教。国王投桃报李，向议会妥协出台一系列使自己和资产阶级新贵族均获益的法案。议会借由国王的高枝壮大实力，颁布各种法案并形成惯例，成为资产阶级和新

爱德华一世（1272—1307 年在位），英格兰国王，身高六英尺二英寸（188 厘米），是名副其实的"长腿爱德华"，因为对苏格兰人民的残酷镇压获得绰号"苏格兰之锤"和"残忍的爱德华"。爱德华一世文治武功都很出色，英格兰在他的卓越统治下成为当时欧洲的重要大国。他召开的"模范议会"使得英国的议会制度建制进一步完善。

亨利八世（Henry Ⅷ，1491—1547 年），英国声誉卓著的君主之一，因离婚问题，罗马教皇宣布将亨利驱逐出教会，作为报复，英国国会随即立法宣布英国脱离罗马教廷。

贵族与王权和宗教斗争的重要机构和有力武器。

伊丽莎白女王在位时虽然与议会发生过分歧，但她十分克制，不轻易发动战争。当王权与议会发生矛盾的时候，她总是根据情况做出必要的让步。议会在她的统治下，权力得到有限的发展。斯图亚特王朝的继任者们则显得不够明智。詹姆斯一世鼓吹"君权神授"，加强君主的权力，却没有重视早在都铎王朝时期就已经建立威望的议会代表的意见和利益。他认为："君主是生命和财产的绝对主人，君主的行为毋庸置疑，他的任何罪行都不能证明人民的反抗是合理的。"

议会制度在詹姆斯一世统治下受到严重威胁。但议会没有轻易妥协，他们主张权益和宪政原则，与国王屡发冲突。17 世纪 20 年代召开的五次议会中，国王和议会三次发生了激烈的争执，国王宣布解散议会。查理一世更是丧失理智，相信上帝赋予他对臣民的无上权力，认为这种权力如同父亲对儿子的权力一样神圣。查理一世全方位加强统治，最终与议会代表的英国国民的利益冲突不可调和。由于三番两次无视议会向他递交的请愿书，查理一世被送上断头台，英国进入了共和国时期。

议会制度的最终确立

斯图亚特王朝复辟后，詹姆斯二世未能从父辈血的牺牲中吸取教训，企图继续推行"君权神授"。议会果断采取行动，发动光荣革命，迎来詹姆斯二世的女儿玛丽和她的丈夫威廉当政，英国出现"二王共治"的局面，议会制度拉开新的序幕。

议会重掌大权后，1689 年制定了《权利法案》(the

威斯敏斯特宫，又称议会大厦，是英国议会（包括上议院和下议院）的所在地。历时几个世纪才完成，坐落在泰晤士河畔，是游客到伦敦必游景点之一。威斯敏斯特宫是哥特复兴式建筑的代表作之一，1987 年被列为世界文化遗产。

1689 年《权利法案》的寓言雕刻。《权利法案》全称《国民权利与自由和王位继承宣言》，是英国资产阶级革命中的重要法律性文件，但需要明确的是：它并不是英国的宪法。《权利法案》确立了议会所拥有的权力高于王权的原则，标志着君主立宪政体开始在英国建立。

Bill of Rights）。法案以明确的法律条文，限制国王的权力，保障议会的立法权、财政权等权力。君主权力由法律赋予，受到法律的严格限制，封建时代的"君权神授"说遭到否定。议会掌握了制定法律的权力，此外还可监督政府、决定重大的经济政策。议会的权力日益超过国王的权力，国王开始逐渐处于"统而不治"地位，至此，议会制度最终确立。

经过一个多世纪的变革，到1832年议会改革后，议会成为实际的最高立法机关，也取得了决定内阁人选和内阁去留、监督内阁施政及干预司法工作的大权。国王的行政权力被剥夺殆尽，成为真正意义上"统而不治"的"虚君"，议会制度正式宣告形成。

资产阶级通过议会制度对国家实行集体统治，防止专制独裁。资产阶级不同集团虽为利益的分歧发生斗争，但都在议会范围内以和平的方式解决，避免了暴力冲突。议会制度的形成可能是英国自"光荣革命"后再未爆发大规模暴力冲突的主要原因。英国的政治制度的演化以及由此而萌发的政治思想，沉重地打击了欧洲君主专制制度，对美国革

知识链接：《大宪章》（*The Great Charter*）

1215 年 6 月 15 日，英王约翰被迫签署的宪法性文件，又称《自由大宪章》，由序言和 63 个条款构成。这张书写在羊皮纸卷上的文件在历史上第一次限制了封建君主的权力，后成为英国君主立宪制的法律基石。《大宪章》有两条著名的条款用法律的语言阐述了自由：一条是"国王要宣誓向任何人施以公正，不能剥夺他人的权利"；另一条是"任何自由人，若不经过同等地位的人的依法审判，或是经本国法律判决，任何自由人均不得被逮捕、监禁、没收财产、剥夺法律保障、流放或受其他损害"。《大宪章》的颁布标志着英国王室承认臣民的权利并不是国王的恩赐，而是完全独立的，并且规定国王无权剥夺。《大宪章》成为英国宪政制度的起源，确立了只有经过议会批准才能征税、公民具有自由参政权利等原则。它从根本上确立了法律高于国王，即"王在法下"的原则，议会的作用愈加明显。

亨利三世在约翰去世后即位，因为干预意大利战争要求贵族缴纳 1/3 的收入作为军费，引起贵族的不满。亨利三世的表兄弟、妹夫孟福尔男爵带领武装士兵闯进王宫，迫使其承认贵族请愿书《牛津条例》。根据这一条例，国家权力由贵族组成的议会掌握。《牛津条例》规定，国王不经议会同意不得做任何决定。亨利三世不甘心丧失权力，遂挑起事端，孟福尔代表贵族出征，俘获国王取得决定性胜利。《大宪章》的精神通过《牛津条例》被再次强化。

命和法国大革命起到思想先驱的作用，这种先进的政治制度最终在全世界范围内确立了起来。

西方政治哲学奠基人
霍布斯

他做人做事谨小慎微，他著书立说石破天惊。

天赋极佳的少年，用知识改变命运，凭借大家族的支持扶摇直上进入上层社会，又凭借自己的才学创作出震惊时代的《利维坦》。

与卡文迪许家族的不解之缘

托马斯·霍布斯（Thomas Hobbes，1588—1679年）是英国政治哲学家，是西方政治哲学的奠基人。1588年，他出生在英格兰的马姆斯伯里。父亲是乡村教区牧师，家境贫寒。他生性聪颖，14岁时就通晓拉丁文和希腊文，1603年，到牛津的摩德林学院读书。

霍布斯在学习上极具个性，他只按照自己的规划学习，对学校所谓的正规课程不屑一顾，代价是用了五年时间才拿到学位。在取得学位前，他曾经由院长推荐在赫赫有名的卡文迪许家族担任威廉（即后来的德文郡公爵）的家庭教师，从此霍布斯与这个有权势的家族结下了不解之缘。通过卡文迪许家族，霍布斯结识了一些英国颇具学术地位和社会影响的名人政要，如弗朗西斯·培根。霍布斯后来担任培根的秘书，受到培根哲学思想的启发。另外，霍布斯在担任威廉的家庭教师期间，陪伴他进行当时颇为流行的壮游，足迹遍布欧洲大陆。霍布斯接触到开普勒和伽利略等人先进的科学思想，眼界得到极大的拓展。

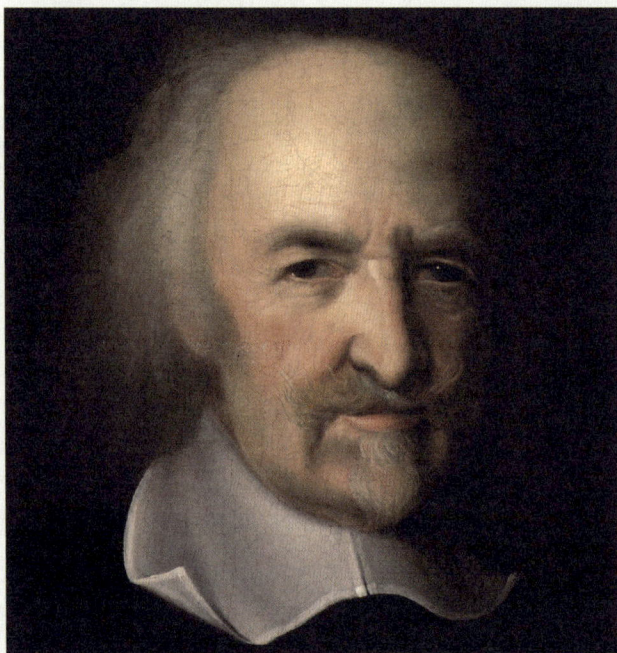

托马斯·霍布斯，英国政治家、哲学家。他提出"自然状态"和国家起源说，指出国家是人们为了遵守"自然法"而订立契约所形成的，但主张利用"国教"来管束人民，维护"秩序"。

恐惧的孪生兄弟

霍布斯在自传中说："我母亲生了双胞胎，我的孪生兄弟是恐惧。"霍布斯用自嘲的方式说明他生性胆小怕事。动荡不安的家庭和时代造就了霍布斯的谨慎。

霍布斯出生时，母亲听说西班牙无敌舰队将入侵英格兰受到惊吓早产；后来父亲因为某些原因逃往伦敦，霍布斯靠伯父抚育长大。小家庭之外，身处在17世纪英国资产阶级革命的大浪潮中，亲历议会斗争、英国内战国王被处死、克伦威尔当政、斯图亚特王朝复辟等全部过程，霍布斯目睹了英国历史上最快的时代变迁。在每一次变革中，霍布斯

话说世界

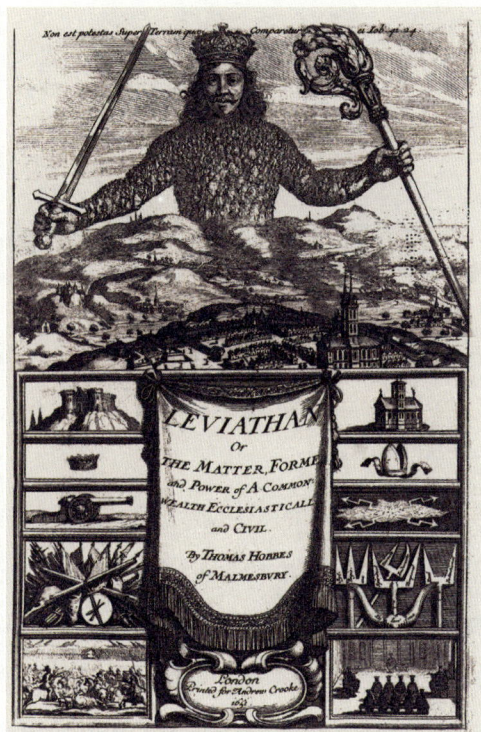

《利维坦》古本卷首页

知识链接："利维坦"

"利维坦"是《圣经》中力大无穷的巨兽的音译，霍布斯借巨兽比喻一个强大的国家。人在自然状态下为了生存需要各种东西，自然需要就是人的自然权利，是保证人生存的基本条件。世界上的东西又不能够满足每一个人的需要，在贪婪自私的人性驱使下，为了达到目的必然会出现战争，导致人类社会处于一种混乱危险的状态。出于理性，人们达成某种社会契约实现和平，个人通过契约将自然权利交付给某种权威的存在——"利维坦"，让它来维持内部的和平并抵抗外来的敌人。

都谨小慎微，在风吹草动的第一时间逃到他认为安全的地带。

《利维坦》

霍布斯以思想家敏锐的嗅觉在动荡的时代触摸到时代的气息和历史前进的脉搏，用严谨的逻辑思维、精辟的论证在 1651 年完成了巨著《利维坦》。

霍布斯在《利维坦》中系统地阐述了自己的政治观点，对"君权神授说"和教会大加挞伐。霍布斯倾向君主制，认为君主可以通过绝对的权威维护权力。君主用绝对的权威维持秩序，所以君主必须大权独揽，凌驾于一切权力之上，对自己制定的法律也可以不予遵守。另外，霍布斯否认神的存在，矛头直指罗马教会的黑暗腐败、剥削贪婪。他是唯物主义的无神论者，认为一切物质都是有形体的存在，人死后根本无法进入天堂，也不可能见到上帝，上帝是不存在的。

霍布斯在人类文明史上，首次抛开神学的观点

看待国家的形成，从理性的角度论述权力的产生，从根本上否定了"君权神授"说。人权被解放出来，人不需要仰赖神意，亦无须匍匐在上帝的脚下，这是划时代的进步。霍布斯是西方政治哲学的奠基人，他的思想对洛克和卢梭等启蒙哲人产生了重大影响。马克思评价他"用人的眼光观察国家，并从理性和经验中而不是从神学中引申出国家的自然法律。霍布斯把个人的自然权利看作是一切权利的基础，也揭示出国家权力或公共权力的来源"。

传说利维坦是海中怪兽。插图：利维坦，巨兽和栖枝。

启蒙思想家的"启蒙者"
洛克

伏尔泰、卢梭、杰斐逊等都是他的信徒。

洛克是一位百科全书式的人物，在医学、政治学、哲学、教育学等方面都造诣颇深。与沙夫茨伯里伯爵的友谊为他锦上添花，物质和精神都获得了提升。他是启蒙时代最具影响力的思想家和自由主义者，洛克是天才一般的存在。

约翰·洛克的思想对于后代政治哲学的发展产生了巨大影响，并且被广泛视为启蒙时代最具影响力的思想家和自由主义者。他的著作也影响了伏尔泰和卢梭以及许多苏格兰启蒙运动的思想家和美国开国元勋。他的理论被反映在美国的《独立宣言》上。

洛克思想的沃土

约翰·洛克（John Locke，1632—1704 年）出身于萨默塞特郡威灵顿村一个商人家庭。父母亲都是清教徒，洛克的父亲担任地方法庭的律师，内战时期为议会而战，参加了克伦威尔的军队。父母为洛克选择了清教徒任院长的牛津大学基督教会学

院，牛津大学主要由独立派的人物掌舵，家庭和教育环境的熏陶对洛克宗教宽容的资产阶级思想的形成产生了深远影响。

洛克在牛津大学的学习成绩十分优异，先后于 1656 年和 1658 年取得学士和硕士学位，但他认为当时学校教授的课程十分枯燥乏味，对笛卡尔等人的著作却相当着迷。在中学同学的影响下，洛克逐渐对实验哲学和医学的研究产生了浓厚的兴趣，与著名的科学家罗伯特·波义耳、罗伯特·胡克共事，并在 1676 年获得医学学士学位。不过洛克对医学的研究至今甚少被提及。

与沙夫茨伯里伯爵的友谊

与沙夫茨伯里伯爵的相识是医学送给洛克的另一份大礼。两人相识时，伯爵正苦于肝脏感染。洛克的悉心治疗让伯爵十分感激，伯爵遂说服洛克搬到他在伦敦的住所，担任他的个人医师。沙夫茨伯里伯爵的肝脏病情不断恶化，情况一度十分危险。洛克负责协调其他几名医师一同参与治疗，对伯爵动之以情、晓之以理，伯爵同意接受一次开刀手术以移除肝脏内的囊肿。开刀手术在当时的医疗水平下危险性极大，手术有时会直接夺走病人的生命。不过幸运的是，手术进行得相当成功，伯爵的病情得到好转并康复。伯爵称洛克为救命恩人，两人的关系更加密切。

沙夫茨伯里伯爵不仅为洛克的学术研究提供充足的经济支持，还对洛克的政治思想影响极大。洛

沙夫茨伯里伯爵肖像画

知识链接：白板说

白板说（Theory of Tabula Rasa）是洛克的最著名的教育主张。他指出人的心灵就像一块"白板"，在出生时像白纸一样没有任何印迹，通过经验的途径，心灵才有了观念。也就是说，知识的获得源自后天的感官经验，这种经验又分为直接感觉和反思所得到的观念，其中感觉来自对外部世界的感受，反思则源于心灵本身。现代环境决定论通常用洛克的白板说论证自己的观点。

克不仅担任了伯爵的个人医生，还出任伯爵所创建的贸易与种植园事务委员会的秘书，为他提供有关国际贸易和经济上的意见。伯爵在 1672 年担任英国大法官时，洛克相伴左右参与各种政治活动。对政治活动的亲身实践开阔了洛克的眼界，使他的理论有了客观实际的基础，脱离了象牙塔的束缚，更具现实意义和价值。

1675 年伯爵在政坛受挫后，洛克前往法国旅行。他在旅行期间接触了一些法国杰出的哲学家，1679年形势好转之后返回英格兰。可能是出于伯爵的鼓励，洛克在这一时期开始撰写传世之作《政府论》。

社会契约论

社会契约论是洛克闪光的理论。他率先反驳了"君权神授"的谬论，主张政府的权威只能建立在民众支持的基础之上。他在《政府论》中简明扼要地提出"人类天生都是自由、平等和独立的，如不得本人的同意，不能把任何人置于这种状态之外，使受制于另一个人的政治权力"。人类是为了保护自己的权利才通过契约的形式与政府

缔约，只是权利的暂时让渡，政府的权威是人民赋予的。如果政府违反了社会契约，人们有权利废除契约。

洛克在哲学和政治思想领域都拥有绝对的地位，现代自由主义理论将他的思想看作奠基之一。生命、自由、财产是人类不可剥夺的天赋人权，对伏尔泰等法国哲人都产生了深远影响。他在自由和社会契约上的观点通过亚历山大·汉密尔顿、詹姆斯·麦迪逊、托马斯·杰斐逊等开国元勋启发激励了美国革命。洛克超越时代，他的思想冲破中世纪的藩篱走向新世纪，"他是一个真正跨世纪的思想巨人和历史人物"。

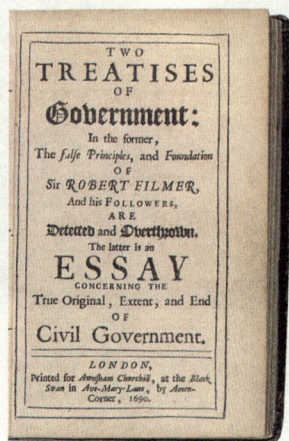

《政府论》1689 年版封面

孜孜不倦的开拓者
大卫·休谟

伏尔泰、卢梭、杰斐逊等都是他的信徒。

大卫·休谟（David Hume，1711—1776 年），苏格兰哲学家、经济学家和历史学家，被视为苏格兰启蒙运动以及西方哲学史上最重要的人物之一。天才型的思想家，在哲学和历史学方面取得了卓越的成就。

《人性论》的惨淡

休谟出生在苏格兰爱丁堡，父亲是律师。休谟是天才，12 岁便进入爱丁堡大学，立志成为像父亲一样的律师。进入大学后，休谟发现大学教授只会

大卫·休谟。历史学家们一般将休谟的哲学归类为彻底的怀疑主义，但一些人主张自然主义也是休谟的中心思想之一。研究休谟的学者经常将其分为那些强调怀疑成分的（例如逻辑实证主义），以及那些强调自然主义成分的人。

鹦鹉学舌，遂产生了"一种对于学习哲学和知识以外所有事物的极度厌烦感"，"当我的家人想象我正在阅读屋埃特和维尼阿斯（两位当时著名的法学家）时，我实际上却是在阅读西塞罗和维吉尔的著作"。

毕业之后，休谟彻底放弃了做律师，转而到布里斯托经商谋生，积累下一定的经济实力后，开始自由的谋划生活。休谟辗转到法国安茹的拉弗莱舍旅游并在那里定居了四年。定居期间，休谟开始重新进行学术研究，"过着极其简朴的生活以应付我那有限的财产，以此确保我的独立自主性，并且不用考虑任何除了增进我的文学天分以外的事物。"年仅 26 岁的休谟完成了第一部哲学著作《人性论》。

或许是因为《人性论》的观点过于深奥，或者是篇幅过于冗长，被现代学术界看重的休谟最重要的一本著作、哲学历史上最重要的著作之一的皇皇巨著，当时媒体对它的反应一片死寂。该书未收到学界的关注，年轻的哲学家锐意的思想在学术界没有泛起半点水花。

业余撰史传统的最高峰：《英国史》

饱含心血的《人性论》失败了，生活仍得继续，休谟将精力转移到散文上。没能申请到爱丁堡大学"伦理学和精神哲学"系的教授职位，生活又给了他一记响亮的耳光。无奈之下，休谟成为被官方形容为"疯子"的安那代尔侯爵（1720—1792年）的家庭教师。郁郁不得志的生活，也没能阻挡他创作鸿篇巨制《英国史》（*The History of Great*

DAVID HUME

ON HUMAN NATURE

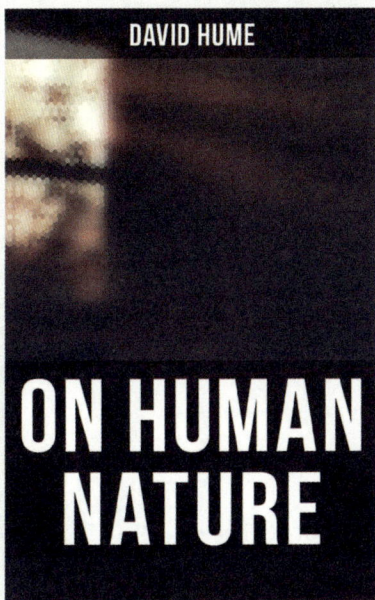

《人性论》全书分三卷，分别是"论知性""论情感"和"论道德"。正文前有一篇简短的"引论"，主要说明了人性科学的重要性和意义。

Britain）。

耗时15年之久，八易其稿，洋洋洒洒超过100万字的《英国史》最终完成，1754年到1762年间分六册发行。《英国史》叙述了从撒克逊王国到光荣革命1700年间的历史进程，时间跨度大。休谟特地从第五卷斯图亚特王朝时期开始出版，因为他认为斯图亚特王朝是一个新纪元的开端，贻害英国的党派谬误主要产生于此。"我乐观地期望此书能够成功"。时代似乎总是对休谟不怀好意，第五卷因为书中的观点对辉格党不利而受到许多攻击，该书随之陷于沉寂。

幸运的是，历史最终对休谟厚爱有加，经过时间的淘洗，该书逐渐获得公众的认同，成为学习英国史的基础性读物。伏尔泰认为休谟的这套《英国史》是所有的类似著作中写得最好的。19世纪伟大的英国历史学家麦考莱在撰写《英国史》时，尊重、敬仰休谟的成就，从他停笔的时代开始续写。托马斯·杰斐逊称赞"休谟的风格和笔调是如此迷人"。

休谟天性乐观、心理素质良好，可以经受住《人性论》失败的打击，耐得住枯燥的学术研究的

寂寞，继续研究并完成哲学著作《宗教的自然史》《道德原则研究》和《英国史》。著史虽然只是他的业余爱好，是为了把自己的哲学观点和政治哲学观点渗透到历史作品中去，却也是史学界不可多得的杰作。休谟是里程碑式的人物，他在启蒙时代的光芒胜过璀璨繁星。

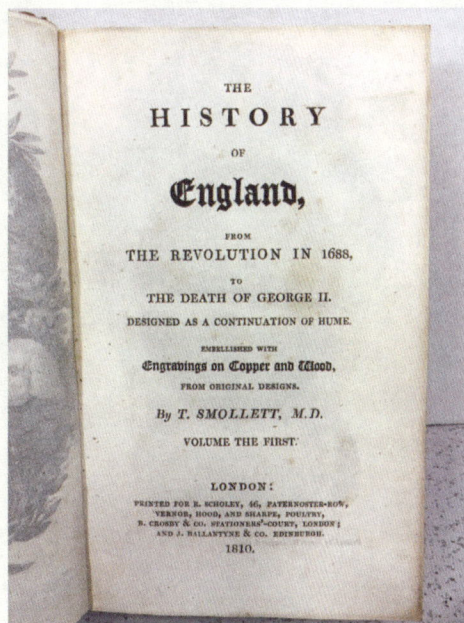

THE
HISTORY
OF
England,
FROM
THE REVOLUTION IN 1688,
TO
THE DEATH OF GEORGE II.
DESIGNED AS A CONTINUATION OF HUME.
EMBELLISHED WITH
Engravings on Copper and Wood,
FROM ORIGINAL DESIGNS.
By T. SMOLLETT, M.D.
VOLUME THE FIRST.
LONDON:
PRINTED FOR B. SCHOLEY, 46, PATERNOSTER-ROW;
VERNOR, HOOD, AND SHARPE, POULTRY;
B. CROSBY & CO. STATIONERS'-COURT, LONDON;
AND J. BALLANTYNE & CO. EDINBURGH.
1810.

大卫·休谟的杰作《英国史》，再版超过100次，讲述了从罗马—不列颠时代到光荣革命的英国历史，甫一上市便成为畅销书，并一举使休谟跻身历史学家行列。

启蒙运动的中心：法国

启蒙运动虽然发轫于英国，却在法国达到高潮，彼时的法国成为世界的焦点。

17世纪下半叶，在"太阳王"路易十四的统治下，法国专制制度达到顶峰。当时的法国是欧洲大陆封建势力最顽固、最反动的堡垒。伏尔泰在流亡英国期间，被英国先进的政治制度和文明打动。哪里有压迫，哪里就有反抗。在黑暗中生活的人更向往光明，在封建的裂隙中理性的光芒虽然几经周折却艰难的生长，孕育出璀璨夺目的新思想，启蒙运动在法国走向高潮。

18世纪的法国作为启蒙运动的中心，涌现出一批天才式的人物，他们博学多才，都在自己专长的领域里取得了突出的成就。伏尔泰是早期启蒙运动的领袖，在文学、史学、宗教以及哲学等领域的影响可谓空前绝后。卢梭、孟德斯鸠等在政治领域纷纷提出自己的创见，化学、数学、哲学等各个领域同样精彩纷呈。以狄德罗为首的"百科全书派"历时数十年编纂完成35卷本的《百科全书》，对当时的自然科学、艺术以及手工艺的概况做了比较详细的介绍，并配有丰富的插图，是启蒙运动的丰碑。

启蒙运动蓬勃发展的同时，封建势力和教会奋力阻挠，甚至形成反启蒙运动的思潮，他们运用启蒙运动的方式反启蒙运动，利用出版物等与启蒙思想家展开针锋相对的斗争。可是，理性的光辉最终驱逐了迷信、愚昧和黑暗，启蒙运动在法国乃至世界都留下了精彩的华章。

昔日封建堡垒
法国

法国的王权一度无与匹敌，君主专制达到巅峰。

法国是启蒙运动的中心，骄傲的法国人自豪地将 18 世纪称之为"法国的世纪"。可是，法国的政治制度并不一贯像它的思想文化那样包容，17 世纪的法国是欧洲封建的堡垒，君主专制政体达到了巅峰。

王权的加强

罗马不是一日建成的，法国的封建政治制度也是逐步建立的。1594 年，波旁王朝的第一代国王亨利四世登基，法国的君主专制政体进入发展阶段，国王们开启限制地方势力、加强国王的权威的历程。

黎塞留出任国务大臣，借助国王赋予的权力削弱贵族的势力，加强并集中王权统治。黎塞留推行检察官制度，加强中央对地方的控制。王权经过几个世纪，已经具有了一定的权威，然而贵族的势力依然强大，国王的权威并不稳固。

1643 年，法国历史上最强大的君主之一路易十四继位，开始了长达 72 年的执政历程。路易十四在法国各党派激烈斗争的环境中长大，即位初期就亲历了投石党运动，为躲避叛乱曾经两次逃离巴黎过着颠沛流离的生活。险恶的政治环境让他认识到只有建立强大的君主专制政体，将权力集中在自己手中才能保证自己的安全，实现法国的繁荣和富强。马萨林主教死前密嘱路易十四要亲自掌权、不再任命宰相。

君主专制

1661 年路易十四亲政，秉承"朕即国家"，加强国王的权力。在中央，他以贪赃受贿为由，把自认为是马萨林继承人的重臣尼古拉斯·富凯解职，废除首相制。他亲自组建包括内政外交理事会、财务理事会、行政法院和陆军理事会在内的四个中央理事会，勤于政事，每天都亲自主持其中一个中央理事会。四个理事会分别选任地位显赫的大臣，每两周举行一次联席会议，互相确认和通报国王的命

凡尔赛宫位于巴黎西南郊外的凡尔赛镇，是世界五大宫殿之一，1979 年被列为《世界文化遗产名录》。路易十四为加强专制统治，强化中央集权，彰显"太阳王"的权力建造了宏伟、壮观、金碧辉煌的凡尔赛宫，一度成为法国政治、文化中心。轰轰烈烈的法国大革命爆发，路易十六被带往巴黎，凡尔赛宫结束了作为王宫的使命。

路易十四即位时年仅5岁，由他的母亲即奥地利的安娜摄政，他的教父、太后的情人马萨林掌握实权。投石党运动爆发，路易十四被迫从巴黎出走，直到24岁马萨林去世后才真正掌权，结束了胆战心惊的青少年生涯。也许是童年经历的反弹，路易十四掌权之后奉行专制，将权力牢牢掌握在自己手中。

知识链接：投石党运动

投石党运动（1648—1653年）是法国贵族领导的国内各阶层参加的反抗马萨林强化专制统治的政治运动。路易十四5岁继承王位，红衣主教马萨林任首相，加强专制王权激起了法国贵族和人民的愤怒。贵族并没有坚强的斗争决心，他们在实现目标后就与国王达成妥协，浴血奋战的人民被无情地牺牲。马萨林不但没有被打倒，专制王权反而进一步被加强。尽管如此，人民在这次运动中显示出大无畏的牺牲精神和革命的勇气鼓舞了法国儿女在反对封建制度和专制王权中英勇斗争。

令。国玺由路易十四亲自执掌，财务、外交、军事和司法大权都统归到自己手中，建立起绝对的专制统治，王权达到巅峰。在地方上，路易十四继续检察官制度，增设了"海军检察官"。检察官的任期不断延长，权力不断扩大，逐渐组成幕僚机构，由国王直接负责。检察官和地方各级官僚体系互不统属，检察官的权力凌驾于地方各级官僚体制之上，是君主散布四面八方的耳目，成为国王监察地方得心应手的工具。

为了加强对人们的思想控制，路易十四统一法国的宗教信仰，宣称天主教是法国唯一的宗教，并且迫害新教徒。强化对教会的统治，强化修道院的修士们对国王和国家的服从意识：修士首先是国王的臣民，然后才是教皇的奴仆。

路易十四将封建君主专制统治推向顶峰，法国成为欧洲封建势力最强大的力量。国王拥有"绝对权力"，王权高于议会、高于法律；在正常的地方官制上建立检察制度，造成官僚等级机构庞大，吏治腐败。在路易十四统治后期，国库空虚，国家已经显示出颓势。在英国等国家建立起先进的君主立宪制政体的同时，法国还停留在君主专制政体的藩

杜伦尼（Vicomte de Turenne，1611—1675年）曾经是反对路易十四的投石党分子。后来，杜伦尼转变立场站到路易十四的阵营中。杜伦尼曾统帅的英法联军在沙丘之战中打败英西（英军是流亡的英国王党军队）联军。图为沙丘之战，杜伦尼骑在战马上。

篱中。陈旧的制度不但阻碍了本国资本主义经济的发展，而且封建制度成为强大的守旧势力，对夹缝中成长起来的启蒙思想百般阻挠。启蒙思想家们高举理性和科学的大旗，最终轰轰烈烈的法国大革命推翻了阻挡历史潮流的陈旧制度。

心怀天下的学者
孟德斯鸠

生于富贵却始终记得对普通人的责任，用手中的笔为后世留下了宝贵的精神财富。

孟德斯鸠是一位百科全书式的学者，出身贵族却始终记得对社会下层人民的责任，不断寻求社会进步的良方。

记住对穷苦人的义务

孟德斯鸠（Charles de Secondat，Baron de Montesquieu，1689—1755年）出生在法国西南部吉伦特省波尔多附近的拉布雷德城堡，其家族属于穿袍贵族。他的父母同情穷苦百姓，希望儿子能够像他们一样体察到普通百姓生活的艰辛。

孟德斯鸠的父母没有挖空心思为孩子找一位权威做教父，而是让村里的一位乞丐抱着他受了洗礼，乞丐成了小夏尔的教父。夏尔就是孟德斯鸠乞丐教父的名字。孟德斯鸠的父母用这种独特的方式让小夏尔记住他对穷苦人的义务。小夏尔果然没有让父母失望，成为法国首位公开批评封建统治的贵族思想家。

家族的馈赠

孟德斯鸠在波尔多大学完成法学学士和硕士学位，并获得律师资格。但他不满足于来自书本的理论知识，为了获得更多关于法律事务方面的实践经验，他暂别波尔多前往巴黎。

人人平等只能是理想，现实中永远无法实现。孟德斯鸠出身于贵族家庭，他什么都不做就拥有常人不敢想的一切。不过，孟德斯鸠并不是不学无术的纨绔子弟，而是努力奋斗的富二代。在父亲去世之后，孟德斯鸠回到家乡继承了父亲的产业。1716年伯父去世，没有子嗣的伯父将自己的波尔多法院庭长的官职和"孟德斯鸠男爵"的封号传给自己的侄子。夏尔-路易正式成为夏尔-路易·德·色贡达·孟德斯鸠。

虽然孟德斯鸠对波尔多庭长需要承担的诉讼没

拉布雷德城堡，孟德斯鸠的出生地，自1951年起被法国列为国家历史遗产。拉布雷德城堡历史悠久，孟德斯鸠的父亲通过联姻获得了这座城堡。孟德斯鸠三岁之前一直生活在这里，1731年孟德斯鸠定居于该城堡，在这里相继写出了《罗马盛衰原因论》和《论法的精神》两部名著。

孟德斯鸠是启蒙时代有责任有担当的学者。虽然出身富贵却始终心系人民疾苦，总是温文尔雅地出现在公众面前。他的眼光慈悲沉静，面色祥和，服饰简朴舒适，没有任何奢华装饰品在身，却能展现出高贵的气质。

🦉 知识链接：贝里克公爵

贝里克公爵虽是英国国王詹姆斯二世的私生子，可是他勇武而威严，颇具个人魅力，在欧洲各地颇有声望。与公爵的友谊使孟德斯鸠受益匪浅，不仅帮助他结识了众多名门望族，孟德斯鸠游历奥地利诸国时，贝里克公爵的推荐信使他畅行无阻。在《论法的精神》受到来自宗教界和封建势力的攻击时，孟德斯鸠与贝里克公爵的亲密关系也在无形中为他挡去许多不必要的麻烦。

有兴趣，也不在行，可是，他对自己的法律工作严肃认真负责，具备高度的责任心。波尔多法院厅长的职位是孟德斯鸠宝贵的财富。正是在这个岗位上，孟德斯鸠与贝里克公爵相识，成为莫逆之交。在经济困难时，厅长之职为孟德斯鸠带来丰厚的款项和每年可观的进账，使他可以没有后顾之忧地从事自己喜爱的学术工作。

丰硕的学术成果

占尽天时地利人和的孟德斯鸠真是羡煞人也，他的第一部著作《波斯人信札》广获好评，一年之内再版十次，一举成名。《波斯人信札》还把孟德斯鸠送上法国作家最高的荣誉——法兰西学士院院士的宝座。

踌躇满志的孟德斯鸠涉足巴黎社交界，在著名的巴黎沙龙中进行学术交流、理论探讨，还荣幸地成为巴黎名噪一时的德·朗贝尔侯爵夫人沙龙中的成员。为了进一步充盈自己的思想，孟德斯鸠告别妻儿开始了历时三年的壮游。1728—1731年，他先后游历奥地利、意大利、德国、荷兰和英国诸国。

回国之后，孟德斯鸠回到故乡拉布雷德城堡中深居简出，潜心著书。《论欧洲统一王国》《罗马盛衰原因论》先后出版。历时十几年心血的《论法的精神》1748年10月在瑞士的日内瓦发行，轰动一时。

孟德斯鸠是温和的资产阶级的代言人。他虽为贵族，却是法国首位公开批判封建专制统治的思想家。孟德斯鸠主张进行社会改革，打破"君权神授"的观点，主张实行以"开明君主"为首的君主立宪制，用三权分立的方法限制君主的权力。他批判宗教的狂热和偏执，坚持自然神论，希望能够实现宽容的宗教政策。孟德斯鸠在每个著作中都提出掷地有声的见解，在社会学、历史学、哲学、法学、政治学、文学领域都有杰出的贡献，而任何人只要有其中的一项成就就能堪称伟人。

孟德斯鸠的《论法的精神》1748年版第一卷的封面。书中提出了"三权分立"的学说，被称为"是亚里士多德以后第一本综合性的政治学著作；是到他的时代为止的最进步的政治理论书"。

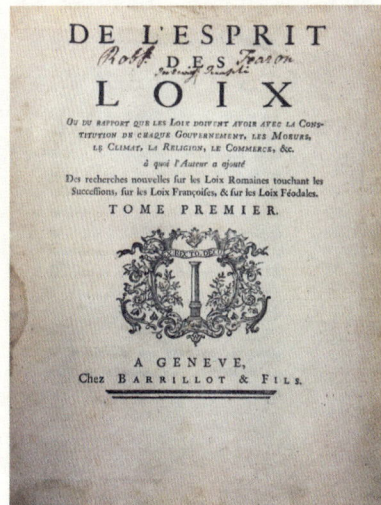

思想界泰斗 伏尔泰

> 伏尔泰的名字所代表的不只是一个人，而是整整一个时代。
>
> ——维克多·雨果

中世纪是上帝的时代，17世纪是君主的时代，而18世纪则是伏尔泰的时代。伏尔泰（Voltarie）原名弗朗索瓦-马利·阿鲁埃（François-Marie Arouet，1694—1778年），被人们誉为"法兰西最优秀的诗人""欧洲思想界的泰斗""启蒙运动的领袖和导师"。

少年英才

伏尔泰出生时，身体非常虚弱，以至于他的保姆声称"这个孩子活不过一个小时"。幸运的是，这个孩子最终坚强地挺了过来。伏尔泰从小就表现出了极高的文学天赋，3岁能背诵史诗《摩西亚特》，12岁时就能写出辞藻华丽、优美感人的悲剧《阿穆利乌斯和努弥托耳》。伏尔泰还颇具语言天赋，精通希腊文和拉丁文、意大利语、西班牙语和英语，为他在各领域的广泛涉猎打下了良好的基础。

伏尔泰中学毕业时自知自己的文学才华，向父亲言明自己要成为一名诗人。可是，务实的老阿鲁埃并不希望家里多一个不能养家糊口的废人，坚持让伏尔泰当律师。身在曹营心在汉，伏尔泰始终没有放弃诗人的梦想。可是，专业的法律学习开发了伏尔泰缜密思辨的思维，律师事务的社会知识为伏尔泰未来的投资经商打下了良好的基础。

逆境之中露锋芒

"太阳王"路易十四去世，刚满5周岁的路易十五宣布继位，路易十四的侄子奥尔良公爵摄政。伏尔泰创作了两首讽刺摄政王荒淫暴政的诗，因此被流放巴黎郊外。伏尔泰不仅没有被吓倒，反而开始专心写作。1717年春，讽刺诗《幼主》再次

伏尔泰出身富贵，生活优渥，在优良环境中成长起来的他生活十分考究，追求生活品质。颇具经济头脑的他在成年之后较早的为自己赚到了财富，为日后衣食无忧的生活奠定了良好的基础。图片中的伏尔泰衣服质地优良，面色饱满，处处透露出他生活的富足。

伏尔泰翻译的艾萨克·牛顿作品《自然哲学的数学原理》（1738年）的扉页插画。这本译著不仅仅是伏尔泰一人所作，伏尔泰的情人夏特莱侯爵夫人也功不可没，她参与了牛顿作品的翻译。

刺激到王室脆弱的神经。同年，伏尔泰被关进巴士底狱。

虽然巴士底狱囚禁了伏尔泰的身体，但他的思想和灵魂却愈加丰盈。在狱中，他完成了悲剧《俄狄浦斯王》和史诗《亨利亚特》。《俄狄浦斯王》首次署名伏尔泰，为伏尔泰赢得了"高乃依和拉辛继承人""法国最优秀的诗人"的美誉，还让老阿鲁埃看到桀骜不驯的儿子杰出的艺术才华。青年伏尔泰锋芒初露。

知识链接：巴士底狱

巴士底狱始建于14世纪，是巴黎城门前的一座军事城堡。本为百年战争时期防御英国人进攻的要塞，后随着巴黎市区的不断扩大，要塞的功能逐渐丧失，遂改建成关押重要政治犯的监狱，伏尔泰曾两次被关押在此。巴士底狱高30米，围墙坚固，共有八个塔楼，上面安放大炮，监狱内设军火库。18世纪末，它成为控制巴黎的制高点，当时不少民众把巴士底狱视为法国专制王权独裁的象征。1789年，法国大革命时人民攻占巴士底狱，这被19世纪的浪漫主义史学家描绘成战胜专制王权的伟大胜利。

思想的巨人，不屈的斗士

盛名却没能为伏尔泰挡去牢狱之灾，伏尔泰作品中传达出的对神和欺人宗教的仇恨使得专制统治者大为惊恐。伏尔泰再次被关入巴士底狱，后被流放到英格兰。

1726—1729年，伏尔泰思想进入新的时期。他贪婪地汲取英国先进思想文化的精华，完成了《查理十二史》《哲学通信》《布鲁图斯》的创作。回国后，伏尔泰一方面投身商业积累财富，免去文学创作的后顾之忧；另一方面笔耕不辍，相继创作史诗、哲理小说和史学巨著《路易十四时代》等。在这一系列的作品中，伏尔泰从自然法的立场出发揭露和批判封建专制和天主教会的统治，主张言论自由，实行宽松的信仰政策，对思想的启蒙发挥了

1717年5月16日到1718年4月15日，伏尔泰因为讽刺皇室被关押在巴士底狱10英尺高并且没有窗户的牢房里。日后，伏尔泰又因为发表对神和欺人宗教的仇恨言论再次被关进这座监狱。两段狱中经历是伏尔泰启蒙运动斗士的最好证明。

不可替代的作用。

"当我身上还有生命的火花时，我是会为《百科全书》光荣的工作者们效劳的。"伏尔泰呵护了代表法国启蒙思想大成的《百科全书》的成长，他认为"这项事业将是法国的光荣和它的非难者的耻辱"。此外，伏尔泰推崇中国的儒家思想，认为孔子是真正的哲学家。1755 年 8 月，伏尔泰以《赵氏孤儿》为蓝本创作的《中国孤儿》公演取得空前的成功，激发了法、英等欧洲国家的知识分子学习中国思想文化和艺术的热情，为中法文化的交流发展作出了重要贡献。

除了以笔为武器之外，伏尔泰还亲身投入第一线的抗争。为受到宗教迫害的卡拉、希尔文、拉拜

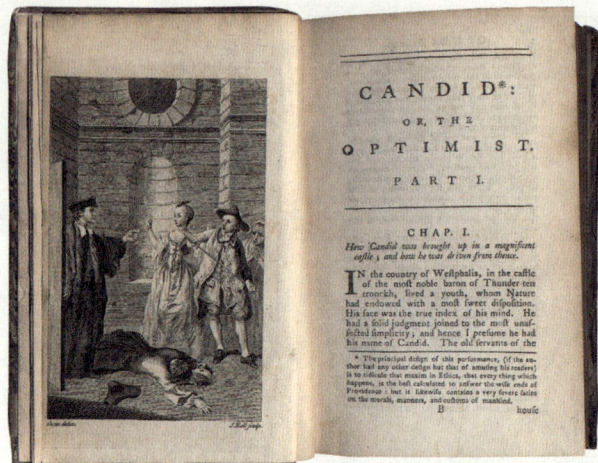

图为斯莫利特先生翻译的伏尔泰《老实人》的早期英文译本的卷首插画和第一页。短篇小说《老实人》是伏尔泰 1759 年创作的哲理性讽刺小说，该小说是伏尔泰在反对专制主义和封建特权、追求自由平等和资产阶级君主立宪制的斗争中创作的不朽作品，至今仍被列为法国中学生的必读书目。

尔和蒙巴义奔走呼号，希望这些蒙受冤屈的百姓能得到公正的待遇。伏尔泰有胆有谋，坚持不懈为人民争取公正的待遇而斗争。他对理性和正义的维护，使得腐朽的专制统治和狂热的宗教迷信日益失去民心。伏尔泰所在的费尔内一时成为欧洲舆论的中心，人们尊称这位英雄为"费尔内教长"。

灵魂伴侣

伏尔泰从未有过正式的婚姻，但是夏特莱侯爵夫人与他相伴 16 年，对他产生了重大的影响。夏特莱侯爵夫人时年 27 岁，婚前名叫艾米莉，是当时法国小有名气的才女。1733 年，两人一见如故。艾米莉被伏尔泰机智的谈吐、优雅的举止和渊博的学识征服。伏尔泰也惊喜地发现，面前的这位夫人漂亮的外表下有着超群的智慧，是整个巴黎为数不多的既能与他讨论牛顿的科学发现，也能和他讨论洛克的哲学原理的人，原来艾米莉才是众里千寻的红颜知己。艾米莉和伏尔泰共同生活，交流思想，

阿道夫·门采尔绘制的腓特烈二世在无忧宫大宴宾客的场景。客人包括普鲁士科学院的成员和伏尔泰（左数第三位）。伏尔泰身穿紫色外套，他身旁的是克里斯托弗·斯蒂尔，之后就是腓特烈二世。其他的客人贾科莫·卡萨诺瓦等人，都是当时声名在外的人物。

夏特莱侯爵夫人（Chatelet，1706—1749 年），法国科学作家。她出身法国贵族，1725 年与夏特莱侯爵结婚并生有三个孩子。夏特莱侯爵热衷于戎马生活，而侯爵夫人却喜欢研究包括自然科学在内的学术知识，是当时文艺界首屈一指的才女。夏特莱侯爵夫人与伏尔泰惺惺相惜，彼此欣赏，结成灵魂伴侣。

结成灵魂伴侣。

伏尔泰与艾米莉的关系没有受到夏特莱侯爵的责难，相反，夏特莱侯爵敬重伏尔泰的学识，并把伏尔泰引为知己。夏特莱侯爵所有的西雷庄园成为伏尔泰躲避危险的世外桃源。不幸的是，1749 年艾米莉死于难产，灵魂伴侣的去世差点击垮伏尔泰这位哲人。艾米莉死后，他常常像幽灵一样穿梭于各个房间，他曾对别人说："我失去的不是一个情人。我失去了半个自己；失去了构成我的灵魂的那个灵魂，失去了 20 年的朋友。"艾米莉对伏尔泰的影响是难以估量的，她以较高的社会地位为伏尔泰提供庇护，对自然科学的独到见解扩大了伏尔泰的研究领域，勤勉的工作态度和对问题的刻苦钻研精神激发了伏尔泰的创作热情，两人相处的 16 年，伏尔泰完成的著作远远超过其他时期，《牛顿哲学原理》和《试论各民族的精神与风俗以及自查理曼至路易十三的历史》这两部重要的著作都是在艾米莉的直接影响下写就的。终其一生，伏尔泰再没找到像艾米莉这样的灵魂伴侣。

1778 年 2 月，84 岁高龄的伏尔泰回到魂牵梦绕的巴黎。然而，巴黎频繁的社交活动和接踵而来的巨大荣誉使伏尔泰的身体过于疲劳，感情受到强烈的震动。5 月 30 日晚上 11 点钟，一代大师溘然长逝，耀眼的巨星从法兰西上空陨落。伏尔泰死后一直受到不公正的待遇，直到 1791 年 5 月底，国民议会才最终决定把这位饱受旧制度迫害的大师遗体迁葬于先贤祠。1791 年 7 月 1 日，启蒙运动的领袖回到了生他养他的巴黎，巴黎人民自发列队迎接巴黎的儿子回到故乡。先贤祠外民众肃穆，无声地诉说着对这位先哲的敬仰。伏尔泰生前最爱的一句诗是"这里是我的心脏，但到处是我的精神"，是的，一代文学巨匠伏尔泰的启蒙思想和斗争精神已传遍世界。

特立独行的启蒙哲人
卢梭

他是启蒙思想家中最具争议的作家，没有之一。他异于常人的思想和行为，是文坛最特别的存在。

卢梭是法国18世纪伟大的思想家、哲学家、教育家、文学家，生前特立独行、毁誉参半、躬身自省，身后思想熠熠生辉。

埋下阅读的种子

让-雅克·卢梭（Jean-Jacques Rousseau，1712—1778年）出生于瑞士日内瓦，父亲艾萨克（Isaac Rousseau）是钟表匠，母亲出身于牧师家庭，家教良好。卢梭出生时非常弱小，自称"我出生时差点死去，他们几乎不抱希望能救活我"，9天后母亲因为产后热去世，卢梭称之为"人生的第一次不幸"。卢梭对自己的出身甚为骄傲，他们是城市中具有投票权的中产阶级，他在书中署名"让-雅克·卢梭，日内瓦公民"。

卢梭没有接受过正规教育，父亲充当了他的启蒙老师。卢梭对父亲的职业十分尊敬，曾颇为自负地写道："一个日内瓦的钟表匠可以被介绍到任何地方，相比之下巴黎的钟表匠只能在巴黎谈论下钟表。"在他五六岁的时候，父亲就鼓励他阅读。每天晚饭之后，父亲和孩子们一起阅读母亲留下的罗马历险流浪书籍。"我父亲这么做的目的是培养我对阅读的兴趣，不过很快我们就发现里面的历险故事是如此有趣，以至于我们整夜的阅读直到章节的结束。早晨听到燕子在窗前飞过时，父亲会不好意思地说'快快快，咱们上床睡觉吧，我比你们更像个孩子'。"父亲制造钟表的时候，卢梭就会把《希腊罗马名人传》当成小说阅读，并模仿书中英雄的性格和行为。

美好的童年到10岁结束。艾萨克与富有的地主发生争执，为了避免法庭的指控，他远走他乡，将卢梭留给舅舅抚养。父亲后来再婚，卢梭与父亲就鲜少联系。艾萨克是不称职的父亲，可他在卢梭年少时埋下的阅读的种子是他给儿子最宝贵的财富。

情路历程

未满16岁的卢梭只身离开日内瓦，做过仆役、秘书、家庭教师，在意大利和法国四处流浪。后经人介绍，认识了对他影响巨大的华伦夫人。

卢梭尊敬、崇拜华伦夫人，她既是卢梭的情人，某种程度上又像他的母亲。华伦夫人看到卢梭的音乐才华，尽力为他安排正规的音乐课程，把他介绍给音乐家，希望卢梭在音乐方面能有所造诣。

歌德有言："伏尔泰结束了一个旧时代，而卢梭开创了一个新时代"，充分肯定了卢梭对启蒙运动的贡献。卢梭终生秉持自由的理念，在哲学、政治、教育、文学等诸多领域都有力透纸背的著作，他的一生是天真烂漫而又卓有成效的一生。

日内瓦当时属于法国，是一个城邦，现位于瑞士西南部，是瑞士联邦的一个新教联盟。日内瓦理论上由具有投票权的男性公民民主管理。相比较当时被称为"居民"的移民，公民在人口中占少数。移民的后代虽被称为"本地人"，但没有选举权。事实上，与其说通过公民投票管理，不如说城市是被一小群富有家族组成的"两百人议会"管理。他们授权给25人组成的"小议会"行使权力。卢梭家族的男性在当时是有投票权的公民，这在卢梭看来是值得骄傲的。

卢梭故居的小花园，他在作品中多次写到。卢梭生前毁誉参半，生活得比较拮据，从瑞士出走巴黎后并未大富大贵。即便如此，他生命中对自然、对生活的真切热爱从未受到影响。这个小小的花园曾在无数个彷徨的档口抚慰了哲学家的内心。

他们的情人关系有时让卢梭不自在，可他始终认为华伦夫人是他伟大的爱人。华伦夫人和她结交的圈子对卢梭的音乐和文学才华的培养发挥了巨大的作用。卢梭在这段时间发掘出自己对音乐的兴趣，而且还发明了一种用数字记录乐谱的新方式，希望进行一场音乐革命。卢梭专门到巴黎把乐谱献给巴黎科学艺术院，可惜并没有收到预期的效果，卢梭对此耿耿于怀。

如果说华伦夫人是卢梭"伟大的爱人"，那卢梭对黛莱丝的爱则十分微弱，对黛莱丝的感情亦非常复杂。离开华伦夫人后，卢梭与旅馆女仆黛莱

卢梭接受朋友馈赠居住的位于乡村环境优美的小房子。与他一起居住并照顾他起居的是女仆黛莱丝·瓦瑟，卢梭与这位女仆同居了25年之后才正式结婚。乡村的小房子是热爱自然的卢梭生活的隐居地，在这里他安静地思考写作，是《爱弥儿》《新爱洛漪丝》等名著的诞生地。现在改建成了卢梭博物馆纪念伟大的居住者。

丝·瓦瑟相识，不久成为恋人。与举止优雅大方、学识丰厚的华伦夫人相比，黛莱丝是丑小鸭，尽管卢梭一再伤害她，甚至把他们的孩子送走，可是她仍然深深爱着自己永远无法理解的卢梭。

在同居前，黛莱丝可能就已经为卢梭生过一个孩子。黛莱丝和卢梭共同生活了 25 年，直到卢梭 56 岁时才与她举行了一个简单的婚礼。在卢梭成名之后，尤其是发表了《爱弥儿》等教育方面的著作之后，他抛弃亲生子女的行为常被他的敌人拿来攻击他，这些人包括伏尔泰和伯克。不管怎样，卢梭的行为都超出常人的理解。

与启蒙学人相爱相杀

卢梭的成名作《论科学与艺术》与狄德罗渊源

卢梭《爱弥儿》初版时的插图。图片中的老师让他的学生亲自去探索发现，去自我反思，并且教育他要跟随内心，遵从自然，生动形象地阐明了卢梭的教育主张。在《爱弥儿》中，卢梭根据儿童的特点提出对不同年龄阶段的儿童进行教育的原则、内容和方法。核心观点是尊重儿童的天性。

> **知识链接：与《爱弥儿》背道而驰的父亲**
>
> 卢梭在《爱弥儿》中对教育论述得头头是道，但对自己的孩子则完全没有责任感。他不但不愿抚养黛莱丝为他生下的五个孩子，还怂恿黛莱丝把他们先后送入育婴堂。卢梭对他不负责任的行为给出的理由苍白无力，他在《忏悔录》中给出真正的原因："我一想到要把孩子交给这样一个乱糟糟的家庭去抚养，我就感到害怕。如果把孩子交给他们去教育，那必然会愈教愈坏。育婴堂的教育，比他们对孩子的危害小得多。这就是我决定把孩子送进育婴堂的理由。"与《爱弥儿》背道而驰的父亲形象是卢梭无法自圆其说的。

颇多。在巴黎时，卢梭因为音乐上的往来与狄德罗相识，为《百科全书》贡献了大量的文章。因为共同的志向和兴趣，两人成为亲密的朋友，并培养了深厚的友谊。

在狄德罗因为《论盲人书简》被捕入狱时，卢梭曾设法营救但没能成功。卢梭仍然经常去狱中看望狄德罗，给他送去慰藉。在看望狄德罗的路上，卢梭读到第戎科学院开展的《论科学与艺术的复兴是否有助于使风俗日趋淳朴》的征文。卢梭觉得自己文思泉涌，仿佛有许多话要说。见到狄德罗后，卢梭与他谈论了自己关于这个问题的想法，狄德罗鼓励他就这一问题进行详细的论述，写成专题文章应征。卢梭因此创作了《论科学与艺术》，并专门请狄德罗帮忙修订，一举夺得论文比赛首奖。于是，卢梭 38 岁时在巴黎成名。

尽管卢梭与狄德罗关系素来交好，但在卢梭 45 岁时两人关系恶化。狄德罗新作《私生子》使得二人发生了严重分歧，最终分道扬镳。卢梭和

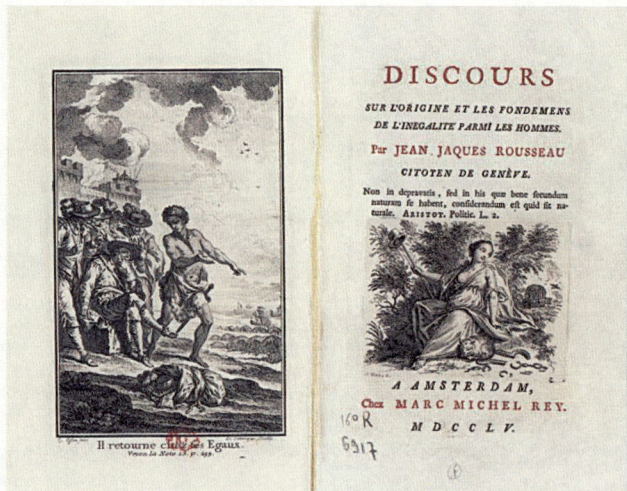

卢梭《论人类不平等的起源与基础》（1755 年），卷头插画和首页。在这部书中，卢梭阐述了他最为重要的政治观点之一"社会契约论"。他尝试把政府的出现解释为统治者与被统治者的一种契约。人们让渡自己的权力给政府是为了更好地实现自由，政府有责任与义务代行好职权。

那个时代的著名思想家伏尔泰、休谟一度交好，但后来因为观点的不同也走向不同的道路。卢梭和伏尔泰成为水火不容的死对头。卢梭的唯心主义哲学和激烈的社会观点，使他和"百科全书派"的一些思想家矛盾进一步扩大，卢梭最终与他们决裂。

坚持独立的文人

能够找到赞助人是像卢梭这样贫寒出身的文人梦寐以求的事情，可是卢梭却极力避免，哪怕是对路易十五也唯恐避之不及。1752 年，歌剧《乡村占卜者》（*The Village Soothsayer*）成功上演，得到法国国王路易十五的青睐。国王本打算接见卢梭，并赐给他一笔丰厚的年金，然而卢梭担心接受年金后失去创作的自由，于是设法回避，背上了"拒绝国王年金的恶名"。无独有偶，卢梭多次拒绝其他几个贵族的邀约，有时他的坦率和刻薄的言辞给他

招致了攻击和麻烦。

即便如此，卢梭还是我行我素。如果为了金钱和地位等目的创作，就会限制一个人的思想，最终导致才思枯竭。他不愿意被任何束缚牵绊。因为《爱弥儿》，他在被法国、日内瓦、伯尔尼驱逐而向腓特烈二世请求庇护时，仍然趾高气扬，"过去我曾批评过你的言行，将来仍会如此，是否救助我，悉听尊便"。终其一生，卢梭都是一位坚持独立的文人。

先知先觉的巨人

卢梭是一位百科全书式的人物。他的《爱弥儿》至今仍是西方教育史上最有影响力的教育著作之一，散发着绚丽的光芒；他的小说《新爱洛伊丝》描写的唯美爱情，是浪漫主义文学流派的开创者；他的自传体回忆录《忏悔录》，对自己的一生做了毫无保留的记录，开启了现代自传体文学的先河；他的《孤独漫步者的遐想》是 18 世纪的榜样，引起后代写作中对自我和反省的关注；他的《论人类不平等的起源与基础》和《社会契约论》是如今政治和社会思想的基石。

卢梭就是星空中耀眼的明星，照亮整个星空；他是先知先觉的巨人，我们向他致敬。

《忏悔录》是卢梭晚年创作的一部奇书，他用前所未有的坦白笔触记录了自己从出生到 1766 年被迫离开圣皮埃尔岛之间 50 多年的生活经历。虽然他生来热爱自然，但是却更喜欢服饰优雅具有自然美的女性。图为《忏悔录》中的插图："在实验室"。

《百科全书》第一人
狄德罗

《百科全书》是法国启蒙运动的高潮，它的问世代表了一代启蒙哲人的心血结晶，其中贡献最大的就是狄德罗。

他少年顽劣，差点辍学，兜兜转转，终成"百科全书派"的代表人物，多才多艺的唯物主义哲学家、无神论者和作家。他就是狄德罗。

开明的父亲

德尼·狄德罗（Denis Diderot，1713—1784年）出生在法国朗格勒，父亲狄狄埃·狄德罗是制刀匠。狄狄埃品德高尚，为儿子选择了做朗格勒神甫的道路，将儿子送到耶稣会主办的免费学校接受教育。

狄狄埃尽心培养儿子。狄德罗最初在学校表现出色，后来对希腊文、拉丁文和老师厌烦至极。他向父亲表示不想上学，狄狄埃并没有斥责儿子，而是让他到制刀作坊中工作。尽管儿子损坏了许多制刀工具，狄狄埃始终隐忍克制，他希望儿子能自己意识到问题所在。知子莫若父，四五天的辛苦劳作很快让狄德罗认识到学校生活的珍贵。狄德罗在开明父亲的督促下，心甘情愿地回到学校，读书是像

狄德罗，启蒙时代最伟大的代表人物之一，他对启蒙运动的贡献彪炳史册。图为 1963 年为纪念狄德罗诞辰 250 周年而发行的邮票。

他一样的青年唯一的出路。

狄德罗 15 岁时舅舅去世，他并未能如愿继承舅舅的职务。少年狄德罗受到重大的打击。生活的精彩之处就在于不可预知性，假设狄德罗如愿继承了舅舅的衣钵，可能就会安于富裕平静的生活，法国多了一个可有可无的神甫，但是整个世界失去了一位启蒙大师。

遇见伏尔泰

沮丧的狄德罗来到巴黎大学深造，获得文科硕士学位。狄德罗出于某些未知的原因放弃了对圣职的追求，拒绝了父亲为他设想的做律师或者医生的道路，素来开明的狄狄埃无法理解儿子的茫然无措，断绝了对儿子的经济支持。狄德罗在巴黎四处游荡，靠做家庭教师、为别人写布道词、当推销员等营生糊口，碌碌无为失去了奋斗的目标。

狄德罗偶然读到伏尔泰的《哲学通信》，被书中的内容深深吸引，他记住了伏尔泰的名字。在伏尔泰思想的启发下，狄德罗成为一名反封建、反宗教的英勇战士，成长为启蒙思想的宣传者，完成了《哲学思想录》《怀疑论者的漫步》《论盲人书简》等著作。狄德罗受到伏尔泰的赏识，有幸同偶像伏尔泰见面并共进"哲学的便餐"。不幸的是，因为《论盲人书简》中反对宗教的言论，狄德罗被关押到文森监狱。在被监禁期间，伏尔泰借用自己的社会关系对其照拂有加，卢梭也时常去探望这位为真理吃苦的友人。

绽放异彩

狄德罗勇气非凡，囚徒的生活并不能使他放弃追求。出狱后仍然坚持著书立说，勇敢地承担起了《百科全书》的编辑工作，历时25年完成六卷本的巨著。

狄德罗深受培根、霍布斯、洛克和伏尔泰等人的影响，在哲学上坚持形而上学的辩证法、唯物主义的观点，并根据唯物主义观点提出"美在关系"的美学思想，审美鉴赏不单是审美感受力，也是审美创造力，美感是和一个人的想象、敏感和知识成正比例增长的。另外，狄德罗颇具文学才华，《修

狄德罗出生于法国朗格勒。图为朗格勒的人民为了纪念这位伟大的先辈在当地树立的雕像。

🦉 知识链接：朗格勒的神甫

狄德罗的舅舅是朗格勒的神甫，他希望在他死后由狄德罗继承自己的职务和房子。在18世纪的法国，神甫在朗格勒是财富和权势的象征。朗格勒城教务会威望很高，神甫享有极大的特权，俸禄同样十分丰厚，是法国最有名望的宗教团体之一。另外，神甫还可以居住在教务会拥有的房屋内。成功地继承舅舅的职位，是青年狄德罗当时最好的社会选择。但是他的舅舅死后，不知出于何种原因，教务会并没有接受他指定的继承人狄德罗。

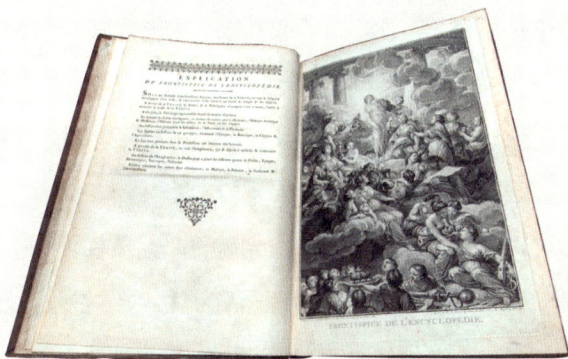

荷兰泰勒斯博物馆收藏的世界上第一部百科全书。狄德罗名字之前的称呼有法国启蒙主义思想家、作家，然而贡献最大、最为人所知的还是"百科全书派"的代表人物。他历时25年编撰完成的《百科全书》是启蒙运动的标志之一。

女》《拉摩的侄儿》和《宿命论者雅克和他的主人》等都是文苑光辉四溢的佳作。

狄德罗思想深邃，迫于形势，他的许多哲学著作在去世之后才与读者见面，他是超越时代的思想家。恩格斯对狄德罗评价甚高，称他是"为了对真理和正义的热诚而献出了整个生命"的人。狄德罗的最大成就是主编了《百科全书》，被视为现代百科全书的奠基人。

启蒙思想集大成
《百科全书》

假设只能用一部书代表启蒙时代的话，那只能是也必须是《百科全书》，它凝聚了一代启蒙思想家的智慧。

《百科全书，或科学、艺术和手工艺分类词典》，通常称为《百科全书》，1745—1772 年完成。此书概括了 18 世纪启蒙运动的精神，将启蒙运动推向高潮。

美丽的错误

法国出版商布雷顿准备将英国人伊弗雷姆·钱伯斯的《百科全书》翻译成法文，新书预售广告打出后招徕了大批订户。遗憾的是，布雷顿雇请的译者没能如他预想地完成作品，只送来杂乱的读书笔记，订户十分不满，纷纷要求退款。

布雷顿气愤之下辗转找到狄德罗，希望他能完成这部巨著。34 岁的狄德罗认为凭一己之力无法完成此项工程，转而寻求与哲学家达朗贝尔的合作。他们在翻译的过程中发现，英国的这套百科全

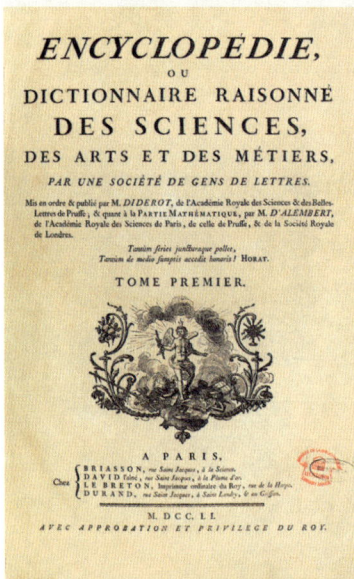

《百科全书》的封面。《百科全书》是 18 世纪法国启蒙运动的象征，在当时广受欢迎，比较好地概括了启蒙运动的精神内核。以狄德罗为代表的《百科全书》的编纂者们把当时科学、哲学、神学等全部知识汇编为一部以字母顺序排列的多卷本图书，这在没有现代检索工具的 18 世纪成为出版史上的一个里程碑事件。

书观点已陈旧过时，内容支离破碎，充满了令人无法忍受的宗教思想。那为什么不自己创作一个想要的作品呢？

狄德罗和达朗贝尔决定移花接木，用自己编撰的、具有现实参考价值的、新的百科全书替换掉钱伯斯的旧作。在编纂《百科全书》之前，狄德罗已经与一些志同道合具有自由思想的作家结成了一个学术圈子，狄德罗的计划得到他们的支持，形成了以狄德罗任主编、达朗贝尔任副主编，包括文学家、航海家、医学家、旅行家、军事家、工程师等各个领域先进人物共计 160 余人的豪华编纂阵容。这批杰出的学者中有许多声誉卓著的哲学家，以狄德罗为核心的编纂者被当时的人们尊称为"哲人党"，现在我们通常称之为"百科全书派"。狄德罗和达朗贝尔正在建造一座不朽的思想大厦，"百科全书派"为其添砖加瓦。

同敌人的第一次交锋

《百科全书》在法国启蒙运动时期诞生，又推动了启蒙运动走向高潮。它反对用宗教神学作为支柱的封建国家制度，对其进行了严厉的批判和彻底的否定。《百科全书》张扬的思想必然与封建堡垒的法国格格不入，封建君主和宗教势力联合起来阻碍这一伟大事业是顺理成章的。由此，《百科全书》的出版发行一波三折。

贝蒂埃神甫控制的耶稣会机关报《特雷沃尔报》一直对"哲人党"百般刁难，千方百计破坏百科全

《哲学家的晚餐》是画家吉恩·胡贝尔（1721—1786年）的作品，该画家与启蒙哲人伏尔泰保持了长达20多年的友谊，他创作了数量众多的反映启蒙哲人的画作。图为"百科全书派"的学者们围聚在一起热烈的讨论，狄德罗坐在右数第二的位置上，伏尔泰也参与其中。

书的出版。他们抓住《百科全书》第二卷（B、C字条目）普拉德神甫事件大做文章，并把矛头指向狄德罗、布丰和孟德斯鸠等启蒙思想家，四处散布谣言，横加诽谤。已经出版两卷的《百科全书》被当局查禁。

具有远见卓识的伏尔泰认识到《百科全书》是"巨大而不朽的著作"，不愿看到《百科全书》被扼杀在摇篮中。他敬佩狄德罗和达朗贝尔的非凡胆识，利用自己在德国的声望为四处流亡的普拉德神甫提供避难。通过普拉德神甫事件，伏尔泰知道《百科全书》在法国面临的敌人太过强大，反复权衡之下决定邀请狄德罗和达朗贝尔到柏林继续未竟的事业。

狄德罗和达朗贝尔明白伏尔泰的一番美意，可是他们不愿轻易向反对势力低头，于是冒着生命危险继续留在巴黎。随着《百科全书》的出版在社会上的影响力和知名度迅速扩大，巴黎当局迫不得已重新考虑自己的立场。通过同情《百科全书》遭遇的蓬帕杜夫人的积极斡旋，国王颁布了《百科全书》继续出版的特权诏书，但是明确要求出版前要经过

从1772年版的《百科全书》中摘取出来的一幅卷头插画。作品正中闪耀着夺目光辉的是代表真理的女神，紧挨着真理女神身边的两位女神代表着理性和科学，她们正在为真理女神揭开面纱。这幅画作极好地诠释了启蒙哲人的理想与追求。

检查机构的严格审查。《百科全书》的情况暂时好转。

"日内瓦"条目风波

在"外患"压力减缓的情况下,《百科全书》的内忧出现了,两位主力放弃编纂工作:因为"日内瓦"条目风波,达朗贝尔退出全书的编纂工作,卢梭断绝了与"百科全书派"的联系。

"日内瓦"是达朗贝尔在《百科全书》第七卷中的一个条目,他接受伏尔泰的意见,赞扬日内瓦的宽容风气和新教牧师的理性主义态度,也批评日内瓦不设剧院、缺少文化生活的问题。巴黎当局错误解读了"日内瓦"条目,认为达朗贝尔是通过吹

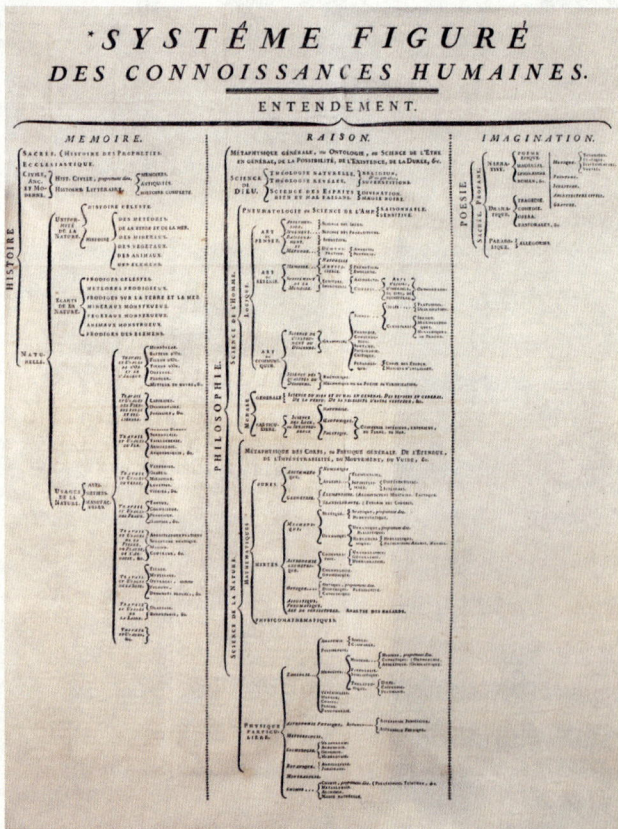

《百科全书》中揭示人类认知能力缜密复杂的系统,它将人类知识组织到这一系统中。这一系统分为三个主要主干:记忆、理性和想象,每一主干之下又进行了具体细致的划分。"百科全书派"的学者将人类的知识提高到前所未有的高度,对人类的理性等能力极为推崇。

捧日内瓦来贬低巴黎。日内瓦当局也未领情,认为受到了莫须有的诽谤。"百科全书派"内部,卢梭同样不认同此条目,撰文批评戏剧对社会和个人产生的不良影响,认为剧院是为贵族服务的,是封建社会不平等的象征。狄德罗、达朗贝尔和伏尔泰回击了卢梭的指责,卢梭愤而退出"百科全书派"。达朗贝尔无法忍受法国当局的敌意和不明事理的文人的诽谤攻击,尽管伏尔泰和狄德罗极力劝说,他仍然放弃了《百科全书》副主编职务。卢梭和达朗贝尔的退出,是"百科全书派"的重大损失。

杜尔哥、魁奈、玛尔蒙代夫和杜克洛等人也相继离开"百科全书派",巴黎当局再次撤销全书的出版特权,《百科全书》又到了生死存亡的危险时刻。在伏尔泰的支持下,狄德罗毫不退缩,苦心经营,甚至把《百科全书》转移到国外出版。虽然避开了当局的干扰和破坏,但是《百科全书》失去了合法的出版权,一时间盗版频出。可喜的是,《百科全书》广受人们的欢迎,负面影响则是《百科全书》的收益受到侵害。可是以狄德罗为首的"百科全书派"不畏艰辛,呕心沥血,完成了《百科全书》的全部工作,为人类文化思想的发展留下了宝贵的精神财富。

《百科全书》的编纂精神

《百科全书》共28卷,71818条条目,2885张插图,自1745年开始编纂至1772年最终完成。加之"补遗"和"索引",增加出版了7卷,共计35卷。

《百科全书》对当时的自然科学、艺术以及手工艺的概况做了比较详细的介绍,并配有丰富的插图,是当时最先进、最全面的百科全书。政治观点和宗教信仰不一的160余编纂者,在编写的工程中互相讨论、磨合、碰撞,集百家之长,形成了统一的编纂精神。

"百科全书派"代表了新兴资产阶级的利益，他们以自由和平等为奋斗目标，高举"理性"的旗帜，坚持唯物主义观点。狄德罗等人相信存在经过合理安排的宇宙，坚信知识的统一性，知识统一的前提是以事实为基础的有限的原理。达朗贝尔在序言中阐述了科学主义的观点："如果我们不能将各门科学或技艺还原为有限的几条规则或一般概念，那么，很难把浩如烟海的人类知识纳入一个统一的体系。"以卢梭为代表的"百科全书派"用契约论作为武器，论证建立资产阶级民主共和国的政治理想。他以天赋人权为理论基础，人们通过缔结契约的形式把权力让渡给君主，如果君主没有很好地行使这一权利，人们就有权废除不利的契约，在符合人民利益的基础上重建新的国家。

"百科全书派"从政治、宗教、道德、文化艺术等方面对教会和封建专制统治进行了全方位的批判，他们弘扬理性旗帜下的自由和平等，他们的组织和社会实践充分展现了新兴资产阶级的利益，标志着法国的启蒙运动达到高潮。

🦉 知识链接：普拉德神甫事件

普拉德神甫是为《百科全书》积极撰稿的神学家之一，他写的"确实性"条目成为耶稣会士和冉森派教徒攻击《百科全书》的重要借口。普拉德在圣絮尔皮斯神学院完成了正统的神学教育，并受到英国经验论的影响。他在博士论文《天国的耶路撒冷》中试图证实圣约的可靠性，对奇迹做合理的解释，并把福音书中的神奇医术同希腊神话中的医术之神艾斯库拉普的医道相比较。索邦学院的一些卫道士认为，论文中阐述社会的自然状态的思想以及追逐洛克否认天赋观念的思想是对宗教的抵制。此外，普拉德的观点比较接近"百科全书派"的启蒙思想家的观点，论文中有几段与达朗贝尔为《百科全书》写的序言吻合。普拉德的论文被查禁。巴黎大主教下令烧毁普拉德"异端邪说"的论文。普拉德神甫不但失去索邦学院的职位，还被通缉，只得逃往国外避难。

瑞士日内瓦的鸟瞰图。日内瓦是瑞士的第二大城市，与法国接壤，位于日内瓦湖的西南角，湖中的大喷泉是日内瓦的象征。日内瓦湖光山色、风景优美，被列为世界最适宜居住城市的第二位。日内瓦具有深厚的人文精神，在加尔文改革之后成为加尔文新教派的中心，在宗教改革时期成为诸多受到迫害的启蒙文人的避难所。

植物学之父 布丰

> 如果上帝为你关上了一扇门，不要气馁，因为他还为你留下了一扇窗。布丰就是最好的例证。

布丰伯爵，谁都不会料到"18 世纪后半叶的博物学之父"曾经是法律界的失败者，当时他的家人也不曾料到这个小孩会与博物学打交道。

踏入自然科学领域

乔治-路易·勒克莱尔，布丰伯爵（Georges-Louis Leclerc，Comte de Buffon，1707—1788 年）出身于法国蒙巴尔的一个贵族家庭，自小接受耶稣会的教育。他的父亲本来希望他能成为律师，布丰遵父命攻读法律，可是他的成绩平平，不具备做律师的潜质。于是，1728 年，布丰到昂热大学攻读数学并兼修其他科目，如医学和植物学。

上帝为你关上一扇门的时候，必定给你留下一扇窗。1730 年，布丰因为某些不确定的原因参与一场决斗，被迫离开大学。离开学校之后，布丰与结识的一位年轻的英国公爵一起游历了法国、瑞士和意大利。在公爵的家庭教师、德国学者辛克曼的影响下，布丰对博物学产生了兴趣，从此开始刻苦研究博物学。

生活就是这么奇妙，有心种花花不开，无心插柳柳成荫。布丰在学习法律不如意的时候，想必是十分无奈的，可是偶然间的转变就彻底改变了人生的轨迹。一位极有可能碌碌无为的律师成为历史上影响了达尔文和拉马克的博物学之父。

《自然史》

布丰因为母亲的去世中断了欧洲的旅行，尔后搬到巴黎。在人才济济的国际大都会，布丰认识了伏尔泰等具有启蒙思想的知识分子，受到了他们思想的影响。1733 年，布丰出任法国科学院助理研究员，正式踏上学术的道路，并翻译了英国学者的植物学论著和牛顿的著作。

1739 年，布丰成为副研究员，并兼任巴黎御花园（后来的巴黎植物园）的管理员。布丰不畏艰辛，每天埋头从事博物学的研究，40 年如一日，终于写出 36 册的巨著《自然史》。后来他的学生拉塞佩得又整理出版 8 卷，到 1804 年，共计 44 卷的皇皇巨著最终完成。

《自然史》是一部博物志，包括《地球形成史》《动物史》《人类史》《鸟类史》《爬虫类史》《自然的分期》等几大部分，用通俗生动的语言对自然界作了唯物主义的解释。布丰在比较解剖学研究中发现，动物具有不完善的没有用处的退化器官，由此对万能的上帝创造万物的观点提出有力的质

带着蕾丝花边的衬衣，绣有精美图案的外套，妥帖的头发，处处都显示出布丰良好的家境。优渥的出身和自身的天赋，再加上布丰勤勉刻苦的精神，36 册百科全书式的《自然史》——这部皇皇巨著也就水到渠成。

知识链接：布丰与巴黎御花园

1739 年，布丰成为巴黎御花园的管理员。这个职务为布丰研究植物学提供了丰富的资源，任职期间，他将国王的花园变成研究中心兼博物馆，公园面积大大增加；他还设立"法国御花园及博物研究室通讯员"，吸引了国内外众多的著名专家、学者和旅行家，收集了大量的动物、植物、矿物样品和标本。1777 年，为了表彰布丰对巴黎御花园的贡献，法国政府在御花园里给他建立了一座铜像，座上用拉丁文写着："献给和大自然一样伟大的天才。"这是布丰生前获得的最高荣誉。1782 年，布丰当选为美国文理科学院院士。

布丰出身于贵族，却可以抵挡住声色犬马的诱惑，沉下心来耐心研究。《自然史》除却丰富的资料，布丰优美的文笔、细致的描写也增加了读者阅读的乐趣。看到憨态可掬的驴子，就可以窥一斑而见全豹，你是不是已经按捺不住要一睹为快！图为书中的插画："驴子"。

信地认识到自己的力量。布丰的语言优美生动，笔锋饱含深情，《自然史》通俗易懂，具有极高的艺术价值。其中的名篇《松鼠》《马》被选入中国的语文课本，深受国人的喜爱。

疑：如果是上帝创造万物，他为什么要创造这些退化的器官呢？布丰是最早对神创论提出质疑的科学家之一。他描绘了宇宙、太阳系、地球的演化，认为地球是由炽热的气体凝聚而成的，断言地球的年龄起码有 10 万年以上，比《圣经》上所说的 6000 年要长得多。进一步提出地球的物质演变产生了植物和动物，最后才有了人类。人类之所以能够进化，是因为在社会实践中获得了知识，增长了才干。

布丰的某些观点是不符合今天的科学发现的，甚至有违背事实之处。但是，布丰坚持唯物主义的立场，彻底否定了上帝创造万物的观点。他把人类从各种宗教迷信和无知虚妄中解脱出来，让人类自

生逢其时可能是一个天才或者是有着伟大抱负的人物最大的幸运，布丰恰巧拥有了此般幸运。巴黎御花园集合了全法国第一流的物质资源和人才，布丰在高起点的平台上能够尽情地施展拳脚。天时、地利与人和，巴黎御花园成为布丰人生重要的节点。

"哲学家中的哲学家" 孔狄亚克

发育迟缓却笨鸟先飞，成为法国哲学家和认知心理学家，建立起系统的经验主义理论体系。

12岁都无法阅读还能成为学者，孔狄亚克无疑创造了一个奇迹。他背离自幼接受的神学教育，用自己的大脑思考，最终成为启蒙思想家。

智力发育迟缓的学者

埃蒂耶纳·博诺·德·孔狄亚克（Étienne Bonnot de Condillac，1715—1780年）出身于法国南部格勒诺布尔城的一个贵族家庭，可是他生来弱视，身体素质较差。这导致他直到12岁还无法阅读。后来，孔狄亚克才在当地神甫的指导下开始学习。13岁时因为父亲去世，他搬到长兄马布利所在的里昂市。

孔狄亚克生性比较沉默，家人觉得他智力发育迟缓，对他未抱有太大希望，但是，他仍然坚持在巴黎圣苏尔比斯修道院学习。所谓笨鸟先飞，孔狄亚克起步虽晚，但是他勤奋好学、博览群书，为学术研究打下了良好的基础。

接受神学教育并没有拉近孔狄亚克与基督的距离，他对神学研究兴趣索然。离开修道院后，孔狄亚克来到他的亲戚汤生夫人所在的巴黎过着世俗的生活。

走进启蒙圈子

在巴黎，孔狄亚克经常出入当时的一些沙龙，结识了狄德罗和卢梭，并与他们交往密切，还为《百科全书》撰稿。进步的沙龙活动提高了孔狄亚克的判断力和鉴赏能力，同时看到形而上学的讨论和论战的不切实际。孔狄亚克埋首于科学、文学和艺术类的书籍，钟情于培根的《新工具》和洛克的《哲学论文》，进行了精细的研究。

孔狄亚克著述丰富，荣誉等身。代表作有《人类知识起源论》《体系论》《感觉论》《动物论》《学

孔狄亚克的出生地格勒诺布尔城格伦布尔街13号，是三兄弟中最小的一个。孔狄亚克一门三兄弟在各自的领域中都颇有建树，两个哥哥对这个弟弟也是关爱有加。13岁时，孔狄亚克的双亲相继离世，他在长兄马布利的教导下长大。

图中的孔狄亚克略显呆滞的眼神，稍显臃肿的身材暴露出他的弱视和身体的缺陷。然而，孔狄亚克睿智的思想突破了身体的束缚达到了令人仰视的程度，成为"哲学家中的哲学家"。

习教程》和《逻辑学》等。曾当选"普鲁士科学院"院士、"法兰西科学院"院士。

孔狄亚克的思想

启蒙时代后期，鲜有人达到他们前辈的水准，但是孔狄亚克仍被看作他的时代具有重大影响的思想家。他深受洛克经验论思想的影响，为洛克思想在法国的传播作出了重大贡献。他又突破了洛克的思想，发展出一套系统经验主义的理论体系，被称为"哲学家中的哲学家"。

唯物论中的感觉论是孔狄亚克哲学思想的基础。他坚持人的认识来源于感觉，感觉是认识的基础，我们通过感官获得外界事物的感知。在感觉论的基础上提出了两种观念学说。感觉通过记忆保存下来就变成观念，而观念又分为单纯观念和复合观念两种。两种观念之间的区别是有几种感觉参与，只有单一感觉参与就形成单一观念，否则就形成复合观念。抽象概念是由若干存在于个别观念的共同点概括出来的，因此属于复合概念。孔狄亚克进一步提出人类观念的定义。在人类之间互相交流的基础上人类的观念形成了。语言符号是人们表达自己观念的凭借物，语言是漫长的人类历史演化的结果。

孔狄亚克的思想精髓是注重观察经验，实践出真知。这些对法国唯物主义的形成和发展及后期认知科学的发展具有积极的作用。马克思认为："曾直接受教于洛克和在法国解释洛克的孔狄亚克立刻用洛克的感觉论去反对17世纪的形而上学。他证明法国人完全有权把这种形而上学当作幻想和神学偏见的不成功的结果而予以抛弃。"

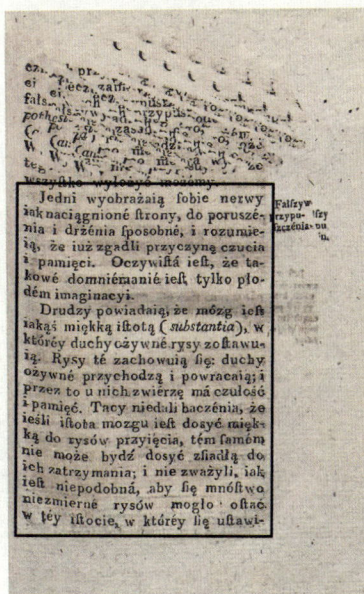

孔狄亚克的《逻辑学》中有关大脑描述的部分篇章。《逻辑学》是孔狄亚克作品中受到关注比较少的作品，远不如《人类知识的起源论》知名。可是，在《逻辑学》中孔狄亚克的思想得到进一步的发展，构建出更完整的知识体系。

快乐伦理和教育万能
爱尔维修

> 我不是喜欢荣誉，而是因为荣誉会使我获得利益。
>
> ——爱尔维修

爱尔维修是少有的顺风顺水的法国启蒙思想家，出身富贵之家却心忧国家与百姓福祉，潜心学术研究，思考全人类的幸福。

富贵乡里走出的革命者

克洛德·阿德里安·爱尔维修（Claude Adrien Helvétius，1715—1771年）是法国启蒙思想家中少有的"高富帅"代表。他出身于巴黎富贵的宫廷御医世家，父亲是王后的首席医生。优渥的家庭环境给了爱尔维修自由选择的资本，厌烦就读的耶稣会学校的宗教课程后就转向家中丰富的藏书。

爱尔维修后来到康城的叔父家跟随他学习金融财政方面的知识，23岁就接受法国国王的指派成为总包税官。这份工作为爱尔维修提供了30万利维尔的年金，爱尔维修过着衣食无忧的生活。

衣食足而知荣辱，爱尔维修将关注点转向自己的内心，更加专注文学的修习和审美品位的提高。

爱尔维修是18世纪的法国启蒙思想家、唯物主义哲学家和辩论家，曾经参与了《百科全书》的编写，为法国思想的启蒙作出重大贡献。他是少数几个曾经在腓特烈二世的宫廷里逗留的法国启蒙学者。

早年他跟随叔父学习时对文学就已经表现出浓厚的兴趣，常常在闲暇时间练习诗歌的创作。妻子安妮·凯瑟琳与他志趣相投，他们经常在家里开设沙龙，往来的启蒙思想家们总是络绎不绝。爱尔维修热衷于与他们交流，伏尔泰、孟德斯鸠都与他关系密切。爱尔维修受到科学和理性主义思想的熏陶，对他思想的发展和眼界的开阔裨益良多。

包税官的觉悟

随着智识的成熟和生活阅历的增长，爱尔维修开始思考深层次问题。包税官对爱尔维修而言，是一个绝佳的平台。他在这个职位上积累了足够的经济基础，在自己衣食无忧的同时还可以通过在家中开办沙龙结识进步的知识分子并对他们提供适当的资助。此外，包税官是一个窗口，透过它爱尔维修看到法国社会的真实情况，更深刻地感受到人民对封建制度的不满和反抗情绪。

经过13年的税务官生活，爱尔维修毅然决然放弃了这份令人羡慕的工作，住到卢瓦尔-谢尔省的农庄，决心要潜心著述、进行学术研究。1764年游历英国，并于次年受腓特烈二世之邀访问德国，极受敬重。1771年于家中安稳地去世。

功利主义哲学家

爱尔维修坚持唯物主义自然观，认为世界是由物质组成的，是一切物体共有属性的总和。提出物质与运动不可分割，运动是物质固有的属性，是物

上图为安妮·凯瑟琳（1722—1800 年），即爱尔维修夫人的肖像画。她出身富贵之家，受过良好的教育，同爱尔维修成婚之后坐拥的巨额财富为她进行沙龙活动提供了坚实的物质基础。她被亲切地称为米内特，她主持的沙龙在长达近 50 年的时间内号召了大批启蒙时代的伟大人物，狄德罗、孔多塞、杜尔哥等各个领域的启蒙哲人都是她的座上宾。

知识链接：包税官

按照法国当时的法律规定，税收由税务官负责，税款除去应缴纳给国王的部分外，剩余部分归入税务官的名下，由他本人支配。因此很多税务官是不参与劳动的食利阶层，不用工作就可以坐拥丰厚的收入。可是，随着社会的发展，包括爱尔维修和拉瓦锡在内的先进思想家作为既得利益的包税官，他们看到不劳而获的残酷剥削面后，开始尽己所能地想要改变这种现状。

维修的教育著作到今天仍然是我们学习教育学的必读书目。

快乐论、教育理论和对伦理学宗教基础的抨击使得爱尔维修闻名于世，《论精神》和《论人的理智能力和教育》是他的主要著作。法国大革命和 19 世纪空想社会主义者都受到了爱尔维修哲学的重大影响，马克思和恩格斯给予他高度的评价，认为他是第一个把资产阶级功利主义变成哲学体系的哲学家。

质存在的形式。他反对宗教迷信，指出宗教是一切社会罪恶的祸根。迷信和科学是根本对立的，只有消除迷信才能获得真正的科学。利己主义伦理观是爱尔维修哲学中最具特色的部分，他认为人们必然要逃避肉体的痛苦，寻求肉体的快乐，力图保存自己，谋求自己的幸福。他的名言就是："我不是喜欢荣誉，而是因为荣誉会使我获得利益。"他在历史上打开心扉说出了实话。

爱尔维修对人性充满乐观的态度，宣扬"教育万能论"，强调环境和教育对人性格的形成起决定作用。人是教育的产物，在刚生下来时，并不存在感情和性格。后天的教育造就了对荣誉的爱。爱尔

爱尔维修 1759 年版的《论精神》英译本的封面。爱尔维修为了反驳孟德斯鸠的《论法的精神》中所提出的环境决定民族性格的观点创作此书，1758 年先在法国出版了法文版本。该书短时间内获得广泛的关注与最强烈的反对。宗教领域和政府普遍认为该书离经叛道、蛊惑人心，命令烧毁该书。可是，此书仍然在短时间内被翻译成各种语言在欧洲范围内广泛传播。

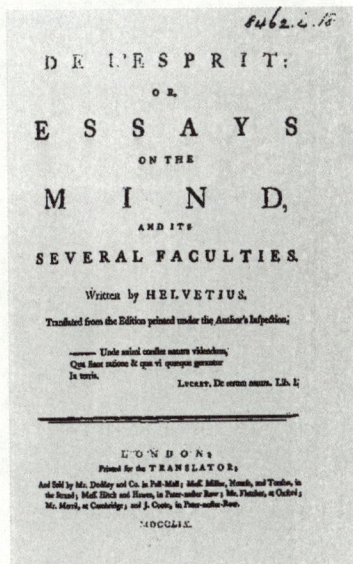

唯物主义者
霍尔巴赫

在法国为行将到来的革命启发过人们头脑的那些人物，本身都是非常革命的。

——恩格斯

霍尔巴赫在虔诚的家庭氛围中成长为法国18世纪最杰出的唯物主义者和无神论者，并且与《百科全书》共同成长。

祖荫的荣光

保尔-亨利·提利·霍尔巴赫男爵（Paul-Henri Thiry, baron d'Holbach，1723—1789年）生于德国巴伐利亚的海德斯海姆村，父亲是笃信天主教的商人。关于他早年生活的记载比较少，比较明确的是他在15岁的时候跟随父亲移居法国。

迁居法国对霍尔巴赫的影响是极其重要的，路易十五统治下的法国萌生出早期的启蒙思想，催生了少年霍尔巴赫的进步思想。而且在这里，霍尔巴赫继承了伯父男爵的封号和财产，为他日后的工作和生活奠定了良好的基础，使得他免除经济问题的困扰，在危险时贵族的封号又可以保护他的安全。

虽然，霍尔巴赫在宗教信仰虔诚的家庭氛围中长大，但他却发展出与之背离的独立思想，成长为伟大的唯物主义者。1744年就读于荷兰莱顿大学，

1785年1月1日，瑞典著名的肖像画家亚历山大·罗斯林为晚年的霍尔巴赫绘制的肖像画。罗斯林是他那个时代法国最为富有的画家之一，曾经为包括叶卡捷琳娜大帝在内的众多欧洲贵族画过肖像画。霍尔巴赫悲悯的眼神是罗斯林点睛之笔。

深受格劳秀斯等大思想家的影响，与宗教保持了审慎的距离。荷兰求学的经历使霍尔巴赫受益匪浅，为他唯物主义观点的形成打下良好的根基。

百科全书的支柱

大学毕业后，怀揣梦想的霍尔巴赫回到巴黎。此时，法国启蒙运动的高潮即将到来，这项事业的扛鼎之作《百科全书》在狄德罗和达朗贝尔等人的积极筹备下稳步推进。

伟人身上普遍的卓越品质就是能够敏锐地发现同时代的人所看不到的事业的远大前途，具有进步思想的霍尔巴赫马上认识到《百科全书》事业的伟大，立即加入《百科全书》的编纂工作中。霍尔巴赫与狄德罗一见如故，惺惺相惜的两人互相赏识，成为相伴一生的挚友。

虽然提到《百科全书》，我们更多地将目光放到狄德罗身上。但是客观地说，霍尔巴赫在整个《百科全书》的编纂过程中也发挥了重要作用。霍尔巴赫的工作贯穿了《百科全书》编写工作的始终，除了亲自撰写近400个条目外，还利用从伯父那里继承来的贵族头衔和财产，为"百科全书派"的活动提供方便。霍尔巴赫在家里组织的沙龙就是"百科全书派"的重要活动中心，他是《百科全书》得以完成的主要支柱之一。

唯物主义的圣经

霍尔巴赫为《百科全书》的撰写工作鞠躬尽瘁

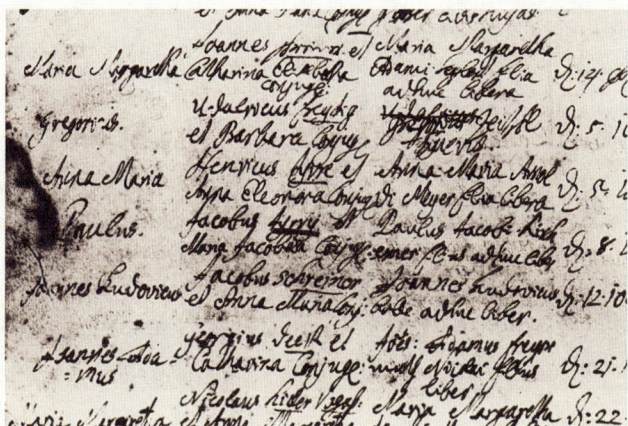

图片为霍尔巴赫的出生证。尽管霍尔巴赫受洗的官方记载显示，他的出生日期是 1723 年 12 月 8 号，可是并没有其他的准确记载印证霍尔巴赫的出生日期。霍尔巴赫自己也未写下关于他童年生活的任何记载，我们只能大概推测出伟大的思想家大概的出生日期。

霍尔巴赫作为杰出的唯物主义思想家，他的思想很早就传入中国。早在 1964 年 7 月，由管士滨翻译、商务印书馆出版的《自然的体系》就已经与中国的广大读者见面。1983 商务印书馆又根据俄文版译出霍尔巴赫的另一巨著《健全的思想》。霍尔巴赫的思想滋养和激励了一代又一代中国先进的唯物主义者。

的同时，他自己也从这项事业中获益匪浅。"百科全书派"的理性精神使得霍尔巴赫的思维更加开阔，成长为伟大的无神论者、杰出的唯物主义思想家。在继承欧洲唯物主义优秀传统和对自然科学深入研究的基础上，霍尔巴赫形成了自己的机械唯物论哲学体系。著作有《自然的体系》《健全的思想》《揭穿了的基督教》《神圣的瘟疫》《自然政治论》等。其中，《自然的体系》一书有"无神论的圣经"之称。

霍尔巴赫坚信自然界是永恒的客观存在，自然界以外的任何东西不是也不可能创造出自然界。"人之所以迷信，只是由于恐惧；人之所以恐惧，只是由于无知。"人类的迷信无知催生出宗教。霍尔巴赫继承了社会契约论的观点，反对君主专制和"君权神授"，认为国家起源于社会契约，国家的主权属于全体国民。这些观点和主张即便在今天看来依然熠熠生辉，对法国乃至世界都意义重大。

霍尔巴赫是超越时代的思想巨人，是 18 世纪法国资产阶级思想的激进代表，是法国大革命的思想先驱。

1752 年，霍尔巴赫同狄德罗相熟识并且一直保持着友好的交往。他们在宗教与哲学等诸多问题上保持着共同的观点。1785 年，霍尔巴赫在法国大革命爆发前不久去世，后与狄德罗一起被安葬在圣罗克教堂中。上图为是霍尔巴赫与狄德罗长眠的圣罗克大教堂的正面照。

数学界骑士
达朗贝尔

> 艺术的卓绝主要是为了他人，而抽象科学的研究才是为了自己。在荒岛上，我想诗人几乎不可能还那么高傲，而数学家却能依旧享受发现的乐趣。
>
> ——达朗贝尔

达朗贝尔是私生子，幸运的是他得到了养父母的悉心照料，最终成为伟大学者，在法国历史上留下了自己的名字。

被遗弃的私生子

让·勒朗·达朗贝尔（Jean le Rond d'Alembert，1717—1783 年）在未出生前就注定了被抛弃的命运：父亲是一名军官，母亲是一位著名的沙龙女主人唐珊夫人，他们是无法成为合法夫妻的。达朗贝尔出生后，沙龙女主人为了保护名誉，将他遗弃在巴黎圣·让·勒朗教堂的石阶上，因此让·勒朗成为他的教名。达朗贝尔的生父在得知消息后，设法找到他，把他送给了玻璃匠夫妇。

养父母对达朗贝尔关爱有加，没有因为他是私生子而虐待他。而达朗贝尔与养父母的感情也很好，直到 47 岁才因病离开他们到其他更合适的地

方生活，达朗贝尔幸运地享受到普通人的父母亲情。达朗贝尔的父亲无法亲自抚养他，却尽力让他接受教育，在他年少时将他送到一所教会学校。

难能可贵的是，教会学校神学思想的熏陶并没有使达朗贝尔盲从于宗教的认识论，反而更加坚信真理，一生探求科学的真谛。他自学了许多科学家的著作，并且完成了一些学术论文。比较著名的有 8 卷巨著《数学手册》、力学专著《动力学》、23 卷的《文集》，《宇宙体系的几个要点研究》中也记录了许多达朗贝尔的主要观点。

出走《百科全书》

达朗贝尔是名副其实的《百科全书》的副主编，同狄德罗一起全心致力于《百科全书》的编纂工作。除了负责《百科全书》的编辑工作和撰写词条外，他还撰写了序言部分。他同狄德罗一起挺过了普拉德神甫事件给《百科全书》造成的危难局面。"日内瓦"词条中，达朗贝尔用讽刺的笔调描写日内瓦的加尔文教徒，遭到日内瓦教会和法国国内各方的讨伐。

可是，达朗贝尔和狄德罗这对昔日的战友因此心生嫌隙，从来都任劳任怨的达朗贝尔不堪其扰，伏尔泰多方斡旋也没能阻止达朗贝尔于 1758 年 1 月辞去《百科全书》的工作。达朗贝尔的退出是《百科全书》的巨大损失。尽管现在人们通

达朗贝尔生前已经享有盛名，俄国沙皇、普鲁士国王都曾向他伸出橄榄枝，可是都被他一一拒绝。他一直过着简单的生活，白天进行学术研究，晚上去参加沙龙的社交活动，参与对学术有益的探讨。

Charles Panckoucke aux Auteurs de l'Encyclopedie

达朗贝尔和狄德罗曾经是并肩作战的勇士，他们一起抵挡住了社会上对《百科全书》的种种诋毁与诬蔑，为了共同的事业而呕心沥血。可是，因为"日内瓦"词条导致两人分道扬镳，这次事件成为《百科全书》的一大损失。上图为达朗贝尔（上）和狄德罗（下）像。

常都只说狄德罗的《百科全书》，实际上达朗贝尔曾经为《百科全书》付出过艰辛的努力，他的功绩应该被我们铭记。

在自然科学领域求索

离开《百科全书》后，达朗贝尔将主要精力投入对自然科学的研究中。在自然科学尤其是数学领域取得了突出成就，被称为数学界的骑士。特别出名的是用他的名字命名的"达朗贝尔判别法""达朗贝尔原理"和"达朗贝尔算符"。

在《论动力学》中，达朗贝尔提出了"达朗贝

尔原理"，他认为，牛顿第三运动定律对自由运动的物体和静止不动的物体都适用。1744年，就将他的原理应用于研究流体运动中。他发展了偏微分方程，把偏微分方程应用到震荡弦的问题研究中。"达朗贝尔算符"是拉普拉斯算子在闵可夫斯基时空中的形式，此算子符号为正方形的，以表示是在思维的闵可夫斯基时空中。"达朗贝尔算符"主要应用在电磁学、狭义相对论中，例如，克莱因-戈尔登方程（Klein-Gordon equation）中就有用到"达朗贝尔算符"。

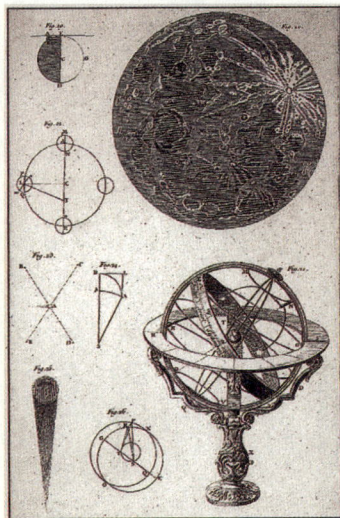

尽管现在提到《百科全书》时人们更多想到狄德罗的名字，可是达朗贝尔作为副主编也曾经为这套百科全书的成稿拼尽全力。达朗贝尔主要负责撰写数学与自然科学条目。左图为《百科全书》插图："天文学"。

一话一说一世一界一

经济自由主义倡导者
杜尔哥

他是上流社会有觉悟的思想家，在政界亲身践行自己的经济学理论。

杜尔哥是法国 18 世纪中后期古典主义经济学家，重农学派的代表人物之一。他出身贵族却关注社会民生密切相关的经济问题，他的思想超越了那个时代。

启蒙思想圈里的经济学家

安内-罗贝尔-雅克·杜尔哥，劳内男爵（Anne-Robert-Jacques Turgot，Baron de Laune，1721—1781 年）出身于巴黎古老的诺曼家族的贵族官僚家庭，从小接受传统的神学教育，在索邦大学学习时，深受各种流行思想（如科学好奇心、自由主义、宽恕、社会进化）的影响。

谈笑有鸿儒，往来无白丁。在巴黎，杜尔哥经常参加上层人士日常的社交沙龙。他深受重农学派思想的影响，是魁奈的座上客，与他保持密切的联系。杜尔哥拜访过伏尔泰，是伏尔泰思想的支持

那时伟大的思想家聚集在巴黎最时尚的沙龙里讨论问题

者。参与《百科全书》的编纂，深受启蒙思想的影响又影响了启蒙思想的发展。

左图为当时知名画家安东尼·格兰科（Antoine Graincourt）创作的杜尔哥肖像画，现收藏于凡尔赛宫。该画家非常著名，他为法国近代陆军与海军中的许多重要人物画过像。无论是画中杜尔哥考究的穿着抑或是画家的身价，无一不显示出杜尔哥上流社会的出身。

对中国农业的考察

法国人普遍认为中国是一个模范的农业国家，他们认为中国皇帝亲自参加耕作，非常重视农业的发展。杜尔哥对中国真实的情况比较好奇。正好法国有两位中国留学生即将归国，杜尔哥于是亲自设计了一个调查提纲，委托两位学生回国后代为实施。为了帮助两位留学生理解提纲中所列问题的意义，保证调查提纲被正确落实，杜尔哥动笔创作《关于财富的形成和分配的考察》。杜尔哥继承了魁奈的重农主义的基本思想并作了进一步的发展，在他这重农主义体系达到最高峰。

在《关于财富的形成和分配的考察》（1766年）中，杜尔哥集中研究了财富问题，侧重考察财富的形成和收入的分配。他依据魁奈的重农思想，详细地说明了价值与分配、分工、货币的来源与应用、资本与利息的实质以及农业的主要性等理论。杜尔哥的税收思想主要表现在平等课税、直接税与间接税的比例方面。农业劳动是唯一典范的生产劳动。土地是一切财富重要的、唯一的起源。

躬身实践的经济学家

可能是为了践行自己的经济学思想，杜尔哥在1751年放弃从事圣职转而从政，顺利升到财政大臣。

在地方任职时，杜尔哥在其辖区内进行整理赋税、废除徭役的财政改革。1774年，出任法王路易十六的财政大臣后，国库空虚，杜

巴黎大学路108号，杜尔哥晚年购买的一个私人宅邸。在失宠和改革失败的日子里，杜尔哥沉着冷静的在这里度过了晚年的最后时光，直到1781年去世。他对难得的安静生活十分满意，认为15年间一直忙于省长和大臣的职务无暇读书，也无暇研究和交往，现在终于有时间做自己喜欢做的事情了。

> **知识链接："穿袍贵族"**
>
> "穿袍贵族"是西方封建社会世袭贵族之外的新阶级。随着资本主义经济和商品货币的发展，资产阶级和无产阶级两个新兴的阶级形成。法国的资产阶级主要由资本主义工场主和农场主组成，包括少量富裕农民和由封建贵族转化而来的新贵族，主要经营包税、贷款给国家或购买官职成为政府官员。他们在经济宽裕之后用钱购买贵族头衔，吃穿用度都向贵族靠拢，表现出贵族化的倾向。这个特殊的群体被称为"穿袍贵族"。"穿袍贵族"主要担任各级法院的法官，可以父子相传，通常过着豪华的生活。

尔哥首要的任务是增加税收。1775年，杜尔哥将修路的劳役改为根据产业额为计税依据的道路税，各个等级都需要照章纳税。杜尔哥的改革随后深入，在1776年颁布的六个法令是他改革思想的最佳诠释。一个法令是废除行会制度，另一个法令是在全国取消徭役制度，剩余四个法令试图取消若干苛捐杂税。路易十六支持杜尔哥的改革，强迫议会同意侵犯宫廷和贵族尤其是"穿袍贵族"利益的六个法令。杜尔哥的改革遭到宫廷贵族的强烈反对。次年，杜尔哥被免职，法令随之被废除。

杜尔哥的经济思想和改革措施都是超越时代的。杜尔哥的重农主义体系是"在封建社会的框子里为自己开辟道路的新的资本主义社会的表现"。马克思称他是"给法国革命引路的激进资产阶级大臣"，"试图采取法国革命的措施"。如果当年杜尔哥的改革成功了，今天的法国恐怕就是另外一种景象，历史也许会改写。

最后的思想绝唱
孔多塞

> 这一天终会到来，届时阳光将只照耀在崇奉理性的自由人身上，届时暴君与奴隶、教士与他们虚伪的工具，将只存在于史书中或戏剧里。
>
> ——孔多塞

生就的天才却为革命事业献身，在生命的最后一刻完成了流芳百世的《人类精神进步史表纲要》。孔多塞的一生是战斗的一生。

法国大革命的"擎炬人"

孔多塞侯爵（Marie Jean Antoine Nicolas de Caritat, marquis de Condorcet，1743—1794 年），原名马奎斯·孔多塞，出身于法国一个贵族家庭，自小智力过人。16 岁时凭借出色的分析能力获得达朗贝尔的赞誉。孔多塞早期的兴趣集中在科学研究领域，是第一个将数学方法应用于人类社会的科学家，预言过综合性边缘学科——社会科学的产生，这一学科直到 20 世纪才出现。

孔多塞同伏尔泰、杜尔哥等启蒙思想家交往密

切，并参与过《百科全书》的编写工作。路易十六的财务总管雅克·杜尔哥是孔多塞的伯乐。在杜尔哥的引荐下，孔多塞进入法国上流社会，接触到包括富兰克林在内的一流的科学家，并开始关注政治，担任了法国政府的官职。

北美殖民地的独立对孔多塞的思想产生了重大影响，他从《独立宣言》中看到法国改革发展的方向，立志有朝一日将法国也打造成为可以与美国媲美的民主国家。时代真的为孔多塞的政治理想提供了难得的机遇，孔多塞积极参与法国大革命的事业，当选巴黎立法议会议长，入选宪法起草委员会，起草了吉伦特宪法。孔多塞主张实现被压迫阶层的解放和人类的公平正义，公开主张女性应该拥有与男子相同的财产权、投票权、工作权以及接受公共教育权。

最后的思想绝唱

孔多塞具有革命的胆识与勇于说真话的勇气。在雅各宾派取代吉伦特派上台执政后，他毫无畏惧地站出来反对新宪法。雅各宾派在 1793 年 7 月以"反对统一和不可分割的共和国的密谋者"的罪名图谋追捕孔多塞，孔多塞的人身安全危在旦夕。

在庇护所中，孔多塞担心的不是个人的安危而是整个法国人民的革命事业。他奋笔疾书，用 9 个月的宝贵时间完成了《人类精神进步史表纲要》（后

M. J. A. N. CONDORCET.

孔多塞年少成名，可是他自幼生活在母亲的良好保护下，拘谨、腼腆、不善社交。画面中的孔多塞留着蓬松的小卷发，面部表情呆板，衬衣的领口紧束，除了显示出他数学家的严谨外，也反映出这位天才内向的性格。在巴黎热闹的沙龙中，看着热切交谈的朋友们，孔多塞一般都是那个静悄悄的倾听者。

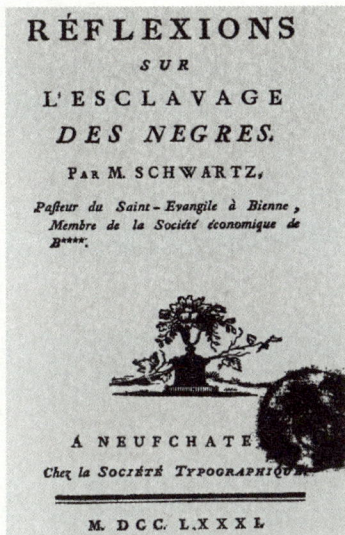

REFLEXIONS
SUR
L'ESCLAVAGE
DES NEGRES.
PAR M. SCHWARTZ,

Pasteur du Saint-Evangile à Bienne,
Membre de la Société économique de
B****.

A NEUFCHATEL
Chez la Société Typographique.

M. DCC. LXXXI.

不善言辞的孔多塞虽然是朋友们最可靠的倾听者，可是却不会与女人打交道，一生情路曲折，一直到43岁才找到真爱索菲·德·格鲁希。可是，吉伦特派失势后，为了保护自己的妻子和女儿，孔多塞被迫离婚。孤独的孔多塞闭门谢客，留下了最后的思想绝唱《人类精神进步史表纲要》。图为该书封面。

知识链接：吉伦特派和雅各宾派

法国大革命中两个重要的政治派别，曾先后执掌政权。尽管两派同属于资产阶级，却代表不同的阶层。吉伦特派是资产阶级共和派，代表当时的工商业资产阶级，尤其是南方各大港口的商人。他们主张废除封建经济，打破束缚财产的封建桎梏，维护资本主义经济，捍卫资本主义财产私有制。雅各宾派是资产阶级民主派，代表当时的小业主、小商人、手工业者，尤其是巴黎的下层民众。他们在反对封建主义的同时更为激进，出台了一系列触犯私有制和资产阶级利益的政策。

简称《史表》）。《史表》的主旨为：历史是人类理性不断解放的过程。自在环境和历史的束缚是人类必须要挣脱的束缚。进步的要义在于扫除来自在上者的专制主义和等级制度、来自在下者的愚昧和偏见。政治和知识的革命能扫除上述障碍。

概括而言，孔多塞的历史观取决于人类理性的发展，并且人们因此有理由对未来寄予无穷的信心和希望。在身处险境、革命事业发展遭受重大打击的情况下，孔多塞的书中仍然透露出"不可救药的乐观"。他坚持人类的进步史观，相信人类的理性和良知，主张随着人类对于自然与社会科学的认识加深，世界将会变得更加美好。届时，人们拥有更多个人自由、充足物质以及同理心。

在《史表》完成之后，为了不拖累自己的保护人，他毅然离开了庇护所，随即被捕入狱。两天之后，死于狱中。关于他的死因，众说纷纭。但有一点是毫无疑问的，孔多塞是为革命事业献身的。

孔多塞是伟大的，在自己生命的危难时刻完成了思想绝唱。他所表述的进步史观，成为法国启蒙运动的重要遗产，代表着启蒙运动思想和理论的一个高峰。

1853年，由著名的雕刻家皮埃尔·卢瓦松（Pierre Loison）在孔多塞诞辰110周年时创作的第一个青铜雕像，雕像现位于卢浮宫。孔多塞是领导法国大革命的重要人物，却随着革命形势的变化成为革命的牺牲品。然而，法国人民始终记得这位伟大的思想家对祖国的贡献，他们用雕像等多种方式向这位伟人致敬。

分裂中崛起的国家：德意志

法国是启蒙运动的中心，在文学、音乐、美术等各个领域都落后的德意志出现了效仿法国、向法国学习的浪潮。

德意志启蒙运动的领袖莱辛、歌德、赫尔德和席勒等人，敏锐地看到德意志反封建、反教会的任务是建立统一的德意志民族文化。单纯的学习法国发展德意志的文化事业，不仅与德意志特有的社会现实不相符，而且不利于德意志民族自尊心和自信心的培养。于是，他们领导"狂飙突进运动"，反对效仿法国的文学和风貌，希望建立继承德意志的民族传统和精神风貌的德意志文学。

随着社会形势的变化和个人际遇的起伏，德意志启蒙思想家们或激进或保守，以文学为中心，在哲学和艺术等领域展开追求自由和解放的斗争。他们的立足点就是建立统一的德意志民族文化，激发德意志人民的民族自尊心和自信心，从而推动统一的民族国家的建立。因为他们清醒地认识到，覆巢之下安有完卵？只有统一强大的国家，才会有繁荣的文化，才能有进步的国民。

统一的德意志民族文化成为德意志人民最丰厚的遗产，莱辛、歌德、赫尔德、席勒，他们照亮了德意志，是人类历史上的丰碑。

武力打出来的强国
普鲁士崛起

从邦国完成德意志统一的普鲁士，有时也是德国近代精神、文化的代名词。

普鲁士是欧洲历史地名，位于德意志北部，通常指 1701—1871 年间的普鲁士王国。普鲁士由边陲小国变成德意志境内最强大的邦国，完成了统一德意志的霸业。

腓特烈一世换来"在普鲁士"的国王

普鲁士并不天然属于神圣罗马帝国。蛮荒之地经过条顿骑士团的殖民运动后逐渐德意志化。1512 年，阿尔布雷希特建立普鲁士公国，成为臣服于波兰最高权力之下的世俗君主。

经过近两个世纪的蓄势待发，腓特烈一世（1701—1713 年在位）开始谋求将普鲁士从一个公国升格为王国。奥地利的利奥波德一世为了在军事上得到勃兰登堡—普鲁士的支持，用 1300 万塔弗尔

普鲁士的强大很大程度上是依赖军事征服实现的，周边的诸多国家和民族在普鲁士的铁蹄下沦为战争的牺牲品。几经战火的洗礼，最终还是没能逃过普鲁士的围追堵截。上图为 1741 年西里西亚被普鲁士攻占后，腓特烈二世以胜利者的姿态出现在西里西亚的弗罗茨瓦夫。

的补助和承认腓特烈一世为"在普鲁士"的国王的称号换取了 8000 人的勃兰登堡的军队。此举具有重大的政治意义和经济价值。1701 年腓特烈一世正式在普鲁士的首府柯尼斯堡王宫举行加冕庆典，成为"在普鲁士"的国王腓特烈一世，从此普鲁士名正言顺地变成可以与欧洲强国直接交往的国家。1300 万塔弗尔的巨额财富为年轻的普鲁士王国的发展提供了经济基础。

军事立国

通常情况下，一个国家拥有一支军队，而普鲁士是一支军队拥有了一个国家。普鲁士的发展走的是一条不同寻常的道路，先是建立起强大的军队，而后才建立起强大的国家。利奥波德一世肯定不会预料到当年的边陲小国竟然有朝一日会将哈布斯堡王朝和奥地利排挤出统一的德意志版图。

腓特烈·威廉一世（1713—1740 年在位）贯彻祖父大选帝侯的扩军思想。他实行一套新的征兵制，让依附于容克的农民和市民都有服兵役的义务，打破容克一统天下的局面。他让军官们树立为国王服务是最大的荣耀的观念，要求他们把服从作为第一天职，保持俭朴、守时、忠诚尽职。威廉一世打造了普鲁士的国家行政和军事体制的核心精神，成就了高效率的行事风格，奠定了德意志的民族精神。普鲁士在发展的道路上尽管遇到困难险阻，但强大的普鲁士精神支撑着普鲁士化险为夷。

腓特烈二世（1740—1786 年在位），亦称腓特

腓特烈二世是普鲁士崛起的关键人物，他具有铁血般的意志。上图为他和战地军医的油画作品。在1778年对奥地利的战役中腓特烈受伤流血，军医帮他做了包扎。此时，一个炮弹刚好在国王附近爆炸，军医受到惊吓颤抖不已，国王微笑着安慰周边的人说："到目前为止，他一定没有看到周边的许多炮弹。"

一话一说一世一界一

知识链接：条顿骑士团

条顿骑士团在12世纪第三次十字军东征的背景下成立，是三大骑士团中最后成立的，早期成员全部来自德意志各民族。最初只是行善的医护组织，后以圣殿骑士团为榜样改造成为军事修会。1226年，条顿骑士团接受了波兰王国国王之子康拉德公爵的邀请，在普鲁士地区发动了近200年的东征运动，趁机将普鲁士变成条顿骑士团的地盘，开启殖民运动。条顿骑士团迫使当地居民皈依基督教，使用德语。勃兰登堡霍亨索伦家族的阿尔布雷希特将骑士团解散，条顿骑士团遂结束历史使命。

烈大帝，是欧洲的开明君主，他对内对外采取一系列的有力政策和措施，把普鲁士从一个欧洲二等国家建设成一流强国。腓特烈二世缔造强大的普鲁士王国，成为普鲁士历史上最为著名的君主之一。

从大选帝侯到普鲁士国王再到腓特烈二世，普鲁士从德意志东部一个籍籍无名的公国成为令欧洲人畏惧的国家。普鲁士的崛起有其历史必然性。无论在何种情况下，在位的领导者都重视军事力量的发展，普鲁士的军事化程度超越了同时代的任何一个国家。此外，他们还尽力发展经济，为军事的发展提供牢固的物质基础。凭借强大的军事力量，再加上天时地利，普鲁士最终实现了数千年来统一德意志的梦想，崛起为欧洲最强大的国家之一。

普鲁士军事立国的思想，为世界性的战争埋下了祸根，成为两次世界大战的策源地，严重威胁了世界的和平。军事只能是国家强大的手段而不能是目的，德意志继承了普鲁士的军事立国政策，在第二次世界大战后深刻反省国家政策，实行改革，去除军国主义思想，成为当今世界和平的重要捍卫者。

腓特烈二世军队中的一个普鲁士士兵。旧式的尖顶帽被新样式的头盔取代，这样的头盔对于投掷手榴弹来说更为实用。

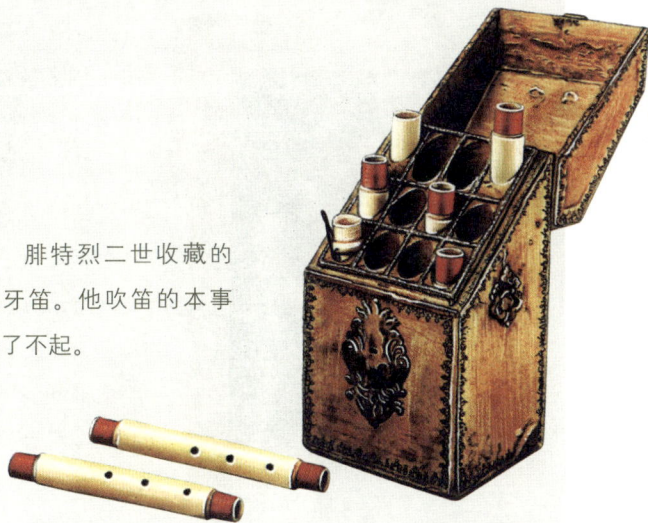

腓特烈二世收藏的象牙笛。他吹笛的本事很了不起。

时势造英雄
德意志君主们

国家处在四分五裂的状态是德意志人民的苦难，亦是德意志君主们崛起的机遇。

德意志曾经是历史上特别的存在，几位卓越的统治者约瑟夫二世、利奥波德二世、腓特烈二世在覆巢之下励精图治，企图实现德意志的统一。

情感上忠诚、政治上大展宏图的约瑟夫二世

约瑟夫二世（Joseph Ⅱ，1741—1790 年）出身于帝王之家，1765 年，加冕为神圣罗马帝国皇帝（1765—1790 年在位）之前，就作为奥地利大公获得了丰富的治理国家的经验。

约瑟夫的婚姻生活十分坎坷。他深爱的妻子伊莎贝拉因为流产去世，约瑟夫对婚姻陷入绝望。后来因为政治考量再婚，但他并不喜欢新婚妻子，甚至对无辜的妻子实施精神虐待。第二任妻子整日郁郁寡欢，结婚两年多就去世了，约瑟夫将所有精力寄托到政治生活中，再无感情纠葛。

约瑟夫对政治生活具有浓厚的兴趣，并且显露出非凡的韬略。母亲玛利亚·特蕾西亚女王 1780 年去世后，除了谨慎地推行母亲的改革措施外，约瑟夫推行了一系列比较开明的改革，加快了奥地利帝国向近代化过渡的步伐，奥地利帝国的国力得到进一步加强。他废除农奴制，农民获得诸多自由的权力；取消行会垄断，减少税赋，奖励出口，设置关税以保护本国工业，推出了重农政策；他推行宗教宽容政策，颁布了宗教宽容令，废除了罗马教皇对奥地利教会事务干预的权力。约瑟夫重视教育事业的发展，规定德语为官方语言。在首相考尼茨的支持下，约瑟夫二世在外交上取得非凡成果，奥地利的国际地位不断上升。

情感事业双丰收的利奥波德二世

利奥波德二世（Leopold Ⅱ，1747—1792 年）在约瑟夫二世去世后继任。与哥哥不同，利奥波德二世家庭生活幸福美满。他采取包括亲赴布拉格加冕为波希米亚国王等改革措施，维持哈布斯堡王朝对尼德兰、匈牙利和波希米亚等地的统治。此外，利奥波德二世继续推行开明的政策：赋予商业空前的自由，重组地方政府，改良警察和军事机构，编纂激进的人性化法典。

利奥波德二世强调公民的自然权利和统治者的

教育学有一种观点认为，一个强势的母亲，孩子们多数情况下会比较懦弱。可是约瑟夫二世和他的母亲特蕾西亚女王却打破了这种观点，特蕾西亚女王是德国历史上有作为的女王之一，母子二人一起推行了开明的政策，共同努力使神圣罗马帝国的实力大增。左图为约瑟夫二世。

约瑟夫用情极专，他的结发妻子因为难产去世之后他始终无法忘怀。后来虽然因为政治目的再婚，仍然对结发妻子念念难忘，终生未生有子嗣。约瑟夫二世去世后，弟弟即位，是为利奥波德二世。上图为约瑟夫二世（右）与他的弟弟利奥波德二世（左）。

宪法义务，他大公无私地让统治者承担更多的持续的责任。他具备开明甚至超前的统治思想，有意思的是，面对法国大革命民众权利的扩大，他坚决的反对。学者们普遍推测，这可能是因为玛丽·安托瓦内特是法王路易十六的王后。1792年，利奥波德二世与普鲁士国王腓特烈·威廉二世正式缔结同盟，准备以武力干涉法国。战争还没爆发，利奥波德二世突然去世。

开明君主腓特烈二世

腓特烈二世（Friedrich Ⅱ，1712—1786年），1740年继任为普鲁士国王，在位46年。他是一位多才多艺的君主、军事家、政治家、作曲家、作家，在启蒙哲人中享有良好声誉，曾经获得哲学家

国王的称号，一度与伏尔泰交好。腓特烈深受启蒙思想的影响，推行了诸多开明政策，声称"国王是公民的第一公仆"。腓特烈二世关心国家事务，推行了农业改革、军事改革、教育改革、法律改革，废除了刑讯，还建立了廉洁高效的公务员制度。他减少了野蛮的刑罚，对法律的发展贡献良多。腓特烈二世还继承了家族精良的军队和充足的国库，凭借自己杰出的军事才能，大大扩张了普鲁士的领土。在腓特烈二世的统治下，普鲁士的文化、法律、政治和经济都获得重大发展，成为经济和军事强国，腓特烈二世被尊称为腓特烈大帝。

右图年轻的腓特烈二世的肖像画，1736年。腓特烈的父亲腓特烈一世信奉棍棒教育，自幼就对腓特烈要求严格，采用军事式的教育。可能受不了压抑的环境，腓特烈曾试图和朋友逃往英格兰，但最终失败。经过这次叛逆，腓特烈秉承父志，终于成就一代霸业。

书斋里的学者 康德

有两件事物越思考就越觉得震撼与敬畏，那便是我头上的星空和我心中的道德准则。

——康德

他终生坚守在柯尼斯堡，每日像时钟般规律的生活，却创造出博大精深的哲学体系，开一代哲学流派。康德的学说深深影响了近代西方哲学，开启了德国唯心主义和康德主义等诸多流派。

作息规律的哲学家

清晨五点，普列戈利亚河上的克奈普霍夫岛（Kneiphof）迎来了柯尼斯堡最值得骄傲的孩子，他就是伊曼努尔·康德（Immanuel Kant，1724—1804 年）。康德的父亲是一个马鞍匠。康德出生时身体虚弱，因此，母亲对他特别关注，这对康德的发展产生了深远的影响。康德在自传中深情地写道："她为我种下第一粒善的种子，使我的心灵朝向大自然，唤醒并扩大了我的智力，她的教诲对我一生都有极大的影响。"

康德的一天繁忙而有规律，生活中的每一项活动，如起床、喝咖啡、写作等都像机器运转般准确。因为伏案工作时间太长，康德想出好办法增加运动量：他把最常用的书放在离自己最远的椅子上。这样，他要查书就必须起身去取，等于运动。康德还固定散步的时间，每天下午四点康德都会准时散步。当地的居民都已经习惯了康德规律的作息，甚至在他经过时校正钟表的时间。唯一的一次例外是康德阅读卢梭的《爱弥儿》，深为其所动，放弃了每天例行的散步。没有看到康德的出现，邻居不知是否应该按照教堂的钟声来校正钟表。

康德散步不仅定时，而且路线固定。他永远沿着小菩提树路散步，每天八个来回，一步不多，一步不少。他永远穿着灰大衣，手握拐杖。他深信张嘴会让风湿病从口而入，只用鼻子呼吸。康德从来都是独行侠，他坚信散步与人交谈会打乱自己散步的节奏。康德从未出过远门，小菩提树路上每天的八个来回是哲学家纵横世界的旅行。数十年如一日的生活方式，使得健康状况不良的康德成为最长寿的学者之一（享年 80 岁）。

安稳富裕的乡村家庭教师生活

马鞍匠父亲的经济收入用来支付大学的费用是很吃力的，康德的母亲希望儿子可以从事自己喜欢的工作，于是全力支持儿子进入柯尼斯堡大学学习。通过逻辑与形而上学教授马丁·克努岑，康德接触到莱布尼茨和牛顿的学说。康德放弃神学，重

康德是德国的，更是世界的。他自行构建的哲学体系博大精深。今天的哲学家们认为，康德哲学像一个蓄水池，康德之前的哲学流进它，近现代哲学又是从它流出来产生的。左图为 1974 年西德为纪念康德诞辰 250 周年发行的邮票。

话说世界

克奈普霍夫岛上的柯尼斯堡教堂。一花一世界，康德一生都生活在柯尼斯堡（现属俄罗斯加里宁格勒）方圆40公里的范围内，从未有过远行。这座柯尼斯堡教堂也许是康德生平见过的最为辉煌的建筑之一，可是康德的思想却极端的丰满，他在头脑中构建出一座哲学的殿堂。

新确立哲学和自然科学作为自己的研究方向，并作为终生研究的事业。

母亲的病故是对康德严重的打击。陪伴他成长、时时鼓励安慰他的最亲爱的母亲还没有看到康德完成学业就离开了他。康德用了很久才从母亲去世的伤心中恢复过来。失去母亲的支持，康德在学校的生活只能靠自己勉力维持。1746年，康德用德语完成的《论对活力的正确评价》（*Gedanken von der wahren Schätzung der lebendigen Kräfte*，活力即动能）的论文未被克努岑接受，康德被迫中断学业外

出谋生。

在当时的德国，哲学专业的学生能选择的职业少之又少，私人教师对贫穷的大学生而言是一个相对比较好的选择，费希特、黑格尔等都曾担任过私人教师。为了维持生计，康德离开柯尼斯堡到乡村任教，这是康德一生中唯一一次离开自己的故乡。

在乡村担任私人教师对康德而言是难得的经历。首先，通过亲身实践康德获得了丰富的教学经验，为将来在柯尼斯堡大学的教学工作打下良好的基础。其次，对甚少离开学术研究和书斋的康德而言，这段经历极大地丰富了他的生活阅历，开阔了眼界，是日后学术活动的一笔财富。最后，康德十分享受这段私人教师的生涯，认为是他一生中最为安稳与富裕的时光。他不仅有着诸多可自由支配的时间，收入也很丰厚。从1747年到1755年，安稳富裕的乡村家庭教师生活使康德获益良多。

独具魅力的大学教授

1755年，康德重返柯尼斯堡大学并提交拉丁

"谈笑有鸿儒，往来无白丁"，可谓是对康德的朋友身份的最好界定。

语论文《论火》，顺利地拿到硕士学位。康德紧接着提交了第二篇拉丁语论文《对形而上学认识论基本原理的新解释》，赢得了在大学授课的机会。

康德只是编制之外的私募教师，薪俸只能依赖选课的学生支付。即便如此，康德上课热情极高，从不迟到。他上课生动幽默，听众很多，因为大学教室的奇缺甚至只能在寄居的教授家中开讲。康德胸中有丘壑，从不照本宣科。从未出过国的康德讲课逸闻趣事不断，间杂异国风土人情，经常把学生讲得当堂大笑或落泪。康德着重培养学生的独立思考能力，以资质中平的学生能听懂为标准。他常说："我不是教给你们哲学，而是教你们如何进行哲学思考。"赫尔德亲身听过康德的课，对他赞誉有加，曾在一封信中写道："他血气方刚，总是那么兴致勃勃，他生来就为思想的额头里装满了坚不可摧的快乐和喜悦，他思想丰富和谈吐源源不断地从口中流出，他有取之不尽的风趣、机智和变化无常的思想，听他讲课简直就像在轻松愉快的享受。他能调动起学生的情绪，使我们愉快地学会自己思考问题。"

康德的编外生涯持续了 15 年之后，他终于获得柯尼斯堡大学讲授逻辑学和形而上学的教授资格。康德任职教授 11 年都没有一篇著作问世，成为德国教育界的平庸教授之首。他的学生在柏林参加教授聚会时宣布康德正在写一本伟大的著作，赢得教授们的一片哄笑和调侃。康德自觉羞愧，许诺不久就会出版一本小册子。他说的小册子就是《纯粹理性批判》。

康德自己也认为，《纯粹理性批判》只能写成小册子。孰料一动笔，数月之间，数百页的《纯粹理性批判》便一挥而就。康德讲课妙趣横生、张口

柯尼斯堡的古建筑。如果说有哪个城市只是因为一个人就成名了的话，那就是柯尼斯堡。康德这位德意志古典哲学的创始人仅凭一人之力，就足以让这个城市闪光。

就是文章，但他的著作却晦涩难解。一个读者写信抱怨康德："读你的书十个手指头都不够用，因为你写的句子太长了。我用一个指头按住一个从句，十个指头都用完了，一句话还没读完！"康德的文风使得"欧洲有史以来写就的最重要的书"，出版之后竟无人喝彩。

自成一派的思想系统

1770年是康德学术研究的分水岭，在1770年之前他主要研究自然科学，代表作是《自然通史和天体论》。1770年之后则把重心放在哲学研究上，从1770年开始到1781年的11年中，是康德研究的黄金时期，他的学术思想达到顶峰，"三大批判"即《纯粹理性批判》（1781年）、《实践理性批判》（1788年）和《判断力批判》（1790年）是这一时期的代表作，研究范围从美学、伦理学到形而上学，涵盖范围广泛，这些有独创性的伟大著作给当时的哲学思想界带来了一场革命。

康德被认为是德国唯心主义和古典哲学的开创者，他的作品试图调和18世纪两大主要的哲学派别：经验主义和理性主义。参照近代自然科学的研究方法，强调实验加数学、经验与理性的结合，批判理性主义所坚持的不与经验相结合的旧式形而上学，同时批判否定必然真理的经验主义。康德将之称为"批判哲学"，主张理性不能超越经验的界限。康德的学说影响了费希特、谢林和黑格尔，康德堪称一代哲学大师。

> **知识链接：从未远行的思想家**
>
> 海涅称"记述康德传记是困难的。为什么呢？因为他没有生活，也没有事件。他在柯尼斯堡娴静偏僻的小路上，度过了机械的定规的差不多是抽象的独身生活……这个人外面的生活，和他那破坏的、粉碎世界的思想，是奇妙的对照！……思想界伟大破坏者康德，在恐怖主义上，是远为罗伯斯庇尔所不及的"。康德的思想无疑是高深严谨的，他的人生历程却是最简单枯燥的。除了曾经到乡村任教外，康德从未离开过柯尼斯堡，也未参加过任何重大的现实斗争，他一辈子都恪守在书斋中，学术是他终生的事业。尽管后来康德声名远播，有来自许多国家的邀请，但是他都一一谢绝。康德是从书斋里走出来的哲学家。

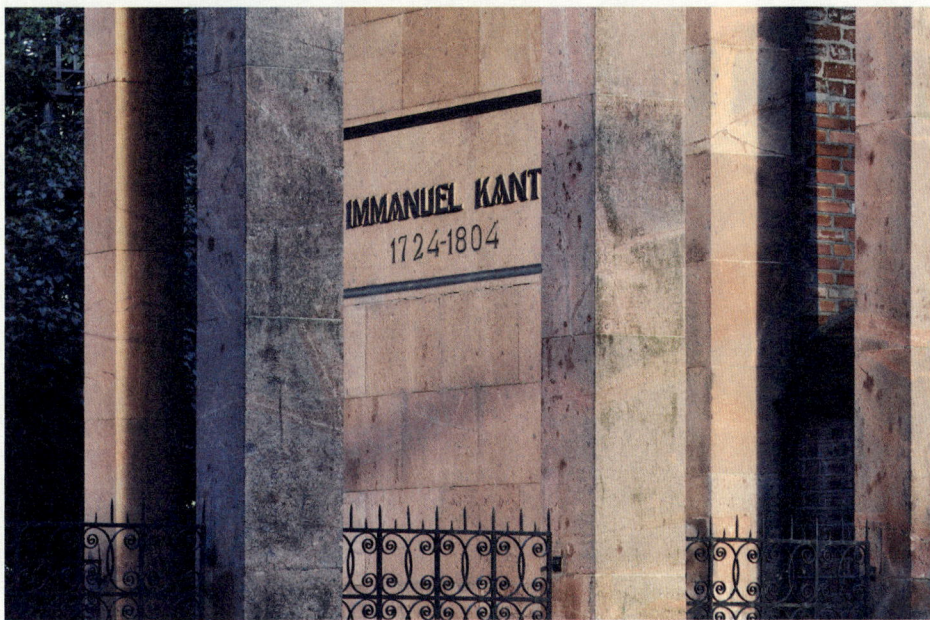

康德在柯尼斯堡的墓碑。墓碑上刻着一句话："有两件事物越思考就越觉得震撼与敬畏，那便是我头上的星空和我心中的道德准则。"这句话出自康德的《实践理性批判》最后一章。

摧枯拉朽
"狂飙突进运动"

在残破分裂的国家里，德国知识分子掀起了一场"摧枯拉朽、横扫一切"的文化运动。

"狂飙突进运动"（Sturm und Drang），是18世纪60年代晚期到18世纪80年代早期在德国文学和音乐创作领域的变革。这一阶段通常被看作是浪漫主义的幼稚时期，是从古典主义向浪漫主义过渡的中间阶段。

以笔为剑，传我心声

启蒙运动进行得如火如荼，法国大革命等正在孕育之中，封建社会已是穷途末路，资本主义时代呼之欲出。弗兰茨·梅林对当时的社会情境做过形象的描述："世界历史的黎明时吹来的一阵清新晨风似乎把人们从沉睡的滞重束缚中唤醒；大家迎着崭新的太阳纵声欢呼，这太阳射出的最初的霞光开始染红了历史的地平线。"

欧洲世界一片欣欣向荣，享有神圣罗马帝国荣耀的德意志国内却四分五裂，邦国林立，封建割据

克林格的肖像画。他是德国的剧作家和小说家，出身于法兰克福市镇治安官家庭（处于德国社会底层）。克林格少年时已经与歌德相识，并且与伦兹保持密切的关系。写了两年剧本之后，克林格离开普鲁士到俄罗斯帝国并成为帝国军队的一名上将。克林格短暂的文学生涯为德国"狂飙突进运动"留下响亮的名字。

长期混战，造成民生凋敝，人们的生活处在水深火热之中。恩格斯一针见血地指出："一切都烂透了，动摇了，眼看就要坍塌了，简直没有一线好转的希望，因为这个民族连清除已经死亡了的制度的腐烂尸骸的力量都没有。"

在启蒙运动熏陶下成长起来的一代年轻作家，对身心所受的压迫深为不满，但是政治上他们又无力改变丑恶的社会现状。不甘心国家日益沉沦，他们像鲁迅那般以笔为武器，通过文学作品去呐喊，以启发民智。1770年，赫尔德与歌德在斯特拉斯堡的会见标志着"狂飙突进运动"的开始，这个运动大体上于1785年结束。

摧枯拉朽，竖起大旗

"狂飙突进"在德语中代表着一种力量，含有摧枯拉朽、破旧立新的意思，翻译成汉语也是掷地有声、铿锵有力，这来源于克林格一个剧作的名字。

在克林格的带动下，作曲家们纷纷地将自己的真实感受写进音乐。欣赏"狂飙突进"时期的音乐，你可以清晰地感受到作曲家在创作时的不满与愤怒，对小调调性的大量应用、节奏与速度频繁的变化、不可捉摸的旋律线条、弦乐大量演奏颤弓以及音头等是最直接的体现。浪漫主义大师贝多芬埋下了多情的种子，海顿、莫扎特和格鲁克是"狂飙

约翰·戈特弗里德·赫尔德是德国哲学家、路德派神学家和诗人、德国"狂飙突进运动"的领袖人物，他在18世纪德国复兴文学运动中发挥了重要的作用。赫尔德曾经被文学家歌德奉为精神领袖，对歌德思想的发展产生过不可估量的影响。

突进"音乐的杰出代表。

赫尔德作为"狂飙突进运动"的精神领袖，继承了莱辛的民族文学传统。赫尔德的《各族民歌之声》和《人类历史哲学概论》淋漓尽致地表达了他的思想。赫尔德指出，文明是源自本民族的真正文化的产物，每一个民族必须对其自身独特的传统文化忠贞，培育本民族的文化。青年歌德和席勒深受赫尔德的影响，通过发展属于德国自己的民族文化，提高民众的民族自尊心和认同感，成为一代大师。

"狂飙突进运动"下，歌德和弗里德里希·席勒等知识分子深受英国莎士比亚作品和卢梭"返归自然"思想的影响，以"天才、精力、自由、创造"为口号，抨击德国的封建专制制度和反动的教会思想体系，追求个性解放和感情自由，他们崇尚自然，高扬民族意识；他们要求摆脱理性主义的精神桎梏，塑造市民阶层及其知识分子的叛逆形象。

运动的精神领袖赫尔德借用"狂飙突进"来指称这次运动，这个词被逐渐用来指代这个时代。"狂飙突进运动"进一步发展成了文学史上以歌德和席勒为代表的魏玛古典主义以及在文学与音乐领域共同辉煌的浪漫主义。"狂飙突进运动"实际上是德国启蒙运动的继续和发展。这场运动，实质上是德国新兴资产阶级对腐朽的封建主义的一次有力冲击。

知识链接："狂飙突进"的来源

"狂飙突进"是剧作家弗雷德里希·马克西米连·克林格（Friedrich Maxi-milian Klinger，1752—1831年）在1776年推出的一个剧本的名字。该剧青年主人公维尔德这样说："让我们发狂大闹，使感情冲动，好像狂风中屋顶上的风标。"剧作里充满了对人物情绪的激烈表达以及对个性与非理性的鼓吹。自此之后，"狂飙突进"风格不再是一种无意识的行为，而成为艺术家们主动采用的艺术审美行为。

歌德和席勒在德国国家剧院门口的青铜雕像。德国国家剧院即原来的魏玛宫廷剧院，是歌德在魏玛大力发展歌剧的明证。1907年该建筑因为安全原因被拆除，四年后新建了一个新古典主义建筑。歌德和席勒在剧院门口友好握手，再续之前的友谊。

一话一说一世一界一

追求自由的学者
莱辛

对真理的追求比对真理的占有更为可贵。
——莱辛

莱辛是德国最重要的作家和文艺理论家之一。作为最早的自由职业者，坚守自由的精神，他的剧作和理论著作对后世德语文学的发展产生了不容忽视的影响。

最早的自由作家

戈特霍尔德·埃夫莱姆·莱辛（Gotthold Ephraim Lessing，1729—1781年）出生在德国劳齐茨地区的卡门茨，父亲是卡门茨大教堂的首席牧师约翰·戈特弗里德·莱辛，创作过神学作品。受家庭的影响，莱辛坚持对新教的信仰。莱辛接受初等教育后，1746年到莱比锡大学学习神学。

在大学期间，莱辛对跳舞、击剑和骑术等世俗化活动产生浓厚的兴趣，尤其钟情于戏剧。看戏之外，莱辛自己动笔进行文学创作。他与表兄弟缪利乌斯（Christlob Mylius）在《自然研究者》杂志出版的《激发灵魂的快乐》上发表了诗歌、寓言以及诗体短篇小说。不过，青年莱辛的首次创业一败涂地，为躲避替剧院人员担保的债务问题离开了莱比锡，曾一度想要改变志向学医。

1761年到1765年莱辛在布雷斯劳担任普鲁士将军弗里德里希·博吉斯拉夫·冯·陶恩青（Friedrich Bogislav von Tauentzien）的行政秘书，度过了一段经济充裕、无拘无束的生活。可是衣食无忧的艺术家却沉溺于赌瘾中，幸运的是莱辛及时悬崖勒马。他在给父亲的信中写道："我已经因为这种无意义的生活浪费了三年时间，现在是我走上正轨的时候了。"

莱辛是最早的自由作家。他出版杂志，撰写书评、诗歌、剧本，进行翻译工作。尽管莱辛作为文学家的声誉日隆，但是莱辛始终没有长久的正式工作，他坚持作为自由职业者以保持自己的独立。创作出文学理论杰作《拉奥孔》《汉堡剧评》以及三大名剧《萨拉·萨姆逊小姐》（1755年）、《爱米丽雅·迦洛蒂》（1772年）、《智者纳旦》（1778年）等，对后世的德语文学乃至世界文学的发展产生了重大影响。

图为莱辛创作剧本的情景。作为剧作家的莱辛，他相信戏剧对观众的教育作用，希望努力通过自己的作品唤醒德国人民的民族精神。站在古典主义向浪漫主义转折点的莱辛，将德国启蒙运动推向高潮。

自由的精神

自由的精神是贯穿莱辛一生的主线，他借助戏

图为门德尔松（左）和莱辛在交谈。作为同时代的两位伟人，门德尔松是情感丰富、气质高雅的浪漫主义音乐掌门人，莱辛是古典主义向浪漫主义转折的剧作家，他们的相遇是时代的幸运。电光火花之间，两人已然引为知己。

知识链接：法国新古典主义

法国新古典主义是为封建宫廷服务的，继承了拉丁古典传统，侧重抽象、浮华和静态。这与当时德国希望通过对民族文化传统的批判、继承和发展以培养统一的德意志民族精神的需要是完全不吻合的，因此莱辛旗帜鲜明地反对法国新古典主义以及当时德国拥护这一派别的高特舍特。莱辛提倡更能反映现实生活，能对德国民众进行生动教育的市民剧。

剧理论和戏剧创作把这一点表现得淋漓尽致。

莱辛在以戏剧为主题的评论、批评文章和亲自创作的戏剧作品中，都努力发展体现德意志民族精神的新的市民戏剧，反对与封建制度仍有密切联系的法国新古典主义，同法国新古典主义的德国信徒高特舍特斗争。《拉奥孔》是批判法国新古典主义的典范。莱辛通过描述人物动作情节的冲突来表达真情实感，新古典主义抽象、冷淡、矫揉造作的浮华必然会遭到莱辛的大加挞伐。

在《汉堡剧评》中，莱辛给法国新古典主义戏剧和文艺信条以致命的打击，展开了创立市民剧的运动。除了理论建设外，莱辛还经营汉堡剧院，创作了数部重量级的戏剧，被后世看作是德国戏剧的样板。莱辛注重与本民族的历史和现实相联系，在

以莎士比亚为代表的英国戏剧为榜样的同时吸收自己的民族传统，对人物的悲喜情感做细致的刻画。在戏剧表演风格上，将诗的表现激情与画的美的表现力结合起来，描写自然，润物细无声地教育观众，提高观众的道德水平。

莱辛处于古典主义向浪漫主义的转折点，将启蒙运动推向高潮。其美学思想预示了即将到来的浪漫主义美学的萌芽和蓬勃发展。

图为《莱辛全集》。莱辛作为德国戏剧家、文艺批评家和美学家，他将学术研究作为自己终身的志向，是历史上首批将作家作为全职工作的职业人。

最伟大的德国作家
歌德

凡自强不息者，到头来均能获得拯救。

——歌德

　　歌德，多才多艺的学者。他是天生的艺术家，自小就接受艺术的熏陶，赫尔德和席勒更是激发出他创作的激情，使之成为最伟大的德国作家之一。

艺术家庭的熏陶

　　1749 年 8 月 28 日，约翰·沃尔夫冈·歌德（Johann Wolfgang von Goethe，1749—1832 年）出

1760 年，歌德全家穿着牧羊人的戏装进行表演的情景，少年歌德时年 11 岁。父母是孩子的第一任教师，少年歌德自幼就受到爱好艺术的家庭的影响，对文学的热爱在年幼的孩童心中已悄然萌发。

身于德意志莱茵河畔法兰克福一个富裕市民家庭。父母对歌德关爱有加，为歌德提供了上流社会最优秀的教育。此外，歌德的父母对他非凡艺术家气质的形成进行了最初的启蒙。

　　父亲约翰·卡斯帕·歌德（1710—1782 年）是帝国议会的成员，自小学习法律，爱好旅行，正直且颇具艺术修养。约翰未被流俗生活影响，没有把金钱花费在毫无意义的房屋外表的装修上，而是致力于建造一个收藏同时代艺术家作品的画廊，画廊中放满了他在世界各地旅行时收藏的艺术品。少年歌德徜徉在充满艺术气息氛围的博物馆中，艺术的种子早早地生根发芽。

　　歌德的母亲温柔、善良，注重培养他的学习兴趣，尤其注重对歌德文学理解力和鉴赏力的培养。母亲常常将小歌德放在膝头，用清新丰富的语言为他讲述各种有趣的小故事。或许歌德的文学才能正是传承了母亲的禀赋。此外，母亲总是设法激励歌德，凡是儿子写的东西她都认真阅读，鼓励的同时给出恰如其分的评价，不断帮助儿子进步。歌德的文学才华是母亲的爱和努力浇灌出来的。

结识精神导师赫尔德

　　约翰对独子寄予厚望，让歌德系统地学习法律，希望他能成为乡长。1765 年，歌德来到莱比锡学习法律。莱比锡市最著名的和拥有第二长历史的饭店——奥厄巴克斯·凯勒饭店和这里的浮士德

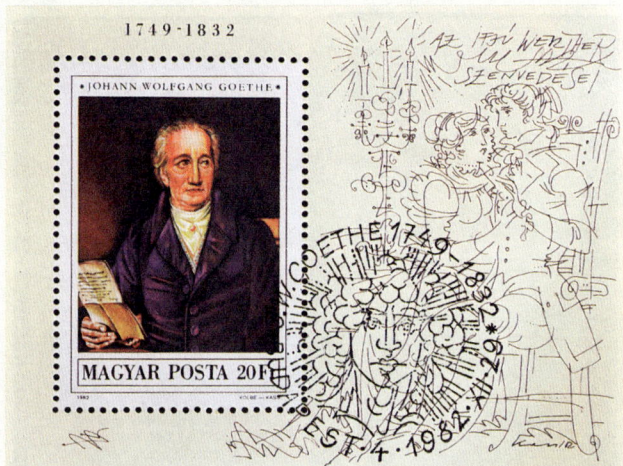

1982 年，匈牙利为了纪念歌德逝世 150 周年发行的邮票。作家有国籍，可是作家的作品却无国界。歌德是世界人民的歌德，他的作品已走出德国征服了世界人民的心。

的故事给他留下了很深的印象，该饭店成为他的戏剧《浮士德》第一部中唯一真正存在的地方。

1768 年 8 月的一次大咯血迫使歌德中断学业回到法兰克福。经过一年半的静心修养，歌德遵从父命来到斯特拉斯堡法律系学习。在斯特拉斯堡，歌德在一家饭店的楼梯上遇到了他的精神导师和良师益友文学家赫尔德。赫尔德的渊博学识和深刻见解征服了傲慢的歌德，歌德的天资亦让赫尔德叹服，两人很快成为"莫逆之交"。

赫尔德是德国"狂飙突进运动"的领导者之一，歌德在他的影响下也参与到这一运动中来。歌德来到斯特拉斯堡时因为不标准的法语发音被人耻笑，通过对"狂飙突进运动"的参与，歌德认识到如果德国放弃自己的民族精神和民族传统，只是一味地模仿法国的风尚，将是极其危险的。歌德的思想发生了飞跃，充满信心地迈步走向未来。歌德在 1772 年创作的《少年维特之烦恼》是德国"狂飙突进运动"时期的代表作。作品反映了封建割据制度下青年人的忧愁和苦闷，通过刻画维特的恋爱悲剧，反映了维特代表的青年人的愤怒与

憎恨，这种苦恼与愤怒化成主人公维特以自杀相抗的叛逆精神。歌德的名字很长一段时间跟此书联系在一起。

投身自然科学

在魏玛公爵夫妇的邀请下，歌德受到礼遇并过上了相对富足的生活。歌德苦心经营魏玛剧院并将其看成是实现其理想抱负的地方，创作了《葛兹》《哀格蒙特》《伊菲格尼在陶洛斯》等戏剧。然而，在魏玛生活了 10 年之后，歌德感到厌倦，于是隐姓埋名只身来到意大利旅游。

歌德自小喜欢旅行，少年时就曾声称他之所以学习法律是因为可以时常旅行。这次到意大利的旅行某种程度上是厌倦养尊处优的蜗牛式生活的自我放逐，歌德准备用新的环境、新鲜的空气启迪心灵。歌德在这里像一个年轻人那样重新开始学习，学习的内容非常广泛，涉及矿物、植物、建筑以及其他人文学科。歌德最为关注自然科学，他认为，

"自然科学可以揭示真理，世上没有比真理更伟大的东西了"。

歌德的朋友们认为歌德不该把时间浪费在自然科学上，打断文学上的创作。歌德认为自然规律与艺术规律之间有一种必然的和谐关系，两者相辅相成。歌德用自己丰富的作品做了最佳辩驳。

与席勒的友谊

正所谓不打不相识，歌德与席勒的相识就印证了这句话。席勒针对歌德的戏剧《哀格蒙特》写了一篇反对的文章，歌德看到文章后感到一种前所未有的危机感，认为"自己苦心经营二十多年取得的地位和荣誉，忽然被这个年轻人给搅乱了"。歌德对席勒有意回避，甚至有些反感。两人几次见面因为学术上的分歧而陷入争吵：歌德是一个经验主义者，认为一切真理都来自经验；席勒则推崇康德的观点，认为真理来自主观的思考，与经验毫无关系。

席勒其实非常仰慕歌德的才华，不愿两人为一些琐碎的事务而疏远。他开诚布公地给歌德写了一封长信，两人冰释前嫌，开始了一段亲密交往的时

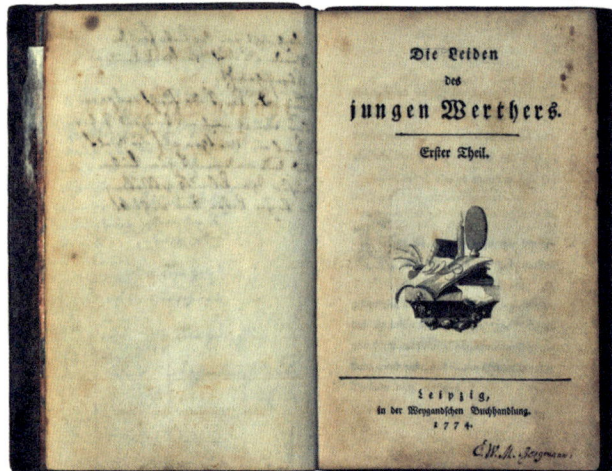

《少年维特之烦恼》第一版的首页，1774 年出版。歌德前往魏玛之前最重要的作品即是该书，此书在"狂飙突进运动"时期为歌德赢得了广泛的声誉，被看作是浪漫主义的早期阶段。事实上，主人公维特经常被看作是引发"狂飙突进运动"的燎原之火。《少年维特之烦恼》可以被看作是世界上首部畅销小说。

期，友谊一直持续到席勒去世。相差 10 岁的两人爱惜对方的思想，除了勠力合作办好《季候女神》外，还共同编写讽刺短诗《温和的赠辞》。

歌德和席勒是德国启蒙运动时期的两位巨人，他们的创作方法和艺术风格迥异。歌德看重生活体

歌德曾在斯特拉斯堡上学并得到了创作《少年维特之烦恼》的灵感。图片是斯特拉斯堡伊尔河畔的廊桥。斯特拉斯堡现为法国第七大城市，历史上是多民族活动的重合地带，曾经被德国占领，该市名称是日耳曼语言的法语化体现。由于集合了中世纪以来众多的精美建筑，1988 年斯特拉斯堡被联合国教科文组织列为世界文化遗产，是历史上首次以一个城市的整个市中心区域获此荣誉的城市。

位于魏玛古城伊尔姆河公园的歌德园亭。魏玛古城是世界的文化古城，歌德在这里度过了人生中的绝大部分时间，并最终安葬于此。随着歌德国家纪念馆和歌德档案馆的建立，魏玛逐渐成为歌德研究的中心。伊尔姆河公园在歌德巨大盛名的影响下开辟为景观公园，基本保持原貌，并成为魏玛古城的重要组成部分。

验，注重自然感情的流露。而且，在创作过程中歌德喜欢自己独立思考，慢慢打磨，直到最终完成后才拿出来以免中途被别人打断思路。席勒则注重理想的构思，关注理想发展下情节的安排。另外，席勒喜欢在创作的过程中就把自己的想法和半成品拿出来跟人讨论，以求集思广益。两人在一起时常常因为观点的差异互相辩论，但两人却能够互相促进、取长补短，谱写出文学史上的一段佳话。正是在席勒的帮助下，歌德才克服了自己的拖延症，完成了《浮士德》。《浮士德》奠定了歌德在文学史上不可动摇的地位。

1832 年 3 月 22 日，歌德病逝。他留给世界的最后一句话是"给我更多的灯吧"。3 月 26 日，歌德安睡在好友席勒的棺椁旁，这是歌德在迁移席勒墓时亲自选定的墓址。"生不同时，死同穴"，两位

赫尔德在撰写《论语言的起源》期间，为歌德讲解这部后来成为经典的书籍，引导他探寻诗歌的源头。赫尔德为歌德推荐荷马和莎士比亚的作品的同时也让他读《圣经》。歌德在赫尔德的指导下阅读上述书籍，受益匪浅，尤其钟情于莎士比亚的作品。他自称"原来是个天生的瞎子，由于接触到神奇的人而重见光明，第一次闯进了辽阔的视野，第一次觉得自己有手有脚。"还声称"凡是有天赋的人，他在生命的历程上大踏步迈进的时候，都会这样大声呼叫：莎士比亚，我的朋友，如果你还活在我们身边，我就永远站在你身边。"

大师在天国里互相陪伴，不会孤单。

如果说小说《少年维特之烦恼》使歌德一鸣惊人，让他享有世界性的声誉，那么诗作《浮士德》则超越世俗，是歌德能与但丁、塞万提斯、莎士比亚齐名的永垂不朽的作品。歌德是德国民族文学的最杰出的代表，他的创作把德国文学提高到全欧洲的先进水平，并对欧洲文学的发展作出了巨大的贡献。

《浮士德》戏剧海报

德国莎士比亚 席勒

他与歌德是德国文学双璧，也是"狂飙突进运动"的代表人物。

贫穷没能限制他的想象力，军旅生涯的专制压抑没能扼杀他的自由思想和文学才华。年少的席勒苦苦坚持，在 18 岁时就创造出征服德国人民的剧本。

军事学校里的文学爱好者

约翰·克里斯托弗·弗里德里希·冯·席勒（Johann Christoph Friedrich von Schiller，1759—1805年）出身于德国符腾堡的一个贫穷农民家庭，父亲是军医，一家人的生活经常捉襟见肘。

席勒被迫进入路德维希堡的卫成部队中，由此获得了符腾堡公爵的关注。公爵欣赏小席勒的才华，让他进入自己所创办的军事学校。席勒在这所被诗人舒巴特称为"奴隶养成所"的学校接受了严格的军事教育，未来伟大作家的种子眼看就要被扼杀。

幸运的是，军事学校的教师阿尔贝文学素养深厚，席勒在他的影响下读了莎士比亚、卢梭、歌德等人的作品。席勒被这些优秀作品深深吸引，坚定

在军校学习期间，席勒创作完成了人生中的第一部剧作《海盗》并一夜成名。《海盗》把贵族兄弟的冲突戏剧化，其蕴含的强烈的革命精神震撼了观众。

了从事文学创作的梦想。"艰难困苦，玉汝于成"，军事学校的专制环境锻炼了席勒的意志，使席勒逐渐形成了要求民主、反对专制的思想。

戏剧创作的高潮

德国"狂飙突进运动"如火如荼地进行着，青年们要求摆脱封建专制的束缚，崇尚自由和解放。席勒积极拥护"狂飙突进运动"，用自己的文学作品予以声援。年仅 18 岁的席勒开始创作剧本《强盗》。

《强盗》的主人公卡尔是一个典型的"狂飙突进"青年形象。他对专制与民主并存的社会现状十分不满又无力改变。他追求自由，是典型的叛逆者，可是仅凭他的一己之力是无法改变社会现实的，最后只能以悲剧收场。《强盗》的演出引起了巨大反响，据说当时人们潮水般地涌进剧院观看戏剧，评论家们称赞席勒为德国的莎士比亚。歌德被年仅 21 岁的席勒身上表现出来的强烈反抗精神和文学才华所震撼，感到强烈的危机意识。有趣的是，他们二人机缘巧合之下成为莫逆之交。

由《强盗》开始，席勒的戏剧创作进入第一个

席勒是家中唯一的儿子，父母对这个儿子寄予厚望，他们用腓特烈二世（又译"弗里德里希二世"）的名字为儿子命名。席勒的父母希望儿子将来能成为牧师，老席勒甚至牺牲三个女儿受教育的时间成全儿子，并请当地的牧师教授儿子拉丁文和希腊文。这位名为摩尔的牧师颇为优秀，他对小席勒的文学素养特别是诗学的启发起到重要的作用。

席勒在魏玛公国生活时期的住所。在魏玛的生活是席勒生命中比较富足的时期，好友歌德说服席勒重新进行戏剧创作。席勒与歌德共同创建了魏玛大剧院并使之成为德国最知名的剧院。这对忘年好友互相促进、通力合作，引领了戏剧在德国的复兴。

一话一说一世一界一

高潮，相继完成了悲剧《阴谋与爱情》等一系列作品。这些精彩绝伦的剧作都取得了巨大成功，《阴谋与爱情》尤其突出，无论是结构还是体裁都堪称德国市民悲剧的典范。它与歌德的《少年维特之烦恼》被看作是"狂飙突进运动"最绚丽的两朵奇葩。

文学创作的第二春

1787 年，席勒在歌德的推荐下出任耶拿大学历史教授，将主要精力放在历史和美学研究中，沉醉于康德哲学。

沉寂多年之后，在好友歌德的鼓励下，席勒重操旧业，恢复文学创作并焕发出第二春：著名剧作包括《华伦斯坦三部曲》《玛丽亚·斯图亚特》《奥尔良的姑娘》《墨西拿的新娘》《威廉·退尔》等。法国大革命的爆发让席勒认识到激进的革命思想是不可取的，经过岁月的积淀，他的思想更加成熟，倾向于开明的君主思想。席勒的创作风格自然、贴近社会变革，多选用历史题材，用悲壮、雄浑的主题表达自己的思想，是德国文学史上"古典主义"的代表。

正在花园里朗读剧本的席勒（站立在左侧），席勒的后面是拄着拐杖低头聆听的歌德。在风景宜人的花园中，人们聚拢在一起跟两位杰出的文学大师共同讨论戏剧与文学，戏剧在魏玛的复兴由此可见一斑。

生前互相鼓励、互相关照的二人死后在魏玛地下的灵堂中永远安息在一起。在德国国家剧院的广场上，席勒和歌德的巨大铜像肩并肩，同握一个花环，德国文学界的两位文学大师创造了一个时代。

欧洲后起之秀：俄罗斯

俄罗斯地跨欧亚大陆北部，首都是莫斯科，国土辽阔，是世界上面积最大的国家。由于发展较晚，直到东正教传入才开始形成俄罗斯文化。俄罗斯长期落后于欧洲文明，被欧洲人认为是蛮荒之地。

18世纪，彼得大帝开启了俄罗斯的"欧洲化"道路，国力渐强。在北方战争中战胜瑞典国，为将来在欧洲的强国地位奠定了良好的基础。尽管如此，俄罗斯农奴制盛行，政治、经济和文化都比较落后，仍然是欧洲人眼中神秘未开化的国度。可是上帝眷顾这片沃土，选择了巾帼不让须眉的德国公主继承彼得大帝的遗志，她在这个国家一展雄才大略，成为留名千古的叶卡捷琳娜大帝。

叶卡捷琳娜大帝自诩开明君主，除与伏尔泰等启蒙思想家保持密切联系外，还采取诸多措施促使俄罗斯进一步欧洲化。她对内加强贵族统治、镇压普加乔夫农民起义，对外瓜分波兰、发动两次俄土战争，俄罗斯变得前所未有的强大。

在欧洲启蒙运动的浪潮中，俄罗斯进步的知识分子积极吸收欧洲文明的养分。这片广袤的土地上独特的文明同理性的启蒙之光碰撞，为人类的精神家园添砖加瓦，产生了一批优秀的文明成果。俄罗斯这个后起之秀在完成欧洲化之后，迅速发展起来。

欧洲最有权力的女人
叶卡捷琳娜大帝

她是俄国历史上最负盛名且统治时间最长的女性君主，巾帼不让须眉。

叶卡捷琳娜大帝从德国边远贵族的一名不受关注的落魄公主，被命运垂青成为俄国的大公夫人。她隐忍退让费尽心机终于登上权力的巅峰，建立了俄国历史上空前绝后的大帝国，成为一代霸主。

不被疼爱的公主

叶卡捷琳娜大帝（即叶卡捷琳娜二世，Catherine Ⅱ，1729—1796年）原名为索菲娅·奥古丝姐·弗蕾德丽卡，降生在德国普鲁士什切青的亲王家庭。父亲是职业军官，37岁才与约翰娜结婚。晚婚的亲王夫妇满心希望生个儿子继承家业，索菲娅的到来让夫妻二人大失所望。次年约翰娜成功生下王子，直接把索菲娅交给保姆照看。

1910年，俄罗斯帝国100卢布纸币残片，上面的贵妇人正是俄罗斯帝国的缔造者叶卡捷琳娜大帝。叶卡捷琳娜已经进入暮年，可是面庞中依稀能看出当年的风采与神韵，她的美色无疑也成为她争取政治联盟的致命武器。

得不到父母疼爱的索菲娅似乎也没有得到上天的眷顾，相貌平平不说，7岁时因为胸膜炎几乎丢掉性命。更为遗憾的是，胸膜炎还导致索菲娅的脊柱偏斜，右肩高，左肩低，左胸骨凹陷。丑陋的小索菲娅没有被命运击垮，她坚信自己终将变成一个漂亮、健康的女孩，以非凡的毅力坚持各种矫正方法。小索菲娅11岁时，她的脊柱成功矫正，健康也重新回到她的身上。

尽管索菲娅的父母对她不甚关心，但是为了维持亲王的体面，还是为她聘请了一支庞大的教师队伍。索菲娅凭借自己的勤奋好学得到法国女教师巴贝·卡德尔小姐的友谊。卡德尔小姐在某种程度上扮演了索菲娅的母亲、朋友、知己的角色，给予索菲娅关怀和信任。她们每天一起读书，卡德尔教会索菲娅用法语流畅地演讲和写作，把索菲娅培养成具有端庄仪态和优雅法国风度的大家小姐。更为重要的是，卡德尔引领索菲娅进入知识的殿堂，培养她读书的习惯，这使得索菲娅受益终身。在索菲娅之后的岁月中，她数次在逆境中从书籍里得到慰藉，绝处逢生。

被忽视的公主索菲娅自尊坚强隐忍，聪敏智慧，善于讨别人的喜欢，身上的一切仿佛生来就是为成为一个不平凡的人物准备的。命运确实给了她非凡的挑战，遥远的俄国将成就她的霸业。

1745 年左右，即将成婚的索菲娅公主的肖像画。1744 年，年仅 15 岁的索菲娅来到俄罗斯，下定决心去做与王冠相称的任何必要的事情。不顾父亲的反对，索菲娅皈依俄罗斯东正教，并获得新的名字叶卡捷琳娜。至此，她与彼得三世之间的所有绊脚石都被剔除了，二人不久举行了婚礼。

命运的垂青

1744 年 1 月 1 日，来自柏林的信件将索菲娅带往神秘的俄罗斯。经过艰苦的长途跋涉，索菲娅同母亲来到莫斯科，见到伊丽莎白女皇和未来的丈夫俄国大公彼得·乌尔里希。这次见面索菲娅的内心是痛苦的，她本以为她的未婚夫像她一样已经从丑小鸭蜕变为白雪公主，然而事实是彼得比他们几年前相遇时更加让人难以接受。容貌丑陋，举止粗俗，脸上没有半点年轻人的青春气息。所幸的是伊丽莎白女皇对索菲娅的仪态和风度十分满意，认为她具备皇后的气质。

好在索菲娅很快认清了现实，知道自己要想在俄国立足，必须要讨好彼得。另外，她还要取得女皇的欢心。索菲娅尽己所能地与彼得保持密切的关系，成为大公无话不谈的亲密朋友。通过与大公的接触，索菲娅深谋远虑地看到彼得痛恨俄国，崇尚德国，并且幼稚荒唐，未来绝对无法依靠他。索菲娅用弱者的温顺和谦恭赢得女皇的欢心，努力学习俄语，研究俄国的风俗文化。为了得到俄国人民的爱戴，扫除与彼得婚姻的障碍，索菲娅放弃路德教，皈依东正教，改名为叶卡捷琳娜·阿列克谢耶芙娜。1745 年 8 月 21 日，叶卡捷琳娜与彼得完婚，成为大公夫人。

悲惨的婚姻生活

即便身为大公夫人，在异国他乡，叶卡捷琳娜依然是孤独的。丈夫彼得由于生理上的问题和叶卡捷琳娜没能完成夫妻的必备项目，而且举止优雅的妻子让他更加自惭形秽。伊丽莎白女皇时冷时热阴晴不定，对叶卡捷琳娜迟迟没有怀孕耿耿于怀。宫

沙皇彼得三世加冕时的肖像画，他仅在位 6 个月就去世了。彼得三世的一生是悲剧的，他总是阴晴不定，像是长不大的孩子，加之身边集美貌、智慧于一身的妻子叶卡捷琳娜的对比，他就更加的相形见绌、自惭形秽。从某种角度而言，彼得三世的去世成全了叶卡捷琳娜的大业。

廷中危机四伏，各怀鬼胎的人伺机夺取大公夫人的宝座。青春年少的叶卡捷琳娜必须像坚韧的小草那样，多方经营设法生存。

埋首书本的同时，叶卡捷琳娜谨小慎微地生活，时时从生活中吸取经验教训，尽量争取俄国民众对自己的好感。伊丽莎白女皇是最好的学习榜样，叶卡捷琳娜默默分析这位女皇的优点和不足，敏锐地看到禁卫军在最高权力中的作用。另外，叶卡捷琳娜投彼得所好，尽管他们只是名义上的夫妻，还是维持与他的友好关系。这位未来的女皇懂得如何讨得别人的欢心，把伊丽莎白派来监视她的特使乔戈

洛克娃夫人争取到自己这边，同死敌枢密大臣别斯杜捷夫达成和解。叶卡捷琳娜已经表现出非凡的驭人之术，这是她后来能够登上女皇宝座的重要因素。

成功诞下龙子

经过 9 年的婚姻生活，在遇到情夫谢尔盖·萨尔蒂科夫之前，叶卡捷琳娜仍然保持着贞洁。冥冥之中，叶卡捷琳娜陷入对萨尔蒂科夫的情爱之中，像是初尝爱情滋味的少女，对他十分依恋。彼得在别人的恫吓下做了手术，履行了丈夫的职责。经过两次流产之后，叶卡捷琳娜终于成功地生下一个儿子。

叶卡捷琳娜与彼得三世可能前世是仇人，彼得三世即位后想的不是与结发妻子共享富贵，而是设法赶走她并让自己的情人沃伦佐娃上位。千钧一发之际，叶卡捷琳娜只能铤而走险发动政变，于是有了一代女沙皇。图为 1762 年 6 月 28 日，叶卡捷琳娜发动政变时冬宫外的情景。

孩子一出生就被伊丽莎白女皇带走，叶卡捷琳娜并未尝到初为人母的喜悦。所有人都把关注点放在孩子身上，她像是被人遗忘般又回到了孤独的生活中。情人萨尔蒂科夫移情别恋，尽管叶卡捷琳娜千般不舍，还是无奈地告别了他。这次感情经历使得叶卡捷琳娜认识到，要想不再重蹈覆辙，自己必须强大，像男人驾驭女人那样去驾驭男人。叶卡捷琳娜后来情人无数，就是因这段感情经历所致。温顺谦让的叶卡捷琳娜变成了自信而且充满野心的大公夫人。

逆来顺受，孤注一掷

1762 年 1 月 5 日，伊丽莎白女皇去世，彼得遵照女皇遗嘱继位成为彼得三世。他一方面痴迷于最高的权力，对支配俄国十分兴奋；另一方面对这个国家深恶痛绝，对俄国人虔诚的宗教信仰十分不屑。彼得像被惯坏了的孩子拿到了并不十分喜欢的玩具般想方设法地进行破坏，不久便失去民心。

彼得还企图赶走叶卡捷琳娜，让自己的情妇沃伦佐娃上位。叶卡捷琳娜逆来顺受，忍辱负重，通过情人培植自己的实力：通过以格利戈里为首的奥尔洛夫五兄弟赢得了禁卫军的支持，学识渊博、颇具政治才能的帕尼则成为她的顾问，彼得情妇的妹妹达什科娃成为她的疯狂拥护者。紧要关头，知悉叶卡捷琳娜政变计划的禁卫军军官被捕，形势极为凶险。叶卡捷琳娜果断采取措施发动宫廷政变，登上沙皇的宝座。

叶卡捷琳娜是俄国历史上仅次于彼得大帝的皇帝，巾帼不让须眉，建立了人类历史上空前绝后的大帝国。对内加强贵族官僚的统治，扩大贵族的特权，维护和发展农奴制度。对外开疆拓土，争夺世界霸权。对奥斯曼帝国发动两次战争，侵占克里米亚，瓜分波兰，俄国版图由此扩大了 67 万平方千米。她深受启蒙时代伏尔泰、狄德罗等人的影响，自诩为开明君主。但叶卡捷琳娜在看到法国大革命

中群众展示出来的惊人力量后转变了自己的立场，力图组织反法联盟，积极参与欧洲君主镇压法国大革命的行动，在俄国历史上开创了干涉欧洲革命的先例，俄国一度成为欧洲宪兵。叶卡捷琳娜是强大的君主，她的统治空前绝后。

图为 1791 年英国画家创作的一幅政治讽刺画，讽刺的是英国调解叶卡捷琳娜（右边，受到奥地利与法国支持）与奥斯曼帝国之间的矛盾失败。

一代女皇的乌托邦
《法典起草指导书》

《法典起草指导书》就是叶卡捷琳娜大帝没能实现的梦想，它装点了女王的梦。

《法典起草指导书》（*Nakaz, or Instruction, of Catherine the Great*）是叶卡捷琳娜亲自起草的，是她开明思想的集中体现。虽未付诸实践，但是它反映了她的政治理想，是一代女皇的乌托邦，在历史上占有重要的地位。

开明专制的产物

叶卡捷琳娜自幼受到启蒙思想的影响，她尊崇的家庭教师就来自法国，是启蒙思想的传播者。嫁到俄国后，她与法国启蒙思想家们往来频繁。她十分欣赏孟德斯鸠的《论法的精神》，与伏尔泰也保持着频繁的书信往来，还曾经买下"百科全书派"代表人物狄德罗的私人图书馆。她给伏尔泰的信中说："从 17 岁起，我能自由地支配我的时间以来，您的著作是我最好的师友。"《百科全书》的编写在法国遭遇挫折时，她还盛情邀请狄德罗来俄国帮助其改革。

在与启蒙思想家的通信中，叶卡捷琳娜大帝宣称："我只希望上帝让我统治的那个国家繁荣富强；上帝是我的见证人……自由是万物的灵魂，没有自由，一切都将死气沉沉。我需要人人遵守法律，但不需要奴役。我需要一个使人得到幸福的总目标，不需要破坏这个总目标的任性、奇想和暴政……"她有选择地吸收启蒙思想家的思想，并且积极实践，为自己的统治服务。

登上女皇的高位后，叶卡捷琳娜清楚地看到俄国的落后闭塞，迫切希望将俄国改造成一个文明开放的国度。想要富国强兵，只能变法图强。出身名门、接受过良好教育的女皇拥护开明君主专制思想，具备了较高的文学素养和开明的政治理念，亲自动笔起草《法典起草指导书》（简称《指导书》）。

《百科全书》关于书法的一页。卢梭和伏尔泰都曾为《百科全书》撰写过文章。

正在听写的叶卡捷琳娜。叶卡捷琳娜能登上沙皇的宝座，凭借的不光是美貌与运气，还有自己的勤勉好学。初到俄国时，她不眠不休在极短的时间内就学会了地道的俄语。在无数次低潮危险的时刻，书籍成为她最佳的消遣和最忠实的朋友。

从未付诸实践的指导书

女皇相信，法律和机构的强化是强化君权的最重要措施。《指导书》宣称法律面前人人平等，反对死刑和酷刑，坚决维护绝对君权。对农奴的态度则含混不清，关于农民的章节被一再修改。《指导书》历时两年多完成。叶卡捷琳娜将《指导书》手稿交给亲近的顾问审阅，让他们帮助做必要的修改。《指导书》的最终稿共有 22 章 655 条，其中有 400 多条是从孟德斯鸠等同时代的思想家的著作中抄录而来。

《指导书》在俄国知识阶层引起广泛的讨论，并且对俄国的启蒙运动产生了重大的影响。法国启蒙运动的信条通过这个《指导书》第一次在俄国被表述出来。然而，在普加乔夫民变之后，叶卡捷琳娜担心《指导书》会赋予百姓过多的权利而危及自己的统治，随之便将其束之高阁。女皇并不是要用民主的思想革自己的命，她的根本目的是为了强化自己的统治，所谓的开明也是叶卡捷琳娜为了维护君主统治采用的外衣。

《法典起草指导书》未被付诸实践，但它代表

知识链接：《法典起草指导书》条文

其中有如下条文："在温和的国家里，最下等的公民财产与荣誉，也都受到尊重"，"不伤害任何人的生命，除非祖国反对它。然而祖国是不伤害任何人的，祖国首先给他们以一切自卫手段"。在给友人的信中，叶卡捷琳娜兴奋地说："我断言，我的《法典起草指导书》不仅是好的，而且甚至是卓越的，极合时宜的，因为贯穿其存在的 18 年，它不仅未产生任何的恶，而且一切由它引起的、有口皆碑的善，都来自它所确定的原则。"

的思想是先进的。法国启蒙思想的基本原则正是通过它第一次在俄国人民面前得到明确的阐述，人民的权利通过这个文件第一次被尊重。1867 年，《法典起草指导书》发布 100 周年，激进派的报纸《祖国纪事》上的一篇文章仍然称赞："《法典起草指导书》公布之日是我们真正开始欧洲生活，从内部靠拢欧洲文化之日。在这一天，俄国人第一次获得称为公民的权利。"

叶卡捷琳娜大帝的《法典起草指导书》。叶卡捷琳娜作为外邦的公主凭借自己的能力一点点获得了俄国民众的好感，并成为一代女沙皇。她在百姓心中的形象是比较高大的，她的命令通常也能获得比较高的拥护。

弱国无外交
对波兰的瓜分

弱小的波兰只能是虎口的羊肉，不可能成为老虎的朋友。

弱小的波兰在18世纪一直成为被任意宰割的目标，波兰立陶宛联邦在1772年到1795年数年间，被列强瓜分殆尽。

任人宰割的波兰

16世纪叱咤东欧的封建强国波兰，领土面积居欧洲第三位，在17世纪中叶却走向衰落。

"自由选王制"下的波兰，国王由贵族组成的议会选举产生，外国人也有竞选资格。每次竞选国王，整个欧洲国家都跃跃欲试，力图选出符合自己利益的国王。波兰贵族阶层民族意识淡薄，宁可选一个外国人为国王，也不愿内部达成统一，选一个代表波兰人民利益的国王。外国人多次当选国王，叶卡捷琳娜就曾经把自己的情夫斯塔尼斯瓦夫·波尼亚托夫斯基扶上王位。

欧洲各国君主权力在普遍加强、民族国家纷纷建立，而波兰贵族们掣肘王权。波兰国王孱弱无力，无法建立起适应国家需要的集权统治。"自由否决权"制度过分民主的运行方式使得议会根本无法有效行使职责（议会决议必须全票通过，只要有一人反对，决议就无法通过），使得波兰政局混乱。强大的邻国觊觎嘴边的肥肉，只等时机来临就向波兰张开贪婪的大嘴。

俄、奥、普三国第一次瓜分波兰

叶卡捷琳娜大帝发动对奥斯曼帝国的战争，俄国势力的过度膨胀引起了普鲁士和奥地利的紧张和不满，企图干涉俄国对奥斯曼帝国的战争。叶卡捷琳娜为了争取普鲁士和奥地利，企图用波兰的领土平息他们的愤怒。

1772年8月，俄国、普鲁士和奥地利三国在彼得堡签订瓜分波兰的条约，第一次瓜分了波兰。波兰在俄、普、奥的瓜分中毫无反击之力，只能任人宰割。波兰的虚弱表现让邻国看到了它的外强中

此幅画描绘的是斯坦尼斯瓦夫二世在1764年被选为波兰国王时的情景，这幅画是在14年后由著名的威尼斯艺术家贝洛托所完成。

瓜分波兰的寓意图，叶卡捷琳娜大帝、玛丽亚·特蕾西亚、腓特烈二世与约瑟夫二世在地图上共同瓜分波兰。

干，伺机发动新一轮瓜分。

俄、普第二次瓜分波兰

18 世纪 80 年代，波兰中小贵族和新兴的资产阶级民族意识觉醒，在法国大革命的影响下，波兰爱国者联合起来进行了一系列改革，1791 年通过《五·三宪法》。

波兰的邻国尤其是俄国不愿意看到波兰强大起来，因为沉睡的波兰才是最好控制的。俄国力图扑灭波兰的革命运动，1792 年，10 万俄军长驱直入波兰，占领华沙，波兰战败。普鲁士瞅准机会以防止法国大革命蔓延为由，出兵进入波兰。俄、普两国在彼得堡达成瓜分协议。波兰丧失大片领土，国家到了最危险的时刻。

波兰最后的机会

波兰人民不愿意做亡国奴，他们行动起来保家卫国。1794 年 3 月 24 日，波兰民族英雄科希丘什科领导波兰人民在克拉科夫举行民族起义，建立革命政权，公布农民解放宣言，波兰人民士气高涨。这引起俄、普、奥的恐慌，他们担心波兰变成第二个法国，

又称贵族民主制。王位空缺时期（1572—1573年），波兰国内中小贵族和大贵族相继推选自己的利益代表继承波兰王位，争得头破血流；外部与俄国的战争还在持续。波兰面对亡国的危险，贵族们召开了全国议会选举国王。波兰维护了国家的统一，可是贵族们为了享有特权，采取一系列措施限制国王的权力。波兰贵族长期保有强大的特权，他们为了维护本阶级的利益，置国家大义于不顾，宁可选一个外国人当国王。在英国、法国君主集权不断强化的形势下，自由选王制的弊端逐渐显现出来。

俄、普、奥再次联合起来。三国为了铲除波兰剩余的革命力量所带来的动荡，决定"将独立的波兰彻底抹去"，以永绝后患。1795 年 10 月 24 日，三国代表再次签订瓜分条约，将剩余的波兰联邦国土全部瓜分。

俄、普、奥三国通过三次瓜分将独立的波兰瓜分殆尽，欧洲大国地位进一步得到巩固。从此以后，波兰从欧洲地图上消失长达 123 年之久，波兰人民一直过着悲惨的亡国奴生活，许多具有民族意识的波兰诗人、政治家、贵族、作家、艺术家被流放，成为 19 世纪的革命者。对独立和自由的渴望成为波兰浪漫主义的一部分。

波兰的最后一任国王斯坦尼斯瓦夫二世肖像。在位期间（1764—1795 年），俄国和奥地利强迫他让位，波兰王位继承战争爆发，导致波兰被第二次瓜分。

女皇武力外交

两次俄土战争

"西亚病夫"奥斯曼帝国注定会成为强者口中的肉。

强大起来的俄国奉行对外扩张的政策，一有机会就向邻国张开贪婪的魔爪。土耳其人建立的奥斯曼帝国就像嘴边的肥肉一般，让俄国的统治者垂涎欲滴，俄土战争箭在弦上。

暴风雨即将到来

苏莱曼大帝（1520—1566年在位）缔造了横跨欧、亚、非三大洲的帝国，带领奥斯曼帝国步入全盛时期。苏莱曼大帝之后，奥斯曼帝国再未出现能够铁肩担道义的君主，国力日渐衰落。

"16世纪末以后，奥斯曼帝国内部的阶级斗争、民族矛盾日益激化，农民起义和民族独立斗争风起云涌、不断爆发，给予奥斯曼帝国政府以沉重的打击，冲击着帝国日益腐朽、摇摇欲坠的封建制度和反动统治，使得奥斯曼帝国陷入社会危机的历史深渊。"腐朽的大帝国必然无法保护自己的版图，在奥斯曼帝国统治下的黑海出海口岌岌可危。

奥斯曼帝国衰落之时，俄国正在崛起。彼得大帝励精图治，在政治、经济、军事、宗教等方面取得较大程度的进步，成为雄霸一方的力量，不容小觑。强大起来的俄国不甘心偏居一隅，梦想称霸欧洲，黑海出海口便是俄国通向欧洲的关键。彼得大帝虽有称霸欧洲的大志，可惜彼得一世的几次战争都未能拿下黑海出海口。

一代女皇的两次俄土战争

"卧榻之侧，岂容他人酣睡"，叶卡捷琳娜大帝登上历史舞台。彼得大帝军事改革后的20万陆军、2.8万海军和波罗的海舰队为她一展抱负打下良好的基础。叶卡捷琳娜继承彼得大帝的遗志，制定了"在陆地上实行地域性蚕食策略，在水域上夺取出海口"的外交策略，水陆并举控制黑海出海口，蚕食土耳其，打响了两次俄土战争。

第一次俄土战争（1768—1774年），叶卡捷琳娜通过外交手段孤立奥斯曼帝国。她与普鲁士结盟，同英国订立商约，与丹麦搞好关系以孤立瑞

奥斯曼帝国苏丹塞利姆三世（1789—1807年在位）画像。塞利姆三世在帝国内推行改革和西化。

英国漫画，描绘的是魔鬼正向叶卡捷琳娜大帝献上华沙和君士坦丁堡。

知识链接：俄国成为欧洲强国

两次俄土战争，俄国不仅侵吞了克里米亚，取得黑海的控制权，而且向全世界展示了俄国的实力。俄国国际地位得到了极大提升，从一个欧洲二等国家一跃成为一等强国。从此，俄国成为欧洲的宪兵，在欧洲事务中发挥着越来越重要的作用。战败的奥斯曼帝国雄风不再，境内独立和分裂的政治倾向越来越严重，面临着分崩离析的危局。

典。叶卡捷琳娜还在奥斯曼帝国的邻国波兰积极活动，寻衅挑战，奥斯曼帝国正式对俄宣战。俄国陆军攻占了克里米亚，占领库塔伊西等要塞，波罗的海舰队控制了黑海。但是俄国普加乔夫起义打乱了俄军的进攻步伐，1776年7月16日俄土双方签订了《库楚克—凯纳吉条约》。除了克里米亚脱离奥斯曼帝国独立外，俄国还获得包括领土、商业、外交、宗教等一系列特权。

镇压普加乔夫起义之后，叶卡捷琳娜决心继续推行"南进政策"，目标再次指向奥斯曼帝国，企图将克里米亚地区变成俄国的土地，第二次俄土战争爆发（1787—1792年）。此时的英国在美国独立战争中战败，法国则面对着大革命爆发的动荡局势，奥地利在俄国的拉拢之下签订了俄奥联盟，国际形势为俄国的扩张锦上添花。

俄国出师告捷，势如破竹，战争朝着有利于俄国的方向发展，而奥斯曼帝国的盟国瑞典的加入则让俄国面对腹背受敌的风险。叶卡捷琳娜没有坐以待毙，拉拢丹麦参战威胁瑞典。战争紧要关头，法国大革命爆发，欧洲列强的目光转回欧洲，瑞典退

出战争。如此情况下，俄国如虎添翼，在战场上无往不胜，最后俄国与奥斯曼帝国签订《雅西条约》，从奥斯曼帝国手中获得了克里米亚和黑海北岸广大地区的永久占有权，巩固了在黑海的势力范围，为深入巴尔干地区打下了基础。第二次俄土战争以俄国的全面胜利告终。

1780年，叶卡捷琳娜大帝在圣彼得堡的切什梅宫建造了新哥特式的俄国东正教教堂圣约翰教堂，以此纪念海上的重大胜利。

彼得三世复活
普加乔夫起义

他出身行伍，有着丰富的斗争经验；他天生反骨，能敏锐地看到百姓的不满。

普加乔夫起义（Pugachev Rebellion，1773—1775 年）是俄国历史上规模最大的农民起义，起义军攻城略地，撼动了沙皇统治。

刺头兵普加乔夫

叶米里扬·普加乔夫（Yemelyan Pugachev，1742—1775 年），出生在今天的伏尔加斯基地区，父亲是近卫哥萨克骑兵小地主。17 岁时普加乔夫就参加了七年战争，展示出自己的军事能力，军衔提升到少尉。在围攻一个要塞的时候，普加乔夫向同伴吹嘘他的剑是由他的教父彼得大帝授予的。

普加乔夫后来因为严重的疾病要求复员回家。因为他既不想待在军队的养老院，也不想再上前

线，只得加入哥萨克不满者群体向东部哥萨克社区地区逃亡。首次逃亡失败被当局抓回，几次被逮捕又几次逃脱。普加乔夫开始了流亡生活，从军的经历和逃亡的生活让普加乔夫看到农民受到的深重压迫，也锻炼了他的军事领导能力和政治觉悟。

普加乔夫起义

时势造英雄。18 世纪后半期，俄国从"彼得盛世"走向衰落，封建贵族和地主对农奴的压迫日益深重，连绵不断的战争使得劳动人民的负担沉重，社会矛盾不断激化。哥萨克等非俄罗斯民族人们的生活尤为悲惨，他们的土地、林场和草场被强行霸占，还需缴纳赋税、服劳役。俄国繁盛的外表下堆满了干柴，一点火星就会燃起熊熊大火。

杰出的农民领袖普加乔夫敏锐地看到农民心中的愤怒，假借彼得三世的名号发动起义。尽管他的身高、相貌与去世的彼得三世毫无共同之处，也从未谋面。但彼得三世离奇的死亡和广大劳动人民"对沙皇的朴素的宗法式的信仰"，使得彼得三世的名字就具有号召力。1773 年 9 月 17 日，普加乔夫自

1773 年普加乔夫起义军占领萨马拉（Samara）。普加乔夫最大的胜利是拿下喀山，那时他占领的领土从伏尔加到乌拉尔山脉。叶卡捷琳娜大帝最初在 1773 年将获得普加乔夫首级赏金定为 500 卢布，随着起义军威胁日渐增大，1774 年 11 月赏金超过了 28000 卢布。图为普加乔夫占领喀山。

一 话 一 说 一 世 一 界 一

普加乔夫在俄罗斯帝国社会矛盾激化的夹缝中举起反抗大旗，但要想获得下层百姓的支持除了借用彼得三世的名号外，还需要保护他们的利益。普加乔夫借着审判的机会，为贫苦百姓伸张正义以赢得人民的拥护。图为绘画《普加乔夫审判》（1879 年），现存于圣彼得堡的俄罗斯博物馆。

诩为彼得三世，挑起义旗。普加乔夫诏书许诺的自由和特权让哥萨克人、鞑靼人和卡尔梅克人燃起了对自由的渴望，起义初期只有 80 个哥萨克人的规模迅速扩大到 5 万人。起义部队围困俄罗斯东南部的主要行政和军事战略中心——奥伦堡要塞，举国震动。

起义受挫

由于普加乔夫起义部队战略失误，将重心放在奥伦堡和雅伊克，放弃向具有更多民意支持的伏尔加河流域进军，使得叶卡捷琳娜获得宝贵时间调集兵力。1774 年 4 月，起义部队遭受重大失败，普加乔夫仅率领 500 人杀出重围，躲入乌拉尔深山。

普加乔夫在乌拉尔各厂矿和巴什基尔东山再起，初期取得一系列成功，后来被沙皇政府派出的援军击溃，普加乔夫流亡到伏尔加河流域。在当地广大农民的英勇支持下，农民起义队伍规模再次扩大，起义军主力直逼察里津，人数达到万人。叶卡捷琳娜跟奥斯曼帝国达成和约，从对奥斯曼帝国的

战争中抽身，调集重兵围攻起义部队，普加乔夫率领的 1 万主力部队在萨尔尼科夫的渔站遭到毁灭性的打击。普加乔夫在撤退途中遭到背叛而被捕。1775 年 1 月 10 日，一代枭雄普加乔夫等人在莫斯科被处死，轰轰烈烈的普加乔夫农民起义惨烈结束。

尽管普加乔夫起义以失败告终，但是这场农民起义蔓延俄国东南 60 余万平方千米的土地，参加人数之多、规模之大在俄国历史上绝无仅有。另外，起义部队旗帜鲜明地提出反对沙俄统治，使俄国农民战争达到前所未有的高度。普加乔夫起义更像是一个警告，破除了人民对封建农奴制牢不可破的信念，预示着封建农奴制行将崩溃。

造反的普加乔夫遭逮捕，被装进一个铁笼子里，押往莫斯科斩首。

艰难统一之路：
意大利和西班牙

意大利和西班牙是欧洲没落的贵族。两国商品经济发展迅速，曾经是欧洲资本主义经济最发达的地区之一，也是基督教的圣地，可是它们却未能与时俱进，最终落后于时代的潮流。

罗马作为教皇国，是基督教的圣城，在欧洲拥有至高无上的地位。在中世纪信徒心中，罗马是最纯洁的存在，能到罗马朝觐成为基督徒毕生的荣耀。可是教皇和教会日益腐败，他们贪恋尘世的奢侈享受，教皇国已经不再是纯洁的宗教信仰之都。随着最后一位皇帝卡洛斯二世的去世，哈布斯堡王朝在西班牙的统治结束了。哈布斯堡家族和波旁家族为了争夺对西班牙的控制权，打响了持续十多年的王位继承战争。欧洲大多数国家根据自己的利益在这两大家族之间押注，欧洲的版图在战争之后得以重新洗牌。

"滚滚长江东逝水，浪花淘尽英雄。"拥有早发优势的意大利和西班牙终究没能保住祖宗的基业，也没能再现辉煌，罗马城中的旧迹只能徒增人们的伤感。

信仰城池
教皇国

国中之国，城中之城。

教皇国（意大利语 Stato Pontificio），又译为教宗国、教皇领，是信仰辉煌的存在，教皇是其最高领袖。它是由罗马教皇统治的世俗领地，位于南欧亚平宁半岛中部。可是教会不思进取、腐朽堕落，最终失去信徒的信任，1929 年正式灭亡，现在仅剩梵蒂冈城国。

教皇国的萌芽

基督教创立之后，教会处于非法状态。君士坦丁大帝赠予教会拉特兰宫，基督教才获得官方的承认。此后，罗马的历任皇帝和贵族都开始赠予教会大量土地和财富，教会的财产和势力不断壮大。但是，教会只是作为私人领主占有使用这些土地，并未获得土地的所有权。

世俗政权与教会握手言和之后，基督教在世俗政权的支持下，领土面积不断扩大。到 6 世纪，教皇国的雏形开始出现。教皇国以"丕平献土"为基础成立，在世俗世界中的影响力迅速扩大。没有永恒的朋友，只有永远的利益。随着教会势力的壮大，世俗君主逐渐感觉到教会的威胁，双方围绕谁应该是最高权力的主宰者展开斗争。比较著名的事件是"卡诺莎事件"。世俗君主在第一轮斗争中败下阵来，教会获胜。

教皇国的壮大

到 14 世纪初，教皇国已经成为完全独立的国家。不过没有正式的国名，而是由许多独立或半独立城邦、小国和贵族领地构成的松散的联合。虽然名义上为"国"，却不是单一制国家。有些城邦拥有自己的次一级领主，有些城邦（如罗马）则没有。教皇同小邦之间的关系类似于其他西欧国家中封建国王与自由市之间的关系。城邦内没有世俗君主，教会是最高权威。

意大利长期处于四分五裂的状态，文艺复兴成为教皇国发展的一个关键时期。亚历山大三世和尤

庇护九世原名马斯塔伊-费雷提 (Giovanni Maria Mastai-Ferretti)，他出身于意大利贵族家庭。1846 年教皇格里高利十六世去世后，他正式当选为教皇，共领导教廷 32 年，是迄今为止在位时间最久的一位教皇。此外，他还是最后一任兼任世俗君主的教皇。图为庇护九世当选后的庆祝盛况。

罗马教皇职位的标志。这个标志最初取自梵蒂冈城的城旗，是城市的象征。

利乌斯二世两位教皇统治时期，教皇国的领土再度获得大幅扩充，成为意大利最重要的政治力量之一。但是，教皇对其大多数领地的统治仍是有名无实的，教皇国城邦的真正主人仍是当地的王子、贵族。直至 16 世纪，教皇才得以直接统治教会名义下的所有地区。

教皇国的衰落

随着资本主义经济和民族国家的发展，教会逐渐成为国家统一和经济发展的障碍。教皇国不希望看到统一的意大利，不惜引狼入室，以保持意大利各方势力的均衡。教皇国内部虔诚信仰的力量被腐朽势力侵蚀，他们贪图奢侈享受，在信众心中的影响力不断下降。

伦巴第和托斯卡纳地区工商业不断发展，制造业和国际贸易使这些共和国积累了大量财富，壮大起来的中产阶级要求脱离教会的控制，发展经济。他们最终脱离主教和神圣罗马皇帝而独立，成为较强大的城市共和国（如佛罗伦萨、比萨、锡耶纳、米兰和热那亚）。教皇国的势力遭到重大打击。教皇国的核心——罗马所在的拉齐奥地区——土地不能得以利用，物产贫瘠；罗马的位置不好，不利于经商；缺少工业，能生产的货物少之又少，富裕的市民或中产阶级没有形成

知识链接：卡诺莎事件

格里高利被选为教皇，他主张教权高于皇权，教皇的权力高于君主。世俗君主不甘心臣服于教皇之下，以神圣罗马帝国皇帝亨利四世为代表的君主与教皇展开积极的斗争。1076 年，格里高利七世革除了亨利四世的教籍，亨利四世为了挽回局面，维持统治，亲自到教皇所在的卡诺莎谢罪。英诺森三世成为教皇后，教皇权力达到巅峰，一度可以随意废立皇帝，权力凌驾于世俗君主之上。

的条件。但是，罗马城始终都是教皇国稳固的大本营。

1861 年，在意大利统一过程中，教皇国的绝大部分领土并入意大利。1870 年，罗马城也并入意大利王国，教皇国领土退缩至梵蒂冈。《拉特兰条约》签订后，梵蒂冈城国正式取代教皇国。教皇国历经几个世纪，正式退出历史舞台。梵蒂冈作为基督教的大本营，在信徒中依然是圣城。

奎里纳尔宫，现在是意大利总统府。这座宫殿位于罗马最高的奎利纳尔山上，是 16 世纪下半叶几位教皇陆续兴建完成的，在 1870 年意大利统一之前一直是教皇的行宫。

独立自主
意大利城邦

欧洲历史上有两个城邦时期——古希腊的城邦和文艺复兴时期的意大利城邦，但在性质上迥然不同。

作为欧洲最先发展起来的地区，意大利独特的城邦国家曾经给该地区带来了长期的繁荣和强盛。威尼斯和热那亚是意大利北部两个重要的港口城市，它们作为独立的城邦国家在欧洲历史上叱咤风云。

沿海明珠

城邦（City-State），又译作城邦国家，是指拥有主权或独立行政权的城市，文艺复兴时期的意大利城邦就是其中的典型代表。意大利城邦都是小型独立国家，主要在意大利半岛中部和北部地区，是存在于10—15世纪的政治现象。

上帝给你关上门的时候，一定给你留了一扇窗。威尼斯和热那亚作为意大利北部沿海城市，地域狭小，土地贫瘠，很难发展农业。南部是地中海，使得它们极易受到外部的攻击。可是，海洋就是上帝留给他们的最佳资源，他们将广阔的海洋潜力开发出来发展国际贸易和海洋运输业，成为中世纪经济最为发达的地区。

崛起的城邦

威尼斯位于意大利半岛北部、亚得里亚海近旁，是欧洲大陆和地中海之间贸易通道的必经之地。在西地中海的最北端、意大利亚平宁半岛西北

海岸的热那亚，南部是利古里亚海。热那亚是天然良港，其历史悠久，长期是西地中海商业霸主。威尼斯和热那亚也是西方基督教世界和东方伊斯兰教世界的交汇点。享有得天独厚地理位置的威尼斯、热那亚在中世纪发展成为意大利最繁荣的城市，商业和运输业都极为发达。

威尼斯和热那亚同为港口城市，它们在11世纪中期意大利城邦崛起的东风中发展起来，取代曾经的海上霸主阿拉伯穆斯林人，控制了地中海的国际贸易。强大起来的威尼斯和热那亚逐渐从封建领主手中取得自治权，建立起城市共和国。教皇从西

"因水而生，因水而美，因水而兴"的水城威尼斯，蜿蜒的水巷像是少女多情的眼眸，低眉顺眼间都是流动的情愫，荡涤一切污垢，只留下浪漫之心。威尼斯人得到上帝最纯洁的馈赠，在海水荡漾间崛起为地中海地区最重要的文化名城之一。

一话一说一世一界一

热那亚是历史文化名城，承载了欧洲太多叹息的目光。热那亚自古就是意大利商港和大的贸易中心。

方基督教各国搜刮的财富源源不断流入意大利，为包括威尼斯和热那亚在内的意大利城邦的繁荣提供了资金支持。而十字军东征使得威尼斯和热那亚的实力进一步壮大。

文艺复兴的滥觞

经过几个世纪的发展，威尼斯和热那亚成为欧洲最进步的地区之一，商品经济比较发达，资产阶级在资本主义的发展过程中壮大起来。另外，城市共和国实行比较民主的统治，封建专制力量相对于欧洲其他国家而言则比较落后。古希腊罗马文化的主要遗产在意大利得到了较好的保存，意大利的知识阶层和民众得到了古希腊、古罗马文化的精髓。新兴的资产阶级经济实力日益壮大，他们希望用获得的财富享受生活，文艺复兴运动随之兴起。

意大利知识分子高举人文主义的旗帜，用"人本"对抗"神本"，借助古希腊、古罗马文化的外衣强调人的地位和价值，崇尚世俗生活的享受和乐趣，关注理性和科学，人的地位和尊严被放到了突出的地位。威尼斯和热那亚作为商业城市，在文艺复兴的过程中推波助澜，成为重要的力量。意大利城邦

在中世纪搭上了经济发展的早班车，成为欧洲经济最发达的地区之一；又最早进行人类的新文化运动——文艺复兴，人性在经过数千年的压抑后重新被重视，文艺复兴成为世界思想文化发展的里程碑。

卡纳莱托的绘画作品，展示的是威尼斯的"国船"布金托罗返航。每年的耶稣升天日，它都会驶入亚得里亚海，象征威尼斯与海的联姻。这个习俗一直延续至1798年。

意大利半岛主宰
萨伏伊家族

从默默无闻的小家族变成影响欧洲局势的皇室家族，它的成长兴衰对意大利半岛乃至整个欧洲都至关重要。

萨伏伊家族是世界上最古老的皇室家族之一，在意大利复兴运动之中，萨伏伊王室达到了它的鼎盛时期，19世纪统一了分裂的意大利，正式将王朝的名字改为意大利王国（1861年）。

萨伏伊家族的崛起

萨伏伊家族的龙兴之地为萨伏伊地区，在11世纪时为现在的法国和意大利的边界高山地带。最初的萨伏伊是边陲不起眼的小国，贫瘠落后，在欧洲政局中无足轻重。然而，萨伏伊家族采用精明的联姻和外交政策，家族地位得到不断提升。

萨伏伊家族的奥托成功娶到都灵的女侯爵阿德莱德，萨伏伊家族陡然间变得不容小觑。美娇娘的嫁妆不仅有萨伏伊家族梦寐以求的侯爵身份，还有都灵的土地和皮内罗洛。成功的联姻使得萨伏伊家族实力大增，欧洲的强国法国、英国和西班牙等在进行重要决策时开始将过去被忽视的萨伏伊家族考虑在内。经过数世纪的努力，萨伏伊家族的领土不断扩张。天公作美，神圣罗马帝国授予萨伏伊家族阿玛迪斯八世公爵的称号，萨伏伊家族由此进入公爵的尊贵行列。

收回失地，夺得王冠

不幸的是，公爵的称号并不是长盛不衰的万能药。1494年，法国的查理八世前往意大利和那不勒斯的途中路经萨伏伊，从此法国的势力深入意大利。萨伏伊陷入1494—1498年的意大利战争中，1521—1526年成为神圣罗马帝国查理五世皇帝的军队驻扎地。更为不幸的是，1536年法国的弗朗索瓦一世直接入侵萨伏伊，攻占都灵。萨伏伊公爵

大帕拉迪索国家公园，位于意大利萨伏伊的科尔德尔尼沃特，是萨伏伊家族的龙兴之地。阿尔卑斯山脉间的群山尽管气势磅礴，威武雄壮，可是作为世代居住的谋生之地则过于贫瘠，不利于国家力量的发展壮大。也许正因为上天没有给萨伏伊家族准备好一块肥沃之地，他们才时刻保有危机意识，不断地发展壮大。

意大利皇室的象征，萨伏伊家族的徽章。萨伏伊王朝作为欧洲历史上著名的王朝，曾统治了萨伏伊公国、撒丁王国，并完成了意大利的统一。1861—1946年，萨伏伊家族成为统治意大利王国的皇室，作为家族标志的徽章同一个国家联系在了一起。

卡洛三世被迫逃往维切利。长期以来都是萨伏伊随机应变，占尽别人的好处，萨伏伊家族第一次遭受如此重大的损失。

具有高超的军事才能和外交谋略的伊曼纽尔·菲利贝托临危受命，收回被法国控制的大部分领土成为他的当务之急。伊曼纽尔·菲利贝托卧薪尝胆，主动出击，主动到法国的仇敌哈布斯堡家族的军队中服务，希望趁机收回被侵占的领土。他尽心服务腓力二世，出任荷兰地区的长官，并且在1557年领导西班牙入侵法国北部的重大战争中取得胜利。这次胜利为伊曼纽尔·菲利贝托收回失地打下了良好基础。此后，伊曼纽尔·菲利贝托充分利用欧洲错综复杂的矛盾，从法国和西班牙手中逐渐收回失地，都灵最终又回到萨伏伊家族中。伊曼纽尔·菲利贝托审时度势，仔细权衡欧洲的局势之后将萨伏伊公爵的首府迁往都灵，方便了萨伏伊家族的对外联系和发展。

萨伏伊家族给都灵带来新的活力。查尔斯·伊曼纽尔二世大力发展尼斯港口，开通从阿尔卑斯山到法国的道路。在萨伏伊家族的努力之下，都灵地区在17世纪焕然一新。萨伏伊家族是最大获益者，他们的势力得到迅速壮大，为外交政策提供了良好的物质保证。通过老练的外交政策，其领土扩张得

以继续。没有永远的朋友，只有永远的利益。

18世纪早期，萨伏伊家族见风使舵，在西班牙王位继承战争中摇摆不定以谋取最大的家族利益。最终他们转而支持战胜方哈布斯堡家族，并通过《乌特勒支和约》获得意大利东北部的大块领土和西西里岛的王冠。

可是，萨伏伊家族没有实力保住西西里岛的王冠，1720年被迫将西西里岛换成撒丁岛，萨伏伊家族成为撒丁王国的王室。尽管萨伏伊家族对西西里岛的统治仅仅维持了7年（1713—1720年），但西西里岛和它的王冠对萨伏伊家族而言至关重要。萨伏伊终于从边陲默默无闻的小伯国踏入王国的行列，萨伏伊家族实现了从贵族到皇室家族的飞跃。而且，王冠的声誉和西西里首府巴勒莫的财富极大地增长了萨伏伊家族的实力。

此外，在萨伏伊家族的大陆地区，扩张仍然在继续。但实际上萨伏伊王朝18世纪和19世纪的主要领地依然是萨伏伊，首都是都灵。1743年皮埃蒙特并入撒丁王国。屡试不爽的扩张政策在西班牙王位继承战争和奥地利王位继承战争中取得奇效，查尔斯·伊曼纽尔三世以控制米兰公国为代价获得新的领土。

伊曼纽尔·菲利贝托具有雄才大略，不辱使命。他是一位颇有品位的公爵，他在迁都都灵时开始积极规划并开始修建皇宫。在他以及他的继位者的努力下，都灵的萨伏伊皇宫日渐完善，成为由当时水平最高的建筑师和艺术家设计与装饰的高质量的综合建筑群。

都灵，从钟楼上俯瞰的全景。萨伏伊家族与都灵似乎有着不解之缘，大敌当前，几次易都又几次东山再起重回都灵。都灵注定会成为萨伏伊家族王冠上最明亮的珍珠。都灵亦不负众望，在萨伏伊家族的悉心经营下蒸蒸日上，经济、文化事业齐头并进，成为当时欧洲最为发达的城市之一。

受制于人

法国仿佛是萨伏伊家族命中的克星。萨伏伊家族的军队在第一次反法联盟中被拿破仑狠狠教训了一番，被迫割地求和。而且萨伏伊需要为法国军队免费提供通往山区的道路，北部的皮埃蒙特被拿破仑占领。萨伏伊家族开始受制于人，在萨伏伊领地上穿行的法国军队就像随时都会被引爆的定时炸

西西里岛是意大利一颗明亮的珍珠，气候温暖，风景秀丽，目力之下都是良田沃野，是发展农林业生产的"金盆地"。因为它在地中海商业贸易路线中的特殊位置，一直都具有重要的战略价值。萨伏伊家族几次击败众多的竞争对手终获得此岛。

弹。雪上加霜的是，法国茹贝尔将军在1798年攻占都灵，强迫查尔斯·伊曼纽尔四世退位并且要求他回到撒丁岛。都灵再次被外国军队占领，萨伏伊家族威严扫地。

在哪里摔倒的，就在哪里爬起来。拿破仑凭借军事天赋和政治才能建立起法兰西第一帝国，可是他野心不断膨胀，在意大利等地扶持建立支持自己的政权，试图统治整个欧洲。拿破仑的侵略激起整个欧洲的不满，欧洲国家几次组成反法同盟。最终，反法同盟在1814年对拿破仑的战争中取得决定性胜利，拿破仑被流放到小岛上。萨伏伊家族成功复国，因祸得福，将前热那亚共和国的领土据为己有，成为撒丁—皮埃蒙特王国。

统一意大利，成就霸业

拿破仑在意大利建立的政权促进了意大利民族意识的觉醒，意大利民众开始将意大利作为一个整体看待。法国、奥地利和教皇等对意大利的掠夺也激起意大利民众的不满，他们迫切要求改变现状，实现意大利的统一。马志尼（Giuseppe Mazzini，1805—1872年）等民族领袖领导的自下而上实现意大利统一的运动都先后失败，借由强大的邦国自上而下完成意大利的统一成为意大利民众的共识。

萨伏伊家族不只会见风使舵，他们还有硬实力，机会到来时才能抓住。撒丁王国1830年就已经开始进行工业化，资本主义经济发展迅速，国力强盛。此外，比较开明的国王卡洛·阿尔贝托（1798—1849年）实行比较民主的统治，并在1848年颁布了一部有利于资本主义经济发展和自由民主的新宪法。

而维克托·伊曼纽尔二世（Victor Emmanu-

都灵古代艺术博物馆夫人宫中的一个房间，是由比较开明的国王卡洛·阿尔贝托在 1832 年作为美术馆而兴建，陈列的是萨伏伊家族历代国王的画像。

el Ⅱ，1820—1878 年）是一个严格的立宪君主，坚持推行自由的宪法。此外，维克托·伊曼纽尔二世知人善用，任用加富尔为相，全力支持改革，组建了比较开明的政府。维克托·伊曼纽尔二世还斡旋在加富尔和加里波第之间，保持二人同心促进意大利的发展。撒丁王国成为诸公国中最稳定和开明的国家，国富兵强，人才济济，萨伏伊家族最终实现了意大利的统一。

天下没有生来的王者，更没有生就的强国。萨

上库姆修道院是位于法国萨伏伊圣皮埃尔-德屈尔蒂勒的一座本笃会修道院，由萨瓦公爵梅迪奥二世修建，数世纪以来都是萨伏伊家族成员去世后的埋藏地。耸立在湖畔山崖之上哥特式建筑的修道院，庄严地俯视布尔歇湖，就像是萨伏伊家族守候意大利的深情目光。

知识链接：欧洲爵位等级

在欧洲皇室和贵族中的爵位等级历史悠久，在古典时代晚期就已经形成。尽管在不同的历史时期和不同的国家地区之间，具体的爵位等级是有差别的，君主、皇室和贵族之间的爵位也是有区别的，但是总体上由低到高呈金字塔型分布。这里只介绍贵族之间的爵位等级。从高到低为 Duke、Marquess、Earl or Count、Viscount、Baron or Lord，国内在翻译时通常采用跟中国爵位相对称的公爵、侯爵、伯爵、子爵、男爵。贵族的爵位等级越高，享受的权势就越大，地位就越尊贵。上述这五个贵族爵位中，又根据其能否传给后代，分为世袭贵族和终身贵族两类。世袭贵族死后其爵位可由亲属继承，终身贵族仅限本人活着时担任，死后其子不能承袭。世袭贵族有时是国王发布敕令决定继承人选，但绝大部分情况下则沿用宗教的制度由长子继承。在长子去世或无直系男性继承人时，则从血缘关系较近的其他亲属中挑选继承人。在部分地区，女性也拥有继承权。爵位等级的提升通常是比较艰难的，除非有卓越的功绩得到国王的册封或者是通过联姻。在爵位体制内，家族成员的归属感比较强，家族荣耀被放在重要的位置，尽管提升家族爵位等级十分困难，还是有一些佼佼者通过种种手段实现了爵位的提升，萨伏伊家族就是成功的典范。

伏伊家族从可能被历史淹没的伯国，精明务实，苦心经营，实现了意大利的统一，成为叱咤风云的皇室家族。

一话一说一世一界一

强者竞争舞台
西班牙王位继承战争

伊比利亚半岛上烽火连绵，列强逐鹿，各有胜负。

卡洛斯二世去世，西班牙的哈布斯堡王朝绝嗣。1701 年到 1714 年法兰西王国的波旁王室与奥地利的哈布斯堡王室为争夺西班牙王位进行了十多年的王位继承战争，一国内政变成强国竞争的舞台。欧洲大部分君主制国家卷入其中，旷日持久的战争对欧洲乃至世界造成一场灾难。

卡洛斯二世雕像。如果说历史上哪位君主的最大功绩是葬送一个王朝的话，恐怕卡洛斯二世就是最佳的代表。近亲联姻的所有弊端都在这位国王身上显示出来，4 岁继位却没有任何治理国家的能力，有生之年最大的影响就是欧洲各方势力揣测他何时寿终正寝。

岌岌可危的末日王朝

西班牙是最早通过对外殖民而发迹的国家，在 16 世纪一度称霸欧洲。遗憾的是，西班牙王室并没有利用先发优势好好地发展自己，而是将更多的精力投注在奢侈享受上。三十年战争之后，西班牙王国渐趋衰落，已经无力维护包括西班牙本土、西属尼德兰（比利时）、新世界的广大殖民地和意大利境内的西班牙领土等广大统治区域。

国家处于危难的境地，如果能迎来一位颇有治国才能的君主的话，西班牙还有可能再振雄风。可

惜西班牙哈布斯堡家族也是香火不继，四位王子相继去世，只迎来孱弱无力的"着魔者"卡洛斯二世（Carlos Ⅱ，1665—1700 年在位）掌舵西班牙。由于近亲联姻，卡洛斯二世身患多种遗传病以及智障和癫痫，体质虚弱得随时可能死亡，生理和心理都极不正常。更要命的是他患有不育之症，西班牙的哈布斯堡王朝岌岌可危。

强权即是真理

1700 年 11 月 1 日，卡洛斯二世终于结束悲剧性的一生，他的去世还将西班牙带入一场灾难。西班牙不仅国力衰落，后继无人，欧洲新近崛起的英国、法国、荷兰等君主制列强对西班牙虎视眈眈。

布伦海姆之战是西班牙王位继承战争中最重要的战役，是奥地利、英国、荷兰联军与法国和巴伐利亚军队联军于 1704 年 8 月 13 日在巴伐利亚的布伦海姆村附近的决定性交战。英国的马尔伯勒公爵约翰·丘吉尔同奥地利的欧根亲王联合打败了法国和巴伐利亚联军。图为马尔伯勒公爵接受法国投降。

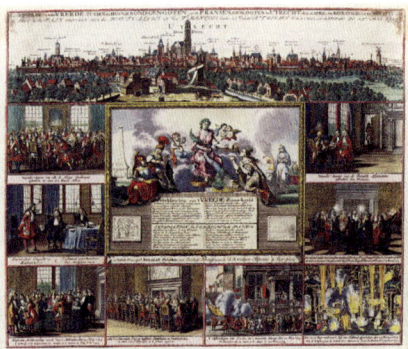

18世纪《乌特勒支和约》的彩图。《乌特勒支和约》是西班牙王位继承战争中，以法国和西班牙为一方，以英国、荷兰、勃兰登堡、萨伏伊和葡萄牙为另一方，于1713年4月11日签订的条约。同后续条约一起调整了欧洲主要强国的势力，英国成为最大赢家，其殖民地的势力大为增强，法国称霸欧洲的局面宣告结束。

> **知识链接：西班牙王位继承战争阵营**
>
> 法国与西班牙、巴伐利亚、科隆及数个德意志邦国、萨伏伊、葡萄牙（就如一战时的意大利，很快便投向敌方）组成同盟；而神圣罗马帝国（当时为奥地利哈布斯堡王室所控制）则与英国、荷兰、勃兰登堡、汉诺威以及数个德意志小邦国及大部分意大利城邦组成新的反法联盟（1703年萨伏伊、葡萄牙倒戈加入反法联盟）。1702年5月，反法联盟正式对法国宣战。

西班牙王位继承问题不仅关系到西班牙自身利益，还关系到整个欧洲的权力平衡。任何一个家族或国家都力图一枝独大，又不希望其他国家的力量对邻国构成威胁。法国国王路易十四（Louis ⅩⅣ，1643—1715年在位）曾经对欧洲的权力平衡构成了严重威胁，由此欧洲各国极力避免再出现这种局面。西班牙的王位继承人选成为全欧洲重大的议题，这匹瘦死的骆驼的归属将直接影响当时欧洲各国之间力量的对比以及世界局势的变化。

路易十四的妻子和奥地利哈布斯堡王朝利奥波德一世的妻子同为卡洛斯的亲兄妹，法国的波旁王朝和奥地利的哈布斯堡王朝在卡洛斯去世之后，都名正言顺地拥有继承权。卡洛斯二世的遗嘱是将王位传给安茹公爵（路易十四的孙子），并且明确强调必须保持西班牙领土的完整性。奥地利的哈布斯堡王朝反对卡洛斯的安排，他们认为，应该由同是哈布斯堡家族血脉的查理大公继承西班牙王位。欧洲其他国家不能坐观法国吞下西班牙，因为"太阳王"路易十四的法国已经是欧洲均势的最大威胁。

各方势力几经谈判和协商，始终未能达成一致意见。最终，强权即是真理，欧洲各君主国根据自己的国家利益分别选择站在法国或者奥地利一边，西班牙王位继承战争爆发。

战争中永无赢家

法国盟友较多、军力较强，与西班牙联合的领土与人口也超过对方，占有明显的优势。然而，在战争一开始法国就遭遇重大失利，之后战争双方各有胜负，一度陷入僵持状态。处于战争泥潭中的各国都是身心交瘁，力不从心。法国、奥地利和西班牙等国分别签订条约，1715年2月，西班牙与葡萄牙签订《西葡条约》，西班牙王位继承战争至此正式结束。

西班牙帝国战后丧失除本土以外的所有欧洲领土，人们遭受重大劫难。法国的军事力量和政治影响力一落千丈，"太阳王"路易十四的威严扫地。神圣罗马帝国的普鲁士开始走上强国的道路，奥地利皇帝的领土面积和威望同样飙升。世界格局得以重新洗牌。

戈雅所画的弗洛里达布兰卡伯爵肖像（局部）。他是卡洛斯三世时期的一位部长，积极地推行改革。

131

扭转西班牙颓势的君主
卡洛斯三世

受到幸运女神眷顾的卡洛斯三世奋发图强，扭转了西班牙的颓势，成为开明君主的代表。

卡洛斯三世（Charles Ⅲ，1716—1788 年）又译作查理三世，波旁王朝的西班牙国王（1759—1788 年在位）。他也是那不勒斯国王（称卡洛七世，1735—1759 年）和西西里国王（称卡洛四世，1735—1759 年）。三王集于一身的卡洛斯三世有着独立施展抱负的空间。

显赫家世

卡洛斯可谓是含着金汤匙出生。他的父亲是西班牙波旁王室的第一位国王腓力五世，母亲是帕尔马公国的郡主伊莎贝拉·法尔内塞。遗憾的是，他母亲是腓力五世第二任妻子，在他之前已经有同父异母的哥哥，西班牙的王位对他而言是可望而不可即的。幸运的是，1731 年 15 岁的卡洛斯子凭母贵，因为法尔内塞家族绝嗣而凭借母系血缘继承了帕尔马公国作为自己的封地。天上掉下来的馅饼成为卡洛斯的龙兴之地，以此为跳板，他的领地不断扩大，影响也不断扩大。

卡洛斯受到幸运女神的眷顾，少年英才，颇有谋略和胆识。在继任帕尔马公爵的领地之后，他抓住时机主动出击。波兰王位继承战争期间诸国混战，哈布斯堡王室无暇南顾，卡洛斯从奥地利手中夺取土地使自己的领土极大扩张。从此之后，卡洛斯以帕尔马公爵身份兼任那不勒斯和西西里两国君主。

小试牛刀

19 岁的卡洛斯成为那不勒斯兼西西里国王，由于沉迷于王位给他带来的种种特权，热衷打猎和满足自己的口腹之欲，肥胖臃肿的身材与后世我们看到的那个精明强干的瘦高国王简直判若两人。难能可贵的是，卡洛斯很快认识到国王肩上的重任，他抓大放小，虽然自己在政务上投入时间有限，可是他知人善任，善于用人。他启用首席大臣贝尔纳多·塔努奇（1752、1754 年先后兼任司法部长与外交部长），缓和了严酷的封建等级制度，并且打击特权阶层贵族、教士、律政人士的势力。为了制衡贵族的强大势力，卡洛斯吸引贵族到宫廷以便就近监视，并积极扶持支持他的新贵族以同旧贵族抗

11 岁的卡洛斯王子，法国著名的女肖像画家让·朗克（Jean Ranc）的作品。命运始终眷顾着这位西班牙王子，从意外而来的帕尔马公国到后来的西班牙的王位，他都能担当重任，最终成为一代明君。

1972 年发行的印有卡洛斯三世照片的邮票。对伟大人物的最隆重的纪念大概就是以国家为主题发行的纪念邮票。一身戎装的卡洛斯三世英姿飒爽。

1734 年，即将步入成年的卡洛斯在波兰王位继承战争之后，再次受到命运女神的青睐。帕尔马被割让给神圣罗马帝国皇帝查理六世，以此换取奥地利的那不勒斯和西西里。卡洛斯则以帕尔马公爵身份兼任两国君主。图为 1734 年卡洛斯入驻那不勒斯的场景。

衡。他劝阻年轻人进入修道院，把教士从数 10 万人降低为 8100 人，对教产征收 2% 的税，更限制教士的合法免税权。贝尔纳多·塔努奇在卡洛斯的支持下限制贵族的司法权，采取有力措施打击司法腐败，简化法律程序，改革严刑峻法。

卡洛斯小试牛刀，通过一系列措施使得那不勒斯和西西里的面貌焕然一新，广受百姓爱戴，充分展现出非凡的治国才华。这段经历也使卡洛斯积累了丰富的从政经验，在机会降临时，卡洛斯得以大展宏图。

西班牙的开明君主

1759 年，命运女神再一次眷顾卡洛斯三世，同父异母的兄长费迪南德六世去世，卡洛斯三世继承了西班牙的王位。

但是交到卡洛斯手中的是一个百废待兴的西班牙，政治、军事都落后于英国、普鲁士等强国。卡洛斯三世临危不惧，实行开明的君主专制政策，再次展现出非凡的治国才能。其一，他知人善任，果断起用冈波斯、弗洛里达布兰卡等大臣整顿国政。其二，为了更好地协调各大臣的工作，专门设立国务会议。在

军事方面，卡洛斯三世向军事强国普鲁士学习，把雇佣兵制度改为征兵制，并采用普鲁士练兵带兵的训练方法。在宗教方面，卡洛斯采取果断措施，将耶稣会会士从西班牙及西班牙的海外领地驱逐出境。

在卡洛斯三世的统治之下，西班牙的国势很快改观。吏治清明，军事力量强大，卡洛斯也成为历史上成就卓著的伟大君主。

西班牙著名画家弗朗西斯科·戈雅在 1786 年到 1788 年为卡洛斯三世绘制的形象，名为《狩猎者卡洛斯三世》。图片中卡洛斯左手持猎枪站立，白色的猎犬依偎在脚边，右手握着脱下的一只手套，尽显胜利者的姿态。此时接近卡洛斯执政的晚期，此画是他志得意满的一生的美好总结。

洛可可时代的绘画

绘画是一种没有文字的语言，它虽然不会说话，却生动地传达出创作者的意图。对欣赏者的要求也低，哪怕是文盲，只要内心柔软，就可以体察到画作的神韵。如果说启蒙时代的哲学、政治等太过晦涩，将大部分没有接受过正规教育的群众排除在这一盛事之外的话，绘画则用它包罗万象的胸怀将普罗大众纳入艺术的熏陶之中。

洛可可艺术是对路易十六时期的华丽、夸张、矫揉造作之风的反动，它从建筑装饰领域发端，却在绘画领域达到高潮。启蒙时代的绘画大师们虽然风格各异，但都在自己擅长的领域恣意挥毫泼墨。他们高扬理性主义的大旗，关注现实生活中与人们生活息息相关的事务。浪漫多情的弗拉戈纳尔，敏感细腻，对贵族生活进行了细致的描绘；平民绘画大师夏尔丹，写实具体，寻常百姓以及百姓生活中的杯盘器具都进入他的画中；人文素养深厚的学院派大师雷诺兹，博学多才，在最高的艺术学府中对莘莘学子谆谆教诲。

无论是贵族或是平民，这一时期的绘画大师描述的不再是过去那种高高在上的远离尘世生活的主题，他们开始深入到人的内心世界，用理性的头脑指导绘画创作。绘画开始以前所未有的姿态进入到大众的视野，各大博物馆中的杰作向我们静静地诉说着它的辉煌过去。

短暂绚丽的绽放
洛可可

纤巧、华丽、精美，在有限的生命中璀璨夺目，是人类艺术文明中的明珠。

18世纪流行于法国的洛可可艺术，上承巴洛克风格，下启新古典主义，是西方艺术发展史上极为重要的阶段。只用70年的时间就绽放出极致的美。

艺术，社会的真实写照

艺术领域的潮流在法国发轫。洛可可风格始自法国的室内装饰艺术，后扩展到绘画、音乐、建筑等法国社会生活的方方面面。洛可可风格走出法国，成为当时欧洲社会的主要艺术风尚，几乎绵延了整个18世纪。

图为1780年前后的洛可可式法国钟，由花朵和迈森瓷像作装饰。

艺术是社会生活的反映，它像镜子一样能透射出当时社会生活的景象。洛可可艺术应法国社会的需要而产生，它的传播则适应了欧洲的社会需要，"太阳王"路易十四是关键人物。

"太阳王"路易十四是法国历史上最伟大的君主之一，从1643年到1715年执政72年，是世界上在位时间最长的君主之一。路易十四宣称"朕即国家"，加强并集中王权，强化君主的绝对权力，在欧洲开疆拓土，树立法国的威名，使法国的宫廷生活成为全欧洲的中心。路易十四还用奖金和补助的形式在全世界范围内招贤纳士，让饱学之士为他歌功颂德。柯尔贝尔成功的重商主义政策，使得资本主义经济迅速发展，为路易十四的挥霍享受提供了充足的经济保障。路易十四对法国的政治、经济、思想、文化等领域实行全方位的集权统治，君主集权的程度达到前所未有的程度，盛况空前的法国成为当时欧洲最强大的国家。

路易十四想要用无尽的奢靡生活震慑欧洲，在法国的贵族中树立起王权的威严。路易十四兴建凡尔赛宫，用奢侈来显示权威，每日歌舞升平，宫廷中充满无尽的娱乐活动。很显然，庄重、典雅的古典主义风格已经不能满足路易十四的需求了。于是洛可可风格在路易十四豪华、气派和奢侈的宫廷生活中应运而生。

路易十五继位时法国国力已大不如前，国王的集权带有外强中干的性质。路易十五显然没有他祖父的雄才大略，又缺少持之以恒的毅力，经过短暂的勤政爱民之后，就把兴趣都放在了口腹之欲的享受上。宫廷中奢侈、享受的流行风尚被贵族和壮大起来的资产阶级和富商们争相效仿，他们通过在艺术上接近贵族来靠近成为贵族的梦想，他们用积累起来的财富彰显自己的社会地位。建造别墅，美化住宅，香车宝马，锦衣华服，个人享受被推崇到前所未有的地步。洛可可风格成为占社会主流的艺术风格。

柔媚的洛可可

洛可可的英文 Rococo 源于法文 Rocaille，意思是贝壳。首先在室内装饰中应用，而后扩展到建筑、音乐、绘画等各领域。庄重、典雅、气派的古典主义建筑一时难以改变，皇室宫廷和贵族们对生活享受的追求就先从室内装饰领域变革。1699 年建筑师、装饰艺术家马尔列在金氏府邸的装饰设计中大量采用曲线形的贝壳纹样引发了建筑装饰领域的新潮流。因此，后世把这种以贝壳纹样、注重运用曲线的建筑装饰风格命名为洛可可。

作为一种新型的室内装饰和建筑风格，洛可可主要采用 C 形、S 形、螺旋形等曲线，很少使用对称，整体上显得纤细、轻巧；材质上倾向于使用带有闪亮感觉的金箔、银片、镜面和锦缎等，奢华、高贵、装饰感十足，营造出梦幻典雅的氛围。洛可可对房屋内部进行了灵活的分割，创造出不同功能的房间。每个房间都经过精心的布局，华丽小巧，还设有盥洗室，餐厅和厨房相邻，卫生整洁、生活舒适。在满足房屋主人对部门功能的需求时，繁

叶卡捷琳娜宫又称为沙皇村，叶卡捷琳娜大帝任用天才建筑师拉斯特雷利修建。宫殿采用蓝色外观，清新柔和，弥漫着女性柔美、娇媚的风韵，洛可可风格在这座宫殿中得到最完美的体现。它于 1990 年被列入联合国《世界遗产名录》。

复、华贵的装饰彰显出主人高贵的身份和不俗的品位，洛可可风格因此受到人们的欢迎。

洛可可风格的影响扩展到建筑、雕刻、绘画，以及家具等领域。这种风格通常都比较纤巧、精美、华丽，颜色轻快柔和，带有阴柔之美；虽然极为美丽，但它的细腻柔媚有时显得轻佻繁复。造型上洛可可风格多使用曲线（反曲线），图形基本不对称，材质倾向于岩石、贝壳、树叶、花朵和藤蔓等。有趣的是，洛可可风格曾经吸收了中国风，带动了中国风格在欧洲风靡一时。

洛可可风格中的中国元素

中外文化的交流源远流长，从《马可波罗游记》开始，西方人就对发达的中华文化艳羡无比。英属东印度公司成立，中国的丝绸、瓷器、漆器等流入欧洲，深受欧洲上层社会的喜爱。拥有一件中国物件甚至成为欧洲社会地位的象征。法国的宫廷贵族喜爱来自中国的精美物品，对中国豪华气派的宫廷生活无比向往。因此，艺术家和精明的商人都体悟到社会中对中国的推崇心理，或主动或被动地在艺术品的生产和制造中加入中国元素。洛可可风格吸收中国式风格的元素，中西结合，成为中西文化艺术交流的典范。

凡尔赛宫的建造参考了中国"壮丽重威"的美学思想，主体建筑位于中轴线上，左右对称、气势磅礴，体现了中国宫廷建筑的特征，突出路易十四的君主威严。内部装饰用料高贵，中国丝绸、漆器、瓷器和抛光的大理石装饰品随处可见，

凡尔赛宫是世界五大宫殿之一，1979年被列为《世界遗产名录》。1661年动土，1689年竣工，至今已有330多年的历史。这座气势恢宏的建筑到处充满着富丽的装饰和雕刻以及强烈的色彩，常使用曲线穿插和椭圆形空间，显得端正而雄浑，具有明显的洛可可风格。

18世纪中叶，洛可可在法国盛极一时。洛可可风格总是充满各种曲线和不对称的结构，营造出一种微妙的亲密氛围。图为18世纪威尼斯家具师制作的漆柜。

中国风情浓郁。路易十五的情人蓬帕杜夫人对中国式风格的赏识也带动了这一风格在宫廷生活中的流行。著名绘画大师的画作中也融入了中国式特色，其中，《情人的节日》《中国神》都是典型的作品。艺术巨匠布歇则进一步提升了对中国式风格的品位。他的《中国人的鱼宴》中木制的凉亭、女子、老者和远处的和尚等都充满着浓郁的中国情调。中国元素的加入，使得中西艺术超越空间的界限开始走向融合，洛可可风格用开放的心态焕发出多样的风采。

洛可可风格是经济发展的产物，虽然它在两位国王的倡导下产生，却在法国上层社会中扩展。它适应了当时资本主义经济发展的需求，满足了富裕起来的资产阶级和贵族运用财富改善生活的需求。虽然后期洛可可风格过于奢靡，追求繁多复杂的细节，带有腐朽堕落的色彩，可是，洛可可华丽、雅致、柔美、兼容并包，吸收中国元素，成为中西文化交流的典范。无论如何它都是艺术领域绝无仅有的，为世界艺术和社会生活的发展留下了自己精彩的印记。

知识链接：柯尔贝尔的重商主义政策

1500—1750年，对外贸易在国家的经济发展中发挥过罕见的重要作用，这一时期被历史学家称为重商主义时代。当时的主流观点认为，世界财富在总量上是一定的，在定量的经济中获得尽可能多的份额才能保证国家的强大，货币和贵金属是国家争夺的主要目标。因此，对外贸易是国家获得外国财富最佳的方式，各国都设法争取尽可能多的贸易顺差。大多数欧洲国家都把对外贸易放在发展本国经济、增加财政收入的首位。

柯尔贝尔是17世纪法国首相兼财政总监，严格奉行重商主义政策。伏尔泰曾高度评价路易十四的这位首相，认为"柯尔贝尔的才能主要发挥在贸易方面"。1664年柯尔贝尔创办实行股份制的东印度公司和西印度公司，鼓动国王和宫廷认购股票，动用政府的力量号召官员和商人认购。这两家带有国有性质的企业在法国对外贸易中发挥了重要作用，成为国王最大的财政来源。

此外，柯尔贝尔还革除贪污腐化的官场流弊，简化税收程序，改革税收政策。譬如说"农民结婚受到鼓励，二十多岁成家的农民免交人头税五年，子女多达十人的家长终身免税，因为他通过子女的劳动交付给国家的，要比缴纳的税还多。这项规定理应坚持执行，永不违反"。

柯尔贝尔的重商主义政策为路易十四提供了充足的财力，对外贸易的收入成为路易十四当时主要的收入来源。它供养了路易十四南征北战的军队和庞大的宫廷开销。

风流才子 华托

我长久驻足栅栏门边，凝视华托风格的庭园；细榆、紫杉、绿篱，笔直的小径费修饰；走动间心情又悲又喜，看着看着我心明矣；我的幸福就寓于此。

——诗人戈蒂埃《华托》

华托从贫寒家庭走出来，拜入名师门下，善于描绘上流社会的生活，成为法国18世纪洛可可时期最重要、最有影响力的画家。

贫寒手艺人家的才子

与华托作品反映的上流社会的风流与爱情不同，让·安东尼·华托（Jean-Antoine Watteau，1684—1721年）出身贫寒，父亲是一位修房工匠。故乡是法国北部边境的瓦朗谢纳，靠近鲁本斯所在的佛兰德斯，他早期的绘画风格受到这位大师的较大影响。喜爱绘画可是贫穷的华托无力接受正规的艺术教育，就进入画室当学徒，学习绘画技法。

《安东尼·华托的画像》，由意大利洛可可派女画家罗萨尔巴·卡列拉于1721年在华托生命中的最后一年绘制。此时他身患肺病，画面中的他优雅中带着哀伤的气息，他是不是已经预感到自己已经时日无多了呢？天妒英才，华托37岁殒命，走完了自己精彩但是短暂的一生。

此时，华托的作品主要描绘生活中接触到的下层人民、流浪艺人，作品多是表现普通人的风俗画。随着绘画水平的提高，华托决心到巴黎谋求更好的发展。

名师出高徒

18岁的华托衣着寒酸，在繁华都市巴黎只能进入画店当学徒解决生计问题。华托的工作是为一些趣味不高的雇主临摹比较流行的意大利和荷兰的古典作品。机缘巧合之下，华托成为剧院舞台布景画家克劳德·基洛（Claud e Gillot，1673—1722年）的学生和助手，他吸收了老师的绘画风格，在油画中大量地吸收舞台场面的构图方式，绘画水平有了极大地提高。华托开始描绘频繁接触的演员们的生活，名画《滑稽丑角吉洛》成为代表作。

命运眷顾努力的华托，装饰画家奥德朗三世（Claude A uderan III，1658—1734年）收他为徒。梅塔耶和奥德朗都是洛可可艺术的先驱，他们的画风对华托的艺术风格造成直接的影响。此外，华托还悉心研究17世纪巴洛克绘画大师鲁本斯和提香的色彩技巧，深受这些艺术大师的影响，艺术品位和能力进入一个新的阶段。

风流画家

华托1709年争取到参加皇家学院举行的"罗

马奖"绘画比赛的资格，遗憾的是没有取得名次。这次打击让华托回到家乡埋头用功，两年之后，携《舟发西苔岛》回到巴黎，一举征服巴黎画坛。

西苔岛，是希腊神话中爱情与诗神游乐的美丽岛屿，传说中爱神维纳斯即居住在这个岛上。《舟发西苔岛》的灵感来自一出幕间喜剧《三姐妹》，华托绘制了这幅《舟发西苔岛》的初稿。后来华托就此题材连续绘制诸多变体画。

成名之后的华托更加勤奋地创作，体裁都是上流社会风花雪月的生活，色调轻柔、形象妖媚。华丽高雅的场景，总是笼罩着淡淡的忧郁气氛，让人在心底隐隐地感觉到生活的琐碎和无奈，他的风流

知识链接：《舟发西苔岛》

《舟发西苔岛》描绘了三姐妹在尽情游玩之后，各自带着自己的恋人准备乘船向西苔岛出发，寻求天堂胜景和永恒之爱的情景。华托使用了瑰丽的色彩描绘了一个充满诱惑的幻景，金色的霞光普照大地，腾空而起的小天使在人们的头顶盘旋。这是当时贵族生活的真实写照，他们优雅的仪态、充满田园诗意的风景都是上流社会流行的风格。这幅画为华托赢得"风流画家"的美誉，华托凭借此画成为法兰西皇家学院的院士。

《舟发西苔岛》（1717 年），华托的一幅很有名的洛可可风格油画，以前往爱之神殿为主题。

之外带有独特的精神底蕴。或许从社会底层成长起来的艺术家预感到了奢靡生活的末日。

最后的杰作

初尝成功味道的华托却患上肺病，整日被伤痛折磨，他听从一位医生的建议到意大利疗养。也许是感到自己时日无多，他在 7 天时间内完成了《热尔桑画店》。这幅画写实地描绘了热尔桑画店的日常情形，表达了华托对内心的探求，欣赏这幅画的同时让人反思自己的内心世界，是艺术家华托对鲁本斯最后的敬意。

《热尔桑画店》成为绘画史上罕见的杰作，一经展出就轰动了巴黎城。可惜《热尔桑画店》成为华托的告别之作，华托 37 岁就离开人世，告别了心爱的绘画事业。

印有华托作品《波兰女人》的邮票。1717 年 1 月 1 日，华托创作的作品。画面中的波兰女子身穿精致的衣装，背对着观众。华托巧妙地抓住了该女子回头顾盼间透露出淡淡的哀伤，并用手中的画笔传神地描绘出来。天蓝，风景美，女子正当年，可是为何忧伤呢？

ANTOINE WATTEAU

POLSKA 40ł

市民艺术杰出代表
夏尔丹

所谓的大师就是这样的人，他们用自己的眼睛去看别人见过的东西，在别人司空见惯的东西上发现出美来。

——罗丹

出身贫寒的夏尔丹勇于坚持自己的艺术理念，逆流而上，凭一己之力提高了静物画的地位，是18世纪启蒙时代法国著名的静物画大师、市民艺术的杰出代表。

挣扎向前

让·巴蒂斯·西美翁·夏尔丹（Jean-Baptiste-Siméon Chardin，1699—1779 年）出身平凡，是巴黎台球桌匠的儿子。父母生育了很多孩子，准确的

1771 年，年近 70 的画家夏尔丹为自己绘制的自画像，现收藏于巴黎卢浮宫。他已经名利双收，仍然衣着简朴。夏尔丹的衣着打扮正如他的画风，朴素平常得如路人一般，可是转头的眼神中却带着慈悲与坚毅。

数目现在无法统计。唯一可以确定的是夏尔丹是长子，他并没有因为长子的身份从众多兄弟姐妹中得到父母的特别关照。反倒是巴黎这座国际化大都市为他的成长和发展提供了多种可能。

"成功的花，人们只惊慕她现时的明艳！然而当初她的芽儿，浸透了奋斗的泪泉，洒遍了牺牲的血雨。"没有显赫的家庭背景，更没有贵人相助，夏尔丹只身一人在绘画的道路上举步维艰。

在自立之初，夏尔丹曾学过手艺，当过平庸的师傅。在庸俗琐碎的生活中，夏尔丹并没有被生活所击垮，他一直挣扎向前。他不甘心像父辈一样做一个籍籍无名的手艺人，对绘画的热爱召唤他朝画家的目标努力。在条件允许的情况下，夏尔丹做了一位学院派画家贾克斯·开兹的徒弟，学习绘画技巧，还曾经成为历史画家的学徒。点滴的积累和磨炼以及夏尔丹极高的悟性，终于使得他可以慢慢地用手中的画笔来记录生活，画出自己心中的天地。

逆流而上的艺术大师

18 世纪，路易十五的情妇蓬帕杜夫人、杜巴莉夫人等贵族影响着法国画坛。美化妇女、反映上流奢靡文雅生活的洛可可艺术大行其道，以布歇、弗拉戈纳尔为代表的"香艳派"画家成为贵族沙龙的座上客。他们以上流社会贵族男女的享乐生活为内容，注重表现豪华的场景和精致的服饰，艺术成为上流社会的装饰品。

夏尔丹不想违背自己的本性去迎合当时的贵族审美趣味，他放弃成名最快、收入最高的肖像画，坚持心中的道德律，远离洛可可风尚，勇敢地坚持自己的选择，画着观众极少欣赏的静物画。夏尔丹从宏大的社会生活出发，将关注点放在平凡的生活中，尝试反映百姓日常生活的风俗画。

体现厨师厨艺水平的往往是最简单的菜肴，静物画看似简单，是初学者日常练习的基本功，但是要画出优秀的静物画则需要高超的技巧和深刻的生活体验。它绝不是简单的复写，准确地呈现物体的原貌只是基本功。夏尔丹凭借非凡的画技赋予静物以生命，将自己的情感和思想通过简单的物体传达

1728 年，夏尔丹绘制的带有玻璃罐子和水果的静物画。夏尔丹已经接近 39 岁，在画坛摸爬滚打了多年，绘画技法比较成熟，被接纳为皇家学院院士。画面中的玻璃罐子与银器都反射出光线，透射着周边物体的模糊倒影。虽然是静物，却是静中有动，和谐统一。

《蓬帕杜夫人全身像》，最富才华的粉彩画家莫里斯·拉图尔在 1748—1755 年间创作的粉彩画，现收藏于法国凡尔赛法兰西学院专属博物馆。这幅精美绝伦的画作再现了路易十五的情人、交际名媛蓬帕杜夫人的风华绝代，她曾经庇护了各类工匠以及"百科全书派"的大多数作家。

给观众，让观众有身临其境之感。启蒙大师狄德罗十分欣赏夏尔丹，曾说："读别人的画，我们需要一双训练过的眼睛，看夏尔丹的画，我们只需保持自然给我们的眼睛，好好的使用他就够了"。是的，欣赏夏尔丹的作品，我们不必具有专业的绘画知识，也不需要刻意去了解画的背景，只要我们安静下来好好用眼睛去看，就能感受到作者传达出来的诚意。真正的艺术不是故弄玄虚、晦涩难懂的，而是悄无声息地进入观众的内心的。夏尔丹就是真正的艺术家。

1728 年夏尔丹的静物画《鳐鱼》是他最杰出的代表作，独树一帜的画风和高超的技巧震惊了巴黎画坛，夏尔丹被接纳为皇家学院院士。

启蒙精神的最佳诠释

夏尔丹出身于法国社会底层，早年为生活所迫，从平庸的工作一步步努力才成为绘画界的大师。他受到法王路易十五的赏识搬到卢浮宫的画室之前，一直生活在平民区塞纳河左岸的圣叙尔比斯教堂附近，与当时的社会下层人民朝夕相处。他了解他们，正像他了解自己一样，勤劳的人们善良、隐忍、节俭持家，即便受到贵族豪绅的压迫，依然对生活充满了希望。夏尔丹拿起画笔，不是为了逃离生活，而是要表达普通人的心声。夏尔丹与他们更容易产生情感上的共鸣，他愿意描绘他们，洗衣妇、厨娘、女小贩或者穷苦家庭的孩子形象，总是那样朴素和真挚。

虽然上层社会过着貌似优雅丰富的生活，他们还是始终远离夏尔丹的内心，他不愿意用手中的画

以《洗衣妇》为主题的邮票，《洗衣妇》是夏尔丹1733 年创作的风俗画，现收藏于瑞典斯德哥尔摩国家美术馆。画作描绘了一个普通妇女洗衣服的场景，坐在板凳上的孩子在自顾自地吹着肥皂泡。妇女刚好转过头来，似乎是被什么事情打扰了，本就忙碌的她显得越发忙碌。画面自然生动，充满了对普通人们生活的关怀。

《鳐鱼》夏尔丹的成名作之一，现收藏于巴黎卢浮宫。1728 年，他凭借这幅画作年仅 33 岁就成为皇家艺术学院成员。《鳐鱼》描绘了厨房中的一角，面目狰狞诡异的鳐鱼与旁边贪腥偷吃的小猫相映成趣，好似生活小品般让人莞尔一笑。光与色的丰富表现力在这幅画中被诠释得淋漓尽致。

笔去刻画他并不认同的东西，尽管这可能更容易为他带来名声和财富。夏尔丹成为路易十五的"皇室首席画家"，先后出任皇家学会的顾问、财务主管和秘书长，领着学会中最高的年薪，成为名副其实的上流社会的一员。可是，削尖脑袋想进入上流社会为权贵们作画的大有人在，愿意和普通人接触、为普通人表达的画家则少之又少，日常的真实生活才是夏尔丹的灵感之源，他的目光始终无法从体现市民世界的真实生活中移开。

人人生而平等，没有哪个阶层是理所当然的主角，夏尔丹用自己独特的艺术语言来表现属于资产阶级市民阶层的生活。普通的、平凡的东西才能引

起人们对生活的热爱，是真正存在的鲜活的生命。夏尔丹对普通生活器物和反映普通市民生活的风俗画的钟爱，是对民主的启蒙思想的最佳诠释。

罗丹说："所谓的大师就是这样的人，他们用自己的眼睛去看别人见过的东西，在别人司空见惯的东西上发现出美来。"生活中从不缺少美，而是缺少发现。夏尔丹就是这样的大师，他用一双慧眼和生花的妙笔带领我们探寻生活中的平凡之美。

对现代艺术的启迪

夏尔丹不顾世俗的眼光，始终坚持写实主义的创作，凭一己之力开创了平民写实主义的绘画风格。他是生活在百姓中的艺术家，钟情于现实生活，反对远离生活的古典主义。只面向社会上层，表现封建贵族和新兴资产阶级追求浮华享乐的审美情趣的洛可可艺术为他所不齿。正是因为他的坚持，法国的绘画艺术在华丽、典雅的洛可可艺术之外开始出现写实主义的画派，进一步走向多样化和民主化。

《素描练习》《吸烟者的箱子》《午餐前的祈祷》都是夏尔丹的杰作，他用精致的材料、颜料层艳丽的光泽、保持纯粹调感的雅素色调、浸透于暗部的纤细的光的表现、充满思索厚重感的人物、室内静谧而冥想的气氛等，使方寸之间自有别样洞天，尽显自己的独特魅力。欣赏他的画，你可以真切地感受到生活的温度。

夏尔丹对现代艺术产生了巨大的影响。爱德华·马奈的半身肖像画《吹泡泡的男孩》能看到夏尔丹的影子，塞尚的静物画更是明显地传承于夏尔丹。马蒂斯毫不掩饰他对夏尔丹的欣赏，曾经临摹过他的四幅在卢浮宫展出的画。柴姆·苏丁和乔治·布拉克以及之后的乔治·莫兰迪都从他的画中找寻灵感。可以毫不客气地说，夏尔丹开启了一个新的绘画时代。

知识链接：静物画

学习静物画是专业绘画训练中必不可少的一步，也是独立存在的一个绘画种类。顾名思义，静物画描绘的是放在桌子上的花果、器物等静止的物体。这些静物是作者根据创作需要，精心构思摆放和安排，使许多物体在形象和色调的关系上都能达到高度体现，总的和谐，能传出物象内在的感情。静物画中所绘的这些物体，虽很普通，却能以小见大，考验一个画家思想的深刻性和艺术表现水平。优秀的静物画表现生动活泼、鲜明有力，具有给人以鼓舞、使人兴奋向上，引人对生活产生无限热爱的艺术感染力。一幅好的静物，必须要尽可能地充分表现出描绘对象的精神实质的正确形象和色彩。所以，优秀的静物画大师必须耐得住寂寞，数十年如一日地不断临摹，从中寻找描绘对象的灵魂。夏尔丹是杰出的绘画大师，他的静物画达到了物我两忘、物我合一的最高境界。

以夏尔丹静物画为主题的邮票。此幅静物画作延续了夏尔丹一贯的风格，日常生活用品凌乱地摆放于桌上，呈现出丰富的市井气息；红绿色彩完美地协调在一起，透过柔和的光线带着温暖的氛围。平常生活中再平凡不过的场景，透过夏尔丹的画笔流露出诗意的美好。

承上启下的大师
布歇

他是法国洛可可时期的重要画家、版画家和设计师，将洛可可艺术推至顶峰。

布歇天赋异禀，绘画世家出身的他一生顺风顺水，求学时摘下金奖，归国后受到蓬帕杜夫人的赏识。他以综合性、注重感官的绘画主题闻名于世。

狂傲的青年画师

巴黎是一座伟大的都城，培养出众多优秀的人才。绘画大师弗朗索瓦·布歇（Francois Boucher，1703—1770 年）出生在巴黎，父亲是繁密装饰图案的画师。良好的家庭熏陶为他打下了扎实的绘画基础。据说，7 岁的布歇就能熟练背诵《荷马史诗》《神曲》中的若干章节，可谓是天赋异禀。19 岁凭借一幅描绘神话场景的作品赢得美术学院展览会的金奖，并且获得学院嘉奖远赴意大利留学。

意大利是布歇朝思暮想的艺术圣地，在意大利求学的四年，他的绘画水平获得突飞猛进的进步。

除了学习绘画的相关知识外，布歇还接受了雕刻家的训练。不过，布歇在言辞之间对意大利并无太多感激之情，言辞略带狂傲。目空一切的青年

《蓬帕杜夫人》，1756 年绘制，现收藏于德国慕尼黑美术馆。布歇进入路易十五的宫廷后被指定为蓬帕杜尔夫人的绘画教师，这是他为这位夫人创作的肖像画中最完美的一幅。在画中，布歇用珠光宝气、雍容华贵表现权倾朝野的夫人的地位。而冷色调将蓬帕杜夫人高傲美丽的形象传神地展示出来。

才子对文艺复兴大师的艺术成就不屑一顾："米开朗基罗奇形怪状，拉斐尔死死板板，卡拉瓦乔漆黑一片。"

1741 年，瑞典洛可可风格的画家古斯塔夫·伦德贝里为布歇绘制的肖像画。布歇时年约 40 岁，已经成为皇家美术学院的教授，志得意满。他身穿法国宫廷流行服装，左手放在蕾丝衬衣的花边上，头微微上扬，清冷的色调显示出布歇些许的高傲之态。

蓬帕杜夫人的座上宾

学成归国的布歇，凭借极富装饰性的绚丽画风很快赢得了巴黎上流社会的青睐，成为贵族沙龙的座上宾。在沙龙上，善于交际的布歇左右逢源，结识了上流社会的达官显贵。权倾朝野的蓬帕杜夫人

一 话 一 说 一 世 一 界 一

印有布歇作品《戴安娜的休息》的邮票。这是布歇最擅长的女神出浴的题材，他用画笔将白皙粉嫩的戴安娜描绘得精致入微，形象似人似神，人体和谐匀称，堪称完美。布歇无愧是将洛可可风格发挥到极致的画家。

是他的庇护人，布歇以此为跳板进入法国国王路易十五的宫廷。

布歇是蓬帕杜夫人的素描和版画教师，相似的审美趣味使两人的相处十分愉快。除了为蓬帕杜夫人担任教师外，布歇还为喜欢奢侈享乐的夫人设计了许多服装和装饰品。反过来，这些单品通过这位法国权倾朝野的第一美女的代言引领欧洲宫廷的潮流。布歇为蓬帕杜夫人久居的贝尔维尔城堡和库莱西城堡设计了全部的装饰。

取悦妇人的画家

浪漫、浮华、优雅是布歇画作的主要风格，他迎合了法国当时"取悦妇人"的审美趣味。虽然绘画的题材来自历史故事，但是画面充满了感性的笔调，主要表现 18 世纪贵族男女充满感性的生活场景。画中的主要人物多是年轻美丽的贵妇人。

布歇为蓬帕杜夫人所画的一系列肖像最为外人称道，其中的一幅《蓬帕杜夫人》更是成为名作。布歇擅长对体现贵妇人地位的服饰、家居装饰进行细致逼真的描述，通过对色彩的运用体现主角光彩照人的优雅。他的裸体女神的绘画也巧夺天工。白皙粉嫩的肌肤被描绘得精致入微，在具有神的意向的同时更多地倾向于具有烟火气的凡间美女，和谐匀称的比例更使得他的画作锦上添花。

凭借高超的画技和良好的社交能力，布歇在 62 岁时声誉达到顶峰，成为皇家美术学院的院长、

皇家首席画师，能收藏他的画作本身就成为一种荣耀。1770 年，布歇在卢浮宫自己房间中走完了光辉荣耀的一生。狄德罗对他的评价颇能体现他的绘画风格："何等漂亮的色彩，何等丰富啊！他（布歇）拥有一切，除了真实。"后世也因为他画作中的浮华和远离市民生活而对他有所诟病，但是无论如何，布歇都是画坛上的一代大师。

《秘密来信》，1767 年 1 月 1 日作品。这是布歇晚年的作品，女孩在花园中左手托腮凝神静思右手中的信件，身边的小鸟也安静地陪伴在左右。布歇使用柔和的光线，将目光集中在女孩身上，时间仿佛在她的身上停止，只剩美好二字。

捕捉欢愉情绪的大师
弗拉戈纳尔

他是法国洛可可艺术一位重量级的艺术家。他师承布歇，善于捕捉人们的欢愉。

你眼里的顽石可能是他心里的宝玉。夏尔丹的浪子弗拉戈纳尔，到布歇那里就成了高足。

被夏尔丹嫌弃的浪子

在法国南部的格拉斯，继承布歇衣钵的一位艺术大师诞生了，他就是让·奥诺雷·弗拉戈纳尔（Jean Honore Fragonard，1732—1806 年）。他的父亲是一位贩卖手套的商人，因为投机买卖生意的失败，将儿子送到巴黎，给公证人做徒弟。

弗拉戈纳尔对法律学习并无兴趣，即使在律师事务所学习，也整日拿着速写笔描绘自己心中的色彩。公证人被他的热情感动，建议他的父亲将他送去学习艺术。15 岁的弗拉戈纳尔终于正式转入绘画领域。

初入绘画界就投入大师门下，夏尔丹是弗拉戈纳尔的第一位师傅。他本可以跟随这位写实主义的

弗拉戈纳尔雕塑，位于他的出生地法国格拉斯城。年轻的弗拉戈纳尔衣角扬起，年轻的女子右腿向后抬高，好似舞蹈般轻盈地靠在弗拉戈纳尔身后，一个裸体的小天使趴在画家的右腿边。整个雕像欢快明媚，富于动感，像极了画家的画风与人生态度。

大师打下良好的绘画艺术基础，可是这位浮躁的年轻人对夏尔丹的朴实画风毫无兴趣，对安排的整理调色板的工作十分不屑，只待了 6 个月就主动离开了。夏尔丹也对这个徒弟并无好感，说他是"整天爱在巴黎闹市厮混的无可救药的浪子"。

布歇门下的高足

或许是审美趣味太相似，重新择师的弗拉戈纳尔一下就被洛可可大师弗朗索瓦·布歇轻快的笔触所打动，当即决定转投到他的门下。16 岁的少年初生牛犊不怕虎，只带了自己的素描画就去拜会当时已经誉满巴黎的大师。布歇看到了这个年轻人的绘画天分，立即将其收到门下。弗拉戈纳尔成为布歇最受宠爱的弟子，经过短时间的学习就被安排负责为师傅画复制品。

此外，布歇还力荐没有受过专业美术学校教育的爱徒参加绘画学生最高荣誉的"罗马奖"甄试。弗拉戈纳尔凭《耶罗波安崇拜伊都里斯》摘得"罗马奖"的奖牌，用实力感谢恩师。

24 岁的弗拉戈纳尔依赖"罗马奖"的奖学金赴巴黎法兰西学院深造两年，之后游历考察意大利艺术史迹。罗马的壮丽风景给他留下深刻的印象，以后常用梦幻般的画风描绘记忆中的罗马。在威尼斯，弗拉戈纳尔仔细研究提埃坡罗等大师的作品，吸收鲁本斯的色彩和伦勃朗的明暗法，博采众长形成自己独特的艺术风格。

《秋千》，1767 年弗拉戈纳尔的成名作，现收藏于伦敦华莱士收藏馆。该画作目前争议很大，有人欣赏画家细致明快的绘画风格，有人则批判画作中表现得轻佻香艳的内容。然而，《秋千》无论从何种角度考量都是洛可可艺术流派的巅峰作品之一。

誉满巴黎

1761 年，弗拉戈纳尔学成归来回到巴黎。巨幅历史画《克里休斯牺牲自己拯救克莉尔》被国王路易十五买下，更助其赢得法兰西美术学院院士的头衔。狄德罗对这位晚辈的作品中所表现出来的英雄主义大加赞赏，弗拉戈纳尔在巴黎声名鹊起。不过，狄德罗没有预料到的是，弗拉戈纳尔很快就继承了自己反感的布歇香艳优雅的画风。

爱情小品《秋千》

《秋千》是弗拉戈纳尔的代表作。表面上看，《秋千》的景色旖旎，气氛欢愉。画中漂亮妩媚的少女高兴地荡着秋千，她身后长她数十岁之多的丈

这幅名画是应圣朱利安伯爵的要求所作，伯爵为了记录自己一段得意的感情经历，其原型就是圣朱利安伯爵。圣朱利安伯爵是情场高手，处处留情，在弗拉戈纳尔之前他曾经找过其他画家，可是没有人愿意创作有悖伦理的故事。或者因为画家本人比较风流，或者是画家勇于突破社会道德的制约，弗拉戈纳尔完美地呈现出伯爵的预设场景。

夫卖力地为她拉秋千。丈夫正为年轻妻子的欢笑而高兴，可是他没有看到，秋千斜下方的花丛里躺着一位英俊的男子正在与自己的妻子眉目传情。而且，少妇对这位英俊的男子似乎十分中意，貌似正在将自己粉色的鞋子踢向他，传达出引诱的气息。男子的角度正好能够欣赏到少妇的裙底风光。

弗拉戈纳尔轻佻调情的画风，完美诠释出寻欢作乐的 18 世纪。他以善于捕捉人们欢愉的卓越才华，使画面洋溢着勃勃生机。弗拉戈纳尔是最后一位无忧无虑的洛可可风格的浪漫梦幻大师，旖旎、香艳还能优美典雅，世界画坛除弗拉戈纳尔之外再无第二人。弗拉戈纳尔是速写中捕捉欢愉的大师。

以弗拉戈纳尔《爱人的信》为主题发行的邮票，该画作是画家 1770 年创作，现收藏于纽约大都会博物馆。画中的女子右手托腮，左手持信，静静地坐着陷入了沉思。画家用暖橘色来描画这位娴静优雅女子的情思，让人不免感慨爱情的美好。

欧洲宫廷镜子
勒布伦

她是为数不多的跻身欧洲顶级艺术家行列的女性，是法国最杰出的肖像画家之一。

在父亲的影响下，勒布伦幼年时就开启了绘画艺术的启蒙，又搭上与玛丽王后的友谊之船，在欧洲宫廷穿梭，使自己的艺术技能不断提升，终成法国皇家学院仅有的四位女艺术家之一。

自学成才的女画家

艺术史家琳达·诺克林在其著作《为什么没有伟大的女性艺术家》中提出一套重要的规律：每一个成功的女画家背后，都有一位从事绘画事业的父亲。因为女性无权进入绘画作坊当学徒，也不允许临摹人体，女性基本被排除在艺术教育之外，而来自画家父亲的家庭教育成为女性接受艺术教育的唯一方式。伊丽莎白·维瑞·勒布伦（Élisabeth Vigée Le Brun，1755—1842 年）印证了这条铁律，父亲是著名的肖像画家巴斯特尔·维瑞。巴斯特尔发现了女儿身上的绘画天赋，亲自对女儿进行早期的绘画启蒙，带领女儿进入艺术领域。

不幸的是，父亲在勒布伦 12 岁时去世，她只能靠自己摸索学习。母亲陪伴勒布伦几乎走遍了巴黎及周边的艺术收藏所。优秀的艺术作品缓解了小勒布伦的丧父之痛，开阔了她的眼界。此外，善于观察、模仿的学习能力让小勒布伦从大师们的杰作中汲取了绘画的艺术灵感。

为了维持生计，勒布伦不得不帮人画画贴补家用。精湛的画作赢得主顾们的青睐，上门求画的人络绎不绝。自学成才的女画家为生活所迫，只能无证经营。据传，当局曾经因为勒布伦作画过多而查封了她的工作室，这种局面直到她正式加入某同业公会才得以改变。

成为勒布伦夫人

为了逃离家庭的束缚，1776 年勒布伦嫁给了艺术家兼艺术商让·巴斯蒂斯·皮埃尔·勒布伦。勒布伦先生对妻子的艺术修养和绘画能力的提高作出了巨大的贡献。

勒布伦先生收藏的名画成为夫人临摹学习的最佳样本，他支持妻子的绘画事业，带着她去荷兰和佛兰德斯欣赏荷兰顶级艺术大师的艺术作品，这对勒布伦来说是绝佳的学习机会。不过，婚姻在勒布伦申请加入法国皇家学院时成为阻碍，因为按照当时的规定，学院不接受与艺术商结婚的艺术家。

勒布伦天生丽质，才华横溢，在艰难的环境中靠手中的画笔自立于世。1781 年 5 月至 8 月，勒布伦和丈夫一起在佛兰德斯和荷兰旅行，加深了对鲁本斯等大师的理解。在此次旅行中，她画了《戴草帽的自画像》向鲁本斯致敬。

左图为勒布伦于 1783 年绘制的《玛丽·安托瓦内特王后与玫瑰》，现收藏于凡尔赛宫。1779 年，勒布伦凭借一幅为玛丽王后绘制的画作而成名，此后，二人成为密友。与玛丽王后的友谊使得勒布伦成为上流社会炙手可热的人物，但是在法国大革命期间也因此受到牵连远走他乡。

与玛丽王后的友谊

勒布伦凭借高超的画技成为当时最受追捧的肖像画家。应玛丽王后的母亲玛利亚·特蕾西亚女王之邀，勒布伦为王后画了一幅巨型全身肖像。勒布伦对玛丽神情的处理极为成功，很好地展现了王后的高贵、甜美以及王后作为哈布斯堡家族成员的特质。勒布伦赢得了法国最后一位王后的青睐，并与她建立了深厚的友谊，为王后画了多幅知名的肖像画。1783 年，在王后的帮助下，勒布伦破格进入皇家学院，成为学院中仅有的四位女艺术家之一。

与玛丽王后的密切关系帮勒布伦提高了知名度，勒布伦成为名门贵族追捧的对象，1783 年到 1789 年是勒布伦最高产的时期。法国大革命将玛丽王后送上了断头台，勒布伦因为与玛丽王后的密切关系被迫远走海外，度过整整 12 年的流亡生涯。

1802 年，勒布伦回到阔别已久的祖国。维瑞·勒布伦用调和的自然主义对抗洛可可晚期的轻快明亮和新古典主义的技法。具有女性画家特有的细腻、精致、优雅，善于抓住反映人物个性、最能感动人心的瞬间。勒布伦擅长女性肖像画，画作的 5/6 都是女性，清新、富有古典韵味的画风独树一

《玛丽·安托瓦内特和她的孩子们》创作于 1785 年年底，描绘了玛丽王后与她的三个孩子。坐在母亲膝头的，是小儿子路易·查理，即未来的路易十七。勒布伦秉持一贯的画风，营造了一种柔情蜜意的氛围。可是，王后空洞的眼神是否预示着法国大革命后断头的命运呢？

帜，成为法国最成功的肖像画家之一。她高超的技艺、她的美貌以及她的性别都成为后人津津乐道的话题。

威尼斯画派杰出代表
提埃坡罗

宏大的绘画最能显示一个人的艺术能力，提埃坡罗专攻壁画和天顶画，是威尼斯画派的杰出代表。

没有享受过父爱的画家提埃坡罗，格外喜欢孩子，在家庭生活之外对绘画也是精益求精，继承了威尼斯画派的优良传统。

重视家庭生活的画家

在威尼斯，年仅一岁的乔凡尼·巴蒂斯塔·提埃坡罗（Giovanni Battista Tiepolo，1696—1770 年）没有意识到他跟船主父亲的最后告别。失去了家庭的经济支柱，提埃坡罗一家的生活陷入困境。年幼失怙的提埃坡罗从小品尝到没有父亲庇护的痛苦，渴望和谐美满的家庭。

成年之后，提埃坡罗比其他人更希望早点组建家庭。经济条件允许后，他迫不及待娶回美娇娘。婚后提埃坡罗和妻子陆续生育了 9 个孩子，4 个女

印有提埃坡罗头像的邮票。此幅提埃坡罗的画像创作于 1750 年到 1753 年，画家已经年过半百。面庞中染上岁月的痕迹，可是依稀可以看出俊秀的风姿，眼睛望向天空，目光炯炯。

儿和 3 个儿子成活。得来不易才倍加珍惜，他对孩子们疼爱有加，十分重视孩子们的教育问题。在他的影响下，有两个儿子成为他的助手，最终也成长为成功的艺术家。

壁画和天顶画家的成长之路

提埃坡罗成为装饰画家拉札里尼（Gregorio Lazzarini）的门徒，在他的画室中勤奋学习。此外，提埃坡罗学习其他著名的绘画大师作品，以补充自己的绘画知识。19 岁时完成了第一幅大型作品《献上艾萨克祭祀》，显示出高超的绘画才能。

1717 年，年轻的提埃坡罗离开老师，以独立身份加入画家公会自立门户。提埃坡罗继承了威尼斯画派的优秀传统和委罗内塞的构图样式、色彩艺术和人物造型的风格，以宗教壁画和架上绘画为主，是威尼斯共和国最后一位希腊神话画家。早期的威尼斯壁画《雄辩的力量》《阿波罗与马息阿》就流露出对委罗内塞的精神理解和崇拜。此外，提埃坡罗大胆地吸收了巴洛克艺术的特点，做出富有创造性的发展，提高了壁画的格调。作品中的人物富有人情味，风格更接近现实的生活。氛围轻松活泼，富于幻想，充满装饰性。

教堂壁画和宫廷壁画是提埃坡罗作品的主要表现形式，大多取材于宗教故事和神话传说。《基督受难》《叛逆天使的堕落》场面生气蓬勃，色彩鲜明，笔触粗大醒目，具有一种扎实雄健的风格。到了 1750 年，提埃坡罗在欧洲已经赢得了广泛的尊

威尼斯画派是意大利文艺复兴时期主要画派之一。威尼斯共和国在 14 世纪是欧洲和东方的贸易中心，商业资本集中，国家强盛，为艺术事业的发展打下了坚实的经济基础。威尼斯画派吸收了拜占庭和北欧的风格，15 世纪时佛罗伦萨画派及曼坦纳的艺术经验都被汲取进来，宗教画和神话是主要题材，在政府和教会的大力倡导下，绘画不断发展。16 世纪以威尼斯画家乔尔乔内和提香为代表的画家，吸收了文艺复兴鼎盛时期画家的精华，大胆地在色彩上创新，使画作更为生动明快，同时人物背景的风景比例更大。威尼斯画派对其后的巴洛克艺术时期画家有很大的影响。

1761 年，提埃坡罗接受卡洛斯三世的邀请，前往马德里为他装饰皇宫。卡洛斯三世给画家限定了主题：创作一幅天花板壁画以装饰马德里王宫王座室。在马德里，提埃坡罗虽然受到安东·拉斐尔·门斯的嫉妒，他仍然克服万难创作出《西班牙升天》等大气磅礴的作品。

敬，德国维尔茨堡的主教邀请他和他的儿子为维尔茨堡官邸进行装饰。这是一个庞大的工程，提埃坡罗和两个儿子历时三年才最终完成。著名的大型天顶画《行星和大陆的寓言》描绘了太阳神阿波罗在空中行走，周围四方象征欧亚非美四个大陆。《婚姻的寓意》(天顶画)、《奥林匹斯》(主楼梯顶壁画)，是他一生中的巅峰之作，宏大的构图和瑰丽、鲜明的形象，被喻为 18 世纪人文主义理想的象征和颂歌。提埃坡罗利用透视法来进行创作，想象力和令人惊叹的空间驾驭能力得到淋漓尽致的表现，绘制的形象仿佛有了生命般破壁而出。

回到威尼斯后，凭借对艺术领域的贡献，提埃坡罗被选为帕都亚学院的院长，他又在威尼斯绘制了多幅壁画和天顶画。西班牙国王卡洛斯三世邀请

提埃坡罗为他装饰在马德里的王宫，他画了天顶画《西班牙升天》等几幅壁画。提埃坡罗用象征性或富有生活情趣的场景展示出西班牙的历史和现实。

以提埃坡罗作品《曼陀林》为主题的邮票，邮票中的画作是手持曼陀林的少女。该女子两手抱着曼陀林轻轻弹奏，衣服滑落肩头也浑然不知，自己也仿佛沉醉其中。年轻女子曼妙的身姿被刻画得十分生动，她身上好似带有一种圣洁的光辉，丝毫没有轻浮之感。

风景画大师
卡纳莱托

世间本就没有难事，难的是对一件事情的坚持。卡纳莱托对威尼斯风景的偏执就是最好的样本。

卡纳莱托与风景画有着不解之缘，他沉迷于市井生活，数十年如一日地描绘着同一个城市。卡纳莱托终成意大利威尼斯画家的代表性人物。

生就的风景画大师

乔凡尼·安东尼奥·康纳尔（Giovanni Anto-nio Canal，1697—1768 年），在英语世界中通称为卡纳莱托（Canaletto）。父亲是威尼斯剧场的布景画家，他完成了对儿子的艺术启蒙。卡纳莱托自幼对剧场布景画中的透视现象敏感，很小的时候就可以独立画出相当科学与准确的透视图。在父亲那里完成了最初的学业以后，卡纳莱托到当时颇负盛名的格尔列维尼斯工房学习，在那里受益终身。格尔列维尼斯的工房使卡纳莱托走上场景画创作的道路，影响了他的职业方向。

1719 年左右，卡纳莱托到罗马旅游，在那里接触到罗马画家朱塞佩·加姆巴利尼（Giuseppe

Gambarini）的作品。朱塞佩·加姆巴利尼善于描绘都市场景以及古罗马的废墟等，他的绘画技巧尤其是建筑的透视法和生动的场景、人物的交融给了卡纳莱托很大的启示。卡纳莱托回到威尼斯以后，正式开始了风景画的创作。

散发出太阳般光芒的大师

一万个小时的有效时间的投入可以让一个普通人成为这一领域的专家。卡纳莱托就是最佳的例证。自从发现自己对风景画特别是对威尼斯市井生活的兴趣之后，他将终生的热情投注于创作威尼斯广场即圣马可广场、运河和教堂等城市景观的绘画中。

在二十几岁时，卡纳莱托便已经与威尼斯风景画前辈卡雷瓦里士齐名。当商人史泰法诺·孔迪（Stefano Conti）准备请卡雷瓦里士绘制一件作品时，经纪商曾劝他选择卡纳莱托的作品："他（卡纳莱托）的作品震惊整个威尼斯，风格虽然和卡雷瓦里士颇为神似，但却散发出太阳般的光芒。"经纪商的形容貌似有些夸张，但与实情是大体相符的。

尽管卡纳莱托与卡雷瓦里士在大幅面的画和强烈的舞台效果上有相似之处，可是卡纳莱托对细节的刻画更为生动具体，甚至连威尼斯运河里最细微的海藻都记录下来，传神地捕捉了石头、水面的日光霭影，其画作为后人留下了威尼斯日常生活的快照。卡纳莱托的色彩运用得更为恰当，巧妙地利用光影、气息乃至于空气，让观众真切地感受到威尼斯繁忙的城市景象。因为卡纳莱托绘画的精致细

卡纳莱托的画像，此时画家正当盛年时期。卡纳莱托的脸转向左侧，眼睛炯炯有神，嘴角微微上扬显出些许的笑意。他也许想到了什么高妙的构图方法而正心情愉悦吧。

《建筑狂想曲》，素描画，现收藏于摩根图书馆与博物馆。这幅画是带有灰色痕迹的钢笔画，并带有石墨与黑色粉笔的痕迹。卡纳莱托只用简单的素描，寥寥数笔就描绘出威尼斯街景的一角，高超的画技由此可见一斑。

微，现在的科学家选用他的画作来对比现在和当时的气候情况。这应该是早期艺术家中难以再见的纪实主义风格。

制作旅游纪念品的先驱

正所谓"时势造英雄"，卡纳莱托高超的绘画技巧和数十年如一日的专注固然难能可贵，壮游的社会风尚也将他的画作推到了风口浪尖。

来自欧洲各地的旅行者带走他画的精美的风景画作为纪念品，在无形之中扩大了卡纳莱托的影响力。卡纳莱托的赞助人之一是时任不列颠驻威尼斯领事的约瑟夫·史密斯（Joseph Smith）。史密斯将卡纳莱托的风景画卖给乔治三世，来自威尼斯的风景画成为英

知识链接：络绎不绝的威尼斯游客

在文艺复兴之后，英国和欧洲的贵族和知识分子将意大利看作是古希腊罗马文化的代表，他们通常在学成之后进行一场规模宏大的壮游，意大利是朝圣之地。旅行者们从欧洲各地来到意大利，欣赏意大利曾经的光辉伟大，往往还要随身带走一些纪念品。威尼斯作为必游之地，游客自然是趋之若鹜。能生动体现威尼斯独特风景的绘画作品成为游客们带回家的旅游纪念品的首选之物，一大批专门制作风景油画和风景雕版画的艺术家就应运而生。卡纳莱托是此类艺术家中的佼佼者，他精美的艺术品和巨大的盛名使得他的订单不断，经常是一画难求。

《威尼斯兵工厂的入口》，创作于 1732 年。卡纳莱托画下的威尼斯充满生机，他的这幅画还向今天提供着当时威利斯提拉桥的画面。

国皇家收藏的一部分。富豪旅行者们支付的巨额费用为卡纳莱托提供了丰厚的经济基础，生活富足的艺术家用一生的时间将威尼斯风景画推向极致。

第 156—157 页：《威尼斯大运河的入口处》

卡纳莱托 1730 年的画作，画家将准确的细节与明亮的色彩结合起来，画中的小船与人物都栩栩如生，浅蓝浅黄的色彩搭配和谐，威尼斯水城的繁忙景象透过画面饱满起来。

修养深厚的英国画家
雷诺兹

雷诺兹是那个时代少数出身富贵还从事绘画工作的人物之一，他不负众望成为皇家艺术学院创始人之一及第一任院长。

雷诺兹自幼酷爱读书，铸就了他丰厚的学养；良好的绘画教育，铺就了他日后的基石。英国 18 世纪后期最负盛名的著名画家和艺术评论家已在路上。

酷爱读书的童年

乔舒亚·雷诺兹爵士（Sir Joshua Reynolds，1723—1792 年）出身名门。他的父亲萨缪尔·雷诺兹是牧师，同时也是牛津大学贝利奥尔学院的成员，还是小镇普林斯顿自由文法学校的校长。

在父亲的影响下，小雷诺兹与书籍为伴，泰奥弗拉斯托斯、普鲁塔克、奥维德、约翰·弥尔顿等名家的作品成为他最好的启蒙读物。雷诺兹酷爱阅读，还喜欢做摘录，在阅读中记下自己喜欢或者精彩的内容。乔纳森理·查德森的《一篇关于绘画的随笔》（*An Essay on the Theory of Painting*，1715 年）

成为对他影响最大的一本理论著作。雷诺兹为其注释的抄本曾在剑桥书店出现过。

在阅读之外，雷诺兹还喜欢在画板上消磨时光，最终走上专业的画家之路。丰富的文学修养使雷诺兹后来的艺术创作更加深刻，是他作品中"雄伟风格"的最初来源。在艺术理论方面的思考使他的作品更显章法，在罗马对意大利艺术的潜心研究使得雷诺兹形成学院派的独特风格。

意大利艺术的滋养

1740 年，雷诺兹成为著名的伦敦时尚肖像画大师托马斯·哈德逊的学徒，在接受大师系统的绘画训练之外，雷诺兹热衷于临摹老师收藏的古代艺术大师的画作藏品。

经过几年的学习，雷诺兹的绘画才能逐渐显现出来。英国海军舰队司令官奥古斯特·凯珀尔欣赏青年雷诺兹的艺术造诣，带他来到意大利。在罗马，雷诺兹在世界的艺术圣地废寝忘食地学习。他临摹了大量文艺复兴时期的作品，逼真的技巧常常能混淆收藏家的判断。米开朗基罗和提香是雷诺兹最爱的两位大师，他花费了巨大的精力研究威尼斯画派对色彩的巧妙运用。

英国画坛的标杆

在意大利，雷诺兹的艺术修养和绘画技巧取得质的突破，初显大家水准。经过在意大利的勤奋苦学，雷诺兹回到英国并定居伦敦，很快就凭借其出

2006 年发行的乔舒亚·雷诺兹自画像邮票。此时，雷诺兹大约 24 岁，已经接受了绘画的专业教育，应该正处在踌躇满志的青春年华。画中的他左手放在眼睛正上方，右手拿着绘画工具，似乎在极目远眺，又好像在预测自己的职业未来。

《莎拉·坎贝尔》，雷诺兹 1777 年创作的油画作品。他用绣有金边的白色裙装衬托出坎贝尔的庄重典雅，高高挽起的发饰又将女子的身体拉长。雷诺兹借用历史画的技巧与画法，表现他一直主张的庄重主题。

色的作品成为英国画坛的新秀。

雷诺兹博学多才，崇尚传统，严守古典原则。他为作品安排非凡的情节，肖像画不只是对象本身形态的描述和记叙，而是巧妙地处理人物和情节的关系。他用英武坚定的气势贯穿作品来表现军官的气魄，如《塔尔列顿上校》《通信官奥姆上尉》；用一种没于时间之内的隐忧来表现老妇人，如《阿玛贝玛尔》；在处理美女题材时，雷诺兹则习惯通过某种微妙的思索来表现人物的魅力，如《苏珊娜小姐》。虽然雷诺兹在理论上对色彩的运用呈现一种审慎的态度，但是在作品中他却呈现相反的趋势，他的作品中有一种"奶油般丰美"的华贵色彩，这种风格使得雷诺兹的作品在同时代中显得卓尔不群。

雷诺兹后被任命为英国皇家学会院长、国王常

🦉 **知识链接：《皇家美术学院十五讲》**

雷诺兹具有较高的艺术修养和思辨能力，善于总结，在艺术理论方面同样作出了卓越贡献。在意大利求学时，他就有意识地对画作总结思考，对名画作详尽的记录，分析它们在细节方面处理的优缺点并善于取长补短。他在英国皇家美术学院陆续发表了 15 次演讲，就是著名的《皇家美术学院十五讲》。他强调绘画创作的理性一面，这些演讲奠定了他整个宏伟风格理论的基础，不仅为当时的英国画家树立了一个完美的典范，也是当今文化艺术研究者、爱好者学习的必选读物。中国已经翻译出版了他的《皇家美术学院十五讲》。

任首席画师，主持创办了英国皇家美术学院并出任首席院长。他深得英王乔治三世的赏识，成为英国历史上第一个被授予贵族头衔的艺术家，大大提高了艺术家在英国的社会地位。雷诺兹才学兼备，是绘画领域修养深厚的人文艺术家。

《希斯菲尔德勋爵》。希斯菲尔德勋爵因为成功地抵御法国与西班牙在直布罗陀海峡的大包围而成为国民英雄。1787 年，雷诺兹将英雄放在加农炮的浓烟和云彩的黑色背景之下，身穿红色龙骑士制服，他的链子在右手上缠绕了两圈。红黑的对比彰显了勋爵的镇定沉着，不过也有人就此进行了宗教意味的解读。

英国画坛的天才画家
庚斯博罗

> 看着他的画，我们就会感到眼中有泪水，却不知是从何而来。
>
> ——约翰·康斯特勃

庚斯博罗家境殷实，在风景画的理想与现实发生矛盾时，果断半路出家转向肖像画，成为英国著名的肖像画及风景画画家。

幸福的童年生活

托马斯·庚斯博罗（Thomas Gainsborough，1727—1788 年）的家庭生活是幸福的。他出生在英国东南部的商业都市索德柏利，家族仰赖毛织品生活。他的父亲约翰是一位毛织品商人，为家庭提供了稳定的经济来源。1730 年，约翰虽然遭遇经营危机，可是很快在一位颇有地位的亲戚帮助之下出任市邮政局的局长。母亲梅亚莉·巴洛是静物画

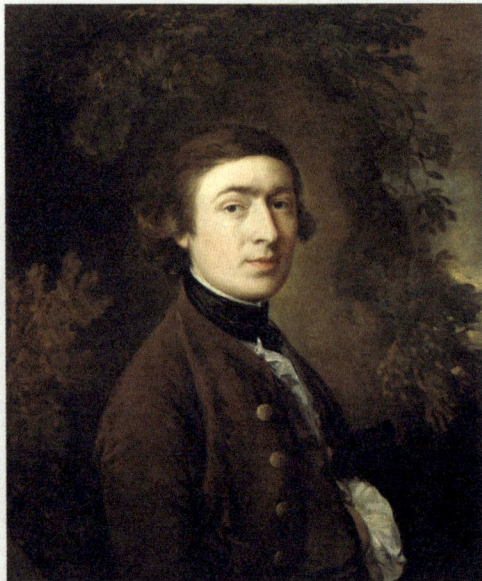

1759 年，庚斯博罗的自画像。就在这一年，画家放弃了一直以来的风景画的理想，转到更容易出名的肖像画的道路上来，举家搬迁到更容易招揽主顾的巴斯市。略显沉闷的色调不知道似是反映了画家自己内心的挣扎与彷徨。

家，她完成了对庚斯博罗的艺术启蒙。

庚斯博罗是约翰夫妇最小的儿子，童年过得无忧无虑，绘画成为他最喜欢的娱乐活动。在叔父经营的中学就读时，常常假造叔父的签名逃学写生。

风景画的理想之路

约翰夫妇对小儿子早期显示出来的绘画才能十分重视，在 13 岁的时候将他送到伦敦学习艺术。在伦敦，他的第一个导师是雕刻师休伯特·格拉夫洛特，后来转到威廉·贺加斯门下。系统的艺术学习为庚斯博罗的艺术道路奠定了稳固的基础。

1745 年，庚斯博罗结束了学画生涯，自立门户，在伦敦的哈顿园开设属于自己的画室。在画室创立之初，自幼热爱风景画的庚斯博罗企图通过替人绘制风景画谋生。伦敦这座国际化大都市展出世界级的风景画名作特别是鲁伊斯达尔和韦南茨（Johannes Wynants）等 17 世纪荷兰风景画大师的作品，成为庚斯博罗在绘制风景画时学习的主要对象。

风景画在当时被归入绘画艺术中较低级的一类，庚斯博罗很快认识到要凭此谋生实在是艰难之极。他的风景画尽管画艺高超却都以"令人难以置信的低价"卖给了画商。理想很丰满，现实很骨感，为了维持画室的正常经营，庚斯博罗被迫做绘画修复或扩大营业项目。幸运的是，1746 年，他与波

风景画虽然一直是庚斯博罗的最爱，但是在生活面前，这位理想主义者变得务实起来，开始接受肖像画的定制。出色的肖像画作品受到主顾们的高度评价，庚斯博罗的肖像画的单价水涨船高。庚斯博罗并不满足于眼前的利益，他不断将自己的作品送到伦敦参加各类艺术展，希望能使自己获得屹立不倒的地位。

佛特公爵亨利非嫡系的女儿玛格丽特巴尔（1728—1798 年）的婚姻改善了他的财政状况。公爵给予女儿每年 200 镑的年金作为嫁妆。

半路出家的肖像画家

1770 年，当时庚斯博罗得知雷诺兹在学院讲课时告诫学生：蓝色作为冷色最好不要在画中作主调。为了与雷诺兹斗气他有意创作了《蓝衣少年》。活泼、跳跃的蓝色绸缎给人以新颖别致之感，不落俗套的蓝色调与含蓄、变幻丰富的黄灰、蓝灰、绿灰、红灰的背景形成了奇妙的和谐对比。举家搬迁到英国的温泉度假胜地巴斯更是成为庚斯博罗绘画生涯的重要转折点。巴斯不仅是温泉疗养所，还是名人权贵的社交中心。在巴斯，庚斯博罗擅长与这些时尚的顾客打交道，他的肖像画的市场不断扩大，声誉也随着扩大。庚斯博罗成为皇家艺术学院的创始成员之一，在英国国王乔治三世的支持下，同自己的宿敌雷诺兹共同创办了英国首个艺术家专业团体。

即便是晚年，庚斯博罗在肖像画领域已取得了巨大的成功，但他始终对此缺乏热情。风景画依然是他的最爱，闲暇时间就重拾画笔以此聊以自慰。

知识链接：能侦破案件的素描

庚斯博罗擅长画素描，经常到野外写生。童年时代的他就已经显露出过人的才能，将自己家附近方圆数英里能入画的树林、篱笆、小路的转角，以及木桩等的样貌牢牢地记在自己的心里。庚斯博罗对附近梨园小偷的准确描绘成为大家破获偷窃案的重要线索。在庚斯博罗的素描帮助下，大家成功地将小偷抓捕归案。

用肖像画作为谋生的手段来滋养风景画的兴趣爱好应该是庚斯博罗最无奈的事情之一了。

庚斯博罗绘画速度惊人，其作品强调光和奔放的笔触，色彩精致。他更多的是强调自然观察，勇于创新，严格的技巧只是为突出主题服务，是英国画坛脱颖而出的天才画家。"看着他（庚斯博罗）的画，我们就会感到眼中有泪水，却不知是从何而来。"这大概是一个艺术家受到的最为荣耀的评价。

印有《弗朗西斯·布朗，约翰·道格拉斯夫人》的邮票，该画作是托马斯·庚斯博罗 1783 年到 1784 年在沃德斯登庄园创作的作品。此时，庚斯博罗已经年近 60 岁，绘画技巧达到人生中的最高峰。他将风景画与人物画完美地结合在这幅作品中，用精致的色彩和奔放的笔触完美地呈现了道格拉斯夫人的神采。

古典光辉：音乐

音乐是世界上最美丽的语言，它能悄无声息地打动人心，以它独有的方式抚慰无数受伤的心灵。启蒙运动绵延了一个世纪，由哲学开始扩及几乎所有领域，音乐当然也被囊括其中，在这场伟大的运动中，音乐吸收理性的力量，愈加美妙动听。

宗教改革和文艺复兴让罗马天主教的势力受到重大打击，它不再是高高在上的神，变得更加贴近民众的生活。宗教音乐也变得世俗化，更加接近百姓的生活，对上帝的赞美之外还融入了自我意识，表达形式也更加多样。启蒙思想家们对专制君主和封建制度的抨击使得国王、贵族不再高高在上，民间音乐不再对君主歌功颂德，开始顺应人道主义的理想，追求人性、真理和高尚。作曲家和音乐家不再是宫廷或者是教会的附属，他们开始独立表达心声。像贝多芬一样的音乐巨匠可以充分倾听民众的心声，莫扎特几次与主教冲突并最终愤然离开，更多地为市民阶级创作。

人性在启蒙时期的音乐中逐渐复苏，"自由、平等、博爱"成为时代的主题。人们对灵与肉的深刻反思使得音乐从内容到形式推陈出新、异彩纷呈。关注个人情感的表达，放弃矫揉造作，追求自然，理性和感性在音乐中达到一种完美的和谐。

遗珠珍品
巴洛克音乐

从神坛中走下来，从抚慰神到抚慰人。巴洛克时期，是音乐发展史上承上启下的关键。

巴洛克音乐指文艺复兴之后到古典主义音乐形成之前，大概是从 1600 年到 1750 年一个半世纪内欧洲地区流行的音乐类型。

从教会的神坛上走下来的音乐

中世纪是基督教的时代，教会的影响广布到绘画、音乐等各个领域。文艺复兴和宗教改革之后，基督教不再是铁板一块，音乐领域呈现新的面貌。然而，音乐仍然没有彻底摆脱宗教和教会的影响，声乐和没有歌词的弥撒曲仍然是音乐的主要内容。启蒙运动如火如荼地发展起来，在理性主义的旗帜影响下，音乐风格也随之发生了变化。

巴洛克（Baroque）原指有瑕疵的或者不完美的珍珠，最先兴起于装饰领域，通过精致细腻的装饰呈现华丽风格，随后扩展到音乐领域，形成独树一帜的巴洛克音乐。音乐创作的中心从教会

罗马耶稣教堂，第一个真正的巴洛克风格的教堂建筑。该教堂兴建于 1568—1584 年，由维尼奥拉与泡达设计建造。他们用柱子形成连贯空间，将三个不同功能的空间联系起来，不再强调秩序。两个立面的构成结合了圣安德烈大教堂和新圣玛利亚教堂的立面处理方法，这种设计被世界各地的天主教会广为接受，成为教堂设计的样板。

的势力下走出来，形成宫廷和贵族、私人组织的学会以及天主教教会共同发展的新局面。民族国家的建立和封建君主权力的提升，宫廷的影响力凸显出来，宫廷音乐成为当时占主要地位的音乐形式。除了适合在宫廷里演奏的大协奏曲以外，产生了带有私密气氛的、适应沙龙的特有社交形式的小规模乐器奏鸣曲。

自由与无限的可能性

巴洛克音乐的自由性是十分突出的，它有无限的可能性。巴洛克音乐的魅力也在于每一个人根据自己对音乐的理解，做即兴的情感抒发。

巴赫等伟大的音乐家兼具作曲家和演奏家两种身份，他们都是有血有肉的人，音乐中给表演者留出充分的演奏空间。在一些作品中，他们为演奏者留下装饰音的余地，甚至会通过符号写下各种装饰音。有了这些装饰音以后，音乐才变得丰满、有色彩、有语言性。遗憾的是，经过浪漫主义时期，巴赫、贝多芬这些作曲家渐渐被神化了，虽然有可能是对浪漫主义的反动。但是过犹不及，巴赫和巴洛克音乐更应该被真实的还原。

运动变化感和歌剧的产生

巴洛克音乐承前启后，开始把文艺复兴时期已经开拓的乐曲形式加以变化完善，表现出更强的动感。强奏和弱奏两种音色强烈的对比，气势雄伟、生机勃勃、气氛紧张，音乐充满火热的生命力、非

羽管键琴，又叫拨弦古钢琴，是巴洛克时期重要的音乐设备，可用于独奏，也可以用于伴奏。它与钢琴的内部原理大致相同，都是在琴体内部装有音板和许多拉紧并列的琴弦。不同的是，钢琴的弦槌击弦发音，而拨弦古钢琴是用羽管制的拨子拨弦发音。

> **知识链接：巴洛克音乐的演奏特点**
>
> 演奏者根据提前写就的乐谱进行表演。巴洛克时期的乐谱只写主乐器声部和伴奏乐器的最低声部，演奏家同时也是作曲家，他们在演奏的时候有更多发挥的空间。简单而言，表演者根据舞台和场景的变化产生出不同的作品。负责主乐器声部的羽管键琴或者是键盘乐器的演奏者在表演时以低声部为基础，可以即兴地去探索，自由地加上和弦。低声部的大提琴之类乐器的演奏者只要重复低音部的节奏就可以了。低声部为高声部伴奏，旋律更加凸显。由此，同一首曲子可以即兴组合出多种形式，更加丰富，装饰性也更强。巴洛克音乐就像是两位久别重逢的好友，他们交谈的主题是追忆往昔、畅想未来，大方向是明确的，但是具体的细节和内容就由谈话者根据心情来确定了。

常具有革命性。同时，音乐家们并未丧失理智，他们在理性和情感之间寻求一种平衡。他们描述更加客观的、典型的人的情感，愤怒和悲伤等情绪状态被以特定的旋律、节奏、和声、调性等表现出来。这种具有代表性的表达方式被古典派继承下来，被乐圣贝多芬演绎到极致。

歌剧的产生是巴洛克音乐对世界的另一伟大的贡献。音乐走出教会和宫廷这些阳春白雪的庙堂，用平民喜闻乐见的方式来到百姓中间。

西方音乐的大部分乐器和演奏技巧都是在巴洛克时期成熟的，奏鸣曲、协奏曲和歌剧等音乐形式也在此时期出现。它是遗珠珍品，在现代绽放出优雅的光辉。如果你心

绪难宁，不妨让优美的音乐抚慰你的躁动。风光无限好，与音乐来一场不期而遇吧。

巴洛克时期的音乐一大贡献就是音乐器材的丰富和完善，现在乐团的主要设备在当时基本上都已出现。音乐器材包括手摇风琴、羽管键琴、古提琴、琵琶、小提琴和吉他。

音乐大师 巴赫

月光下抄写乐谱的小巴赫，用脚步丈量对音乐的热爱，成为音乐史上难以超越的高峰。

出生在音乐世家的巴赫，他的血脉中都流淌着对音乐的热爱。尽管在学习音乐的过程中面临着种种困难，他一路披荆斩棘朝向自己的目标前进。

月光下抄写乐谱的小巴赫

约翰·塞巴斯蒂安·巴赫（Johann Sebastian Bach，1685—1750年）出身于德国艾森纳赫一个音乐世家，巴赫家族从16世纪开始到巴赫诞生前已经出了数十位音乐家。巴赫的父亲是位小提琴手，叔叔约翰·克里斯多夫·巴赫是管风琴演奏家，巴赫童年的音乐启蒙教育就是在父亲和叔叔的教育下开始的。

不幸的是，在巴赫10岁的时候，小巴赫的母亲和父亲相继离世，失去双亲的孤儿巴赫只能到奥尔德鲁夫投奔长兄。他的长兄与叔叔同名也叫约翰，是教堂的职业管风琴师。约翰很重视弟弟的音乐教育，亲自教导他演奏管风琴和羽管键琴，为他安排乐曲的学习课程。此外，巴赫还接受了系统的

学校教育。小巴赫酷爱音乐，对哥哥安排的任务总是能够很快完成，于是萌生了学习大师们那些重量级乐谱的想法。不过哥哥约翰对音乐学习有自己的主张，认为必须循序渐进打好基础，不能好高骛远，不希望弟弟过早地涉及那些重量级的乐谱。

小巴赫对音乐热爱至极，无法理解约翰的良苦用心。趁哥哥熟睡之后偷偷溜到客厅欣赏大师们的乐谱。为了不被哥哥发现，小巴赫轻手轻脚地打开陈放乐谱的柜子，借着窗外流泻进来的月光默默地抄写乐谱，等天快亮之后才回到床上。安静的夜晚与虔诚热爱音乐的巴赫构成了一幅和谐的画面。

如果对一件事情极度热爱，无论多么辛苦多么艰难都是可以克服的。小巴赫这样坚持了半年之久，长时间的睡眠不足使他日渐消瘦，终于在一次熬夜抄写大师的乐谱时被哥哥逮了个正着。约翰被弟弟的好学精神感动，可是对弟弟这种日夜颠倒、不爱惜自己身体的行为十分不满。在约翰的耐心劝导下，小巴赫终于理解了哥哥的良苦用心，更加虚心的学习，为将来的发展打下了良好的音乐基础。

飞毛腿的音乐之旅

巴赫对音乐的热爱是与生俱来的，离开哥哥约翰的照拂之后，巴赫成为圣米夏埃尔教堂的管风琴师。此时的巴赫醉心于管风琴演奏，抓住一切机会提高自己的演奏技巧。除了勤加练习之外，最好的方法当然是到外面去聆听音乐大家的演奏以博采众长。可是，贫穷的巴赫微薄的收入只能糊口，哪有

为了纪念西方近代音乐之父巴赫而发行的邮票。德国中部杜林根森林的艾森纳赫是中世纪时期游吟诗人和宫廷乐手的主要活动平台，是德国音乐的发源地。17世纪末，又一位音乐天才在这里诞生，他就是巴赫。

图片是从德国的宗教赞美诗中选取的一页，《新教赞美诗集》（或者《路德赞美诗集》）是早在巴赫的时代就出现的歌曲。

能力负担长途跋涉的差旅费呢？

为了能亲身聆听巴克斯特胡德大师在 360 公里之外的吕贝克举办的演奏会，巴赫徒步走完了 360 公里，如愿听到巴克斯特胡德大师的管风琴表演。巴克斯特胡德与巴赫一见如故，成为忘年之交，大师对巴赫给予悉心的指导，提出诸多建设性意见。巴赫的音乐思想愈加丰富，演奏技巧极大提高。

职业生涯的三个高潮

巴赫的职业生涯共分为三个阶段：魏玛时代、科滕时代和莱比锡时代。在魏玛宫廷担任了九年的管风琴师，此时巴赫正值青壮年，音乐风格青春洋溢，以演奏华丽的管风琴曲为主，如《D 大调前奏曲和赋格曲》《A 大调前奏曲和赋格曲》。尽管巴赫在魏玛宫廷作品众多，可是年轻的巴赫并不满足于魏玛狭小的天地，他向往着诗和远方。

尽管困难重重，巴赫还是来到隶属加尔文教的科滕，进入了创作的高峰期。到科滕之后，巴赫从管风琴转移到管弦乐和室内乐的创作。一是因为科

滕的管风琴十分简陋，无法满足巴赫的日常练习；二是因为科滕亲王精通古大提琴和羽管键琴，所以巴赫得投其所好。

天才音乐家巴赫在科滕锋芒毕露，硕果累累，陆续完成《勃兰登堡协奏曲》《管弦乐组曲》《无伴奏大提琴组曲》和《无伴奏小提琴奏鸣曲和组曲》。这些乐曲是巴洛克音乐的代表作，其中《无伴奏小提琴奏鸣曲和组曲》是《无伴奏大提琴组曲》的"副产品"，但却是小提琴独奏曲上空前绝后的杰作。巴赫在这首曲子中大量使用了和弦和对位法，让无伴奏的小提琴发出管风琴那样洪亮的声音，大大提

巴赫亲笔书写的《G 小调小提琴独奏曲（BWV 1001）》第一奏鸣曲的曲谱。巴赫寄居在哥哥家里时，为了多学些曲子曾经半夜起床在月光下抄写大师的乐谱。那个时候勤勉好学的巴赫肯定没有想到他的手稿也会被音乐爱好者瞻仰膜拜。

德国莱比锡的圣托马斯大教堂。1723年，38岁的巴赫开始在该教堂出任男声合唱团的指挥，直到1750年，巴赫一直在这个岗位上27年。这座教堂见证了巴赫音乐生涯中最长也是最高产的每个日日夜夜。

高了小提琴的艺术性和欣赏性。不过，要完美呈现《无伴奏小提琴奏鸣曲和组曲》的优美，需要演奏者具备高超的演奏技巧。

莱比锡时代是巴赫音乐生涯的最后阶段，也是他最靠近上帝的时期。巴赫在圣托马斯教堂担任合唱队队长和所有学校的音乐总监。经过岁月的积淀，巴赫的宗教信仰更加虔诚，用他认为的上帝赋予的音乐才能来歌颂上帝。感情起伏剧烈、贴合年轻人心灵的《约翰受难曲》和成熟完美、感人心扉的《马太受难曲》都是巴赫为教堂演奏而创作的音乐。此外，集合了巴赫音乐思想精华的集大成之作《赋格的艺术》也在这一阶段开始创作。

幸福的家庭生活

巴赫一生有过两次婚姻。第一任妻子是大他一岁的远房堂姐玛利亚·芭芭拉·巴赫。玛利亚精通

音乐，温柔贤淑，为巴赫生育了7个孩子，两人心灵相通，家庭生活幸福和乐。

遗憾的是，伉俪情深的夫妻没能携手走完人生旅途。玛丽亚因患急症去世时，巴赫都没能陪伴左右。当时巴赫陪同科滕大公外出旅行，没来得及亲自跟心爱的妻子道别。面对年仅36岁的妻子的突然离世，巴赫十分痛苦，只能借音乐寻求内心的平静。苦难对普通人可能只是苦难，但是对才华卓著的艺术家来说则是催生出新作品的磨炼石。巴赫创作出了音乐教育史上的另一部巨著《平均律钢琴曲集》。

上天可能眷顾巴赫，不想让他在丧妻之痛中沉浸太久，于是让小他18岁的女高音音乐家安娜来到他的身边。安娜不仅嗓音优美，而且精通许多弦乐器，性格温良贤淑。安娜欣赏巴赫的音乐才能，一有时间就为巴赫抄写乐谱，巴赫的许多传世作品就是藉由安娜娟秀的字迹保存下来的。巴赫创作的乐曲通常都是为教堂或者某些特定的场合创作，"随用随丢"，许多甚至被拿去包鱼和面包了。音乐家本人对自己的作品也不甚关注，他的乐谱能够流传下来，幸亏得自于安娜勤于为

巴赫作为西方音乐史上最重要的作曲家之一，他无疑是高产的，几乎在各个领域都有举足轻重的作品。图片展示的是几幅巴赫的音乐手稿。

娜勤于为他抄乐谱的习惯。在巴赫晚年双目失明的时候，安娜的悉心照料和甜美的歌声抚慰着巴赫心灵上的伤痛。

玛利亚和安娜两位贤内助使得巴赫婚姻生活幸福美满，巴赫得以将更多精力投注到音乐事业中。此外，两位妻子共为巴赫生下了13个孩子，日后多数子女都踏上音乐的道路，为世界带来更多悦耳的声音。

尽管巴赫音乐作品众多，可巴赫生前更多的时候是管风琴演奏家而不是作曲家。巴赫在去世之后，相当长的时间内被看作二三线的作曲家，他的作品只被当作练习曲使用。直到1829年门德尔松指挥演奏了《马太受难曲》，"复兴巴赫"的运动才开始，经由肖邦等人的发掘推广，巴赫的杰作逐渐

被人们肯定。是金子总会发光的，巴赫的音乐最终绽放出万丈光芒，抚慰了听众的心灵。

知识链接：巴赫从魏玛到科滕

巴赫与年迈的魏玛大公关系极差，他迫切想要辞别大公到科滕发展。大公也不喜欢巴赫，见到巴赫还没等开口就把他直接投进了监狱。在狱中无聊的巴赫为了排忧解闷创作了《管风琴小曲集》，这部作品成为初学者练习管风琴的必用曲目。负气的巴赫虽然此时还在魏玛，却故意在曲子上署名"安哈尔特科滕亲王的乐长"，难怪会被魏玛大公厌弃了。

莱比锡巴赫音乐节。巴赫在生前并未享有盛名，在去世后的五六十年几近被遗忘。可是在近一个半世纪中他的音乐被不断地演奏，名气也是不断地增长，他的故乡还出现了专门用他的名字命名的音乐节。如果巴赫地下有知，不知是会骄傲还是会莫名其妙。

清唱剧大师 韩德尔

每年的圣诞节或者复活节,《哈利路亚大合唱》会在世界各地奏响,这首清唱剧是《弥赛亚》中的一部分,曲作者正是韩德尔。

一话一说一世一界一

自学成才的英籍德国作曲家,在国内郁郁不得志的韩德尔(George Frederich Handel,1685—1759年),凭借自己的音乐才华获得安妮女王的赏识,在英国获得了成功。《弥赛亚》享誉世界,韩德尔获得了"清唱剧大师"的美誉。

《哈利路亚大合唱》

1741年8月22日,韩德尔在书房里奋笔疾书,一支鹅毛笔像是飞舞的精灵,在空白的稿纸上飞舞。韩德尔忘记了饥饿,丝毫没有注意到仆人端上来的食物,此时的他正专注于《哈利路亚大合唱》的创作。当他放下笔的那一刻,韩德尔激动得泪流满面,最终呼喊着:"我看到了天国和耶稣。"是的,这首神圣庄严虔诚的乐音传达出韩德尔坚定的宗教信仰和丰富的情感,他把这一荣耀归之于上帝荣光的降临。

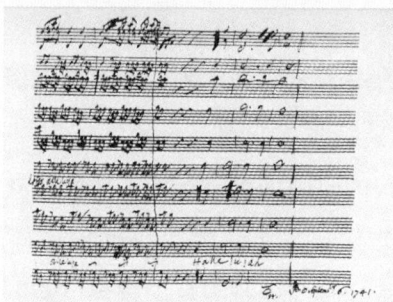

《哈利路亚大合唱》通常采用韩德尔《弥赛亚》的音乐,图片是韩德尔1741年书写的《哈利路亚大合唱》曲谱。

自学成才的音乐大师

巴赫诞生的1685年,德国小镇哈雷又迎来了一位音乐巨匠韩德尔。韩德尔的父亲是外科医生兼理发师,遗憾的是,这位外科医生瞧不起音乐家行业,他满心希望儿子将来能够做一名出色的律师以光耀门楣,跻身上流社会。

可是颇具音乐天赋的韩德尔自幼喜爱音乐,通过偶然得到的羽管键琴开启了音乐启蒙。据说韩德尔只能趁父亲外出办事的空隙跑到阁楼上苦练琴艺。如果你足够努力,上帝都会帮你。8岁那年,韩德尔随父拜访萨克森宫廷时生活发生了转机。当时韩德尔看到一架华丽的羽管键琴,对音乐极度热爱的他忍不住上前弹奏起来。路经此地的阿朵夫公爵被优美的琴声打动,强烈建议韩德尔的父亲挖掘天才少年身上的音乐天分。公爵积极地安排韩德尔接受系统的音乐教育,安排他到哈雷圣母教堂的管风琴手身边学习。

韩德尔自幼就展现出过人的音乐才华,可是直到他的父亲去世,他也没能获得父亲的支持。18岁他才正式开启自己的音乐生涯,在汉堡的一个歌剧院里担任小提琴手。韩德尔拒绝了音乐赞助人的橄榄枝,凭借自己的歌剧《阿尔米拉》赚够了到音乐圣地意大利学习的费用。几经坎坷,凭借自己的能力最终实现了音乐理想。

韩德尔在教堂里的三年学会了风琴、小提琴和

韩德尔为了庆祝亚琛会议的和平创作了几首音乐。这批音乐中最著名的《皇家烟火》于 1749 年 4 月 27 日在圣詹姆斯公园璀璨的烟火中演奏出来。这首作品取得了重大的成功，至今仍然是经常被演奏的韩德尔的作品之一。

竖琴，并且开始尝试谱曲、创作，10 岁的他已经能写出教会用的清唱剧和奏鸣曲，展现出过人的音乐才华。可是顽固的父亲还是坚持让儿子从事律师职业，韩德尔大学只能主修法律。韩德尔始终无法放弃对音乐的热爱，入学一年后大胆追求音乐梦想，到汉堡的歌剧院担任小提琴手。

永远的音乐哲人

在汉堡的音乐生涯起初并不顺利，韩德尔创作的两部歌剧都反响平平。韩德尔并未轻易退缩，而是专程来到戏剧的发源地意大利继续学习。在这里，韩德尔遇到了杰出青年音乐家斯卡拉蒂和音乐前辈科莱里，受到二人的深刻影响，他的作品继承了科莱里的风格。

韩德尔最终在英国实现了自己的音乐理想，受到安妮女王赏识。女王除了破例让外国人韩德尔担任王室作曲家外，还给他相当高的俸禄。韩德尔投桃报李，创作出一系列深得女王喜爱的生日快乐颂，创作出巴洛克式歌剧的代表作《尤利乌斯·恺撒》《阿尔辛娜》《萨尔斯》，成为享有盛名的音乐家。韩德

尔终于用父亲反对的职业实现了父亲希望他跻身上流社会的夙愿。1759 年 4 月，73 岁高龄的韩德尔在伦敦皇家剧院指挥《弥赛亚》的义演时晕倒在舞台上，八天之后与世长辞。英国民众将韩德尔葬在西敏寺的哲人祠中，以表达对这位伟大作曲家的尊崇和哀思。

为纪念韩德尔诞辰 300 周年而发行的邮票，邮票上印的是韩德尔 1717 年创作的《水上音乐》。据说该曲是为了庆祝新国王乔治一世的登基首次在英国伦敦的泰晤士河上演奏的，故得名"水上音乐"。全部组曲由 20 首小曲组成。

和声理论的奠基人
拉莫

能在中年放下既有的成就，挑战自己从未从事的新领域，无疑需要非凡的勇气。拉莫做到了。

为了能获得父亲对自己音乐事业的支持，拉莫可谓是费尽心机；在和声学领域如鱼得水之时，拉莫又勇于打破常规挑战歌剧。

和声理论的奠基人

让-菲利普·拉莫（Jean-Philippe Rameau，1683—1764年）出生在法国第戎，与伟大的音乐家巴赫和韩德尔生活在同一时代。父亲是管风琴家，但是，父亲却并不希望儿子继续做音乐，他更想让儿子成为一名律师。可是拉莫生就热爱音乐，希望能改变父亲的心意。在他18岁的时候，拉莫终于获得父亲的理解和支持，被送往意大利进行系统的音乐学习。

拉莫学成回国后在各地任管风琴乐师。自1715年起，拉莫任克莱蒙（Clermont）教堂的管风琴乐师，并开始钻研和声基础理论，先后出版《和声学》（1722年）、《音乐理论的新体系》（1726年）、《和声的产生》（1737年）、《和声原理论证》（1750年）等有关和声学的书籍，阐述了和弦以泛音为基础的

理论。他根据泛音原理构建了大三和弦，扩展了和弦的结构：七和弦、九和弦、十一和弦；提出了"基础低音"的概念以及转位和弦的结构，确认了音阶中主音、属音、下属音在和弦中的支柱关系，构建了和声体系，成为近代和声学理论的基础。

大器晚成的歌剧作者

拉莫对歌剧有着浓厚的兴趣，希望能在歌剧方面有所成就。法国歌剧先驱让-巴普蒂斯特·吕利是拉莫最为崇拜的人物，他决心仿效大师。

1722年，拉莫定居巴黎并与玛丽-路易丝·芒戈（Marie-Louise Mangot）结婚，在妻子的哥哥帮助下，拉莫在帕尔马宫廷逐渐获得成功，路易十五及情妇蓬帕杜夫人是他的忠实拥趸。只要愿意开始，什么时候都不会晚。拉莫年过半百在和声领域已经取得巨大成就，可是这位音乐才子并没有止步不前，转而在新的领域开始探索。1733年，拉莫的第一部歌剧《希波吕托斯与阿里奇埃》（Hippolyte et Aricie）首演成功，一发不可收拾，先后创作了20多部歌剧。

值得一提的是，拉莫曾经与伏尔泰一起合作。伏尔泰作歌剧《参孙》的剧本，拉莫则负责音乐部分，遗憾的是，因宗教理由后来被禁演，乐谱失传。一位是文学泰斗，一位是音乐奇才，两人的合作想必珠联璧合，精彩至极，《参孙》的失传是人类文化的一大损失。幸运的是二人合作的另外两部作品《光荣的殿堂》（1745年）及《那瓦尔的公主》

法国18世纪著名的画家和洛可可画派著名的代表人物雅克（Jacques Aved）在1728年为拉莫绘制的画作。一位是声名远播的巴洛克音乐家，另一位是美术大师，两位天才的相逢产生了我们今天看到的这幅美好的作品。

法国东部第戎的圣贝尼尼大教堂。关于拉莫早年的生活史料可循的少之又少，我们只知道他1683年9月25日在第戎出生并在同日受洗。他的父亲作为管风琴演奏家在第戎附近的几个教堂里工作，母亲是公证人的女儿。这对夫妇生育了5个女孩和6个男孩共11个孩子，而拉莫是其中的第七个孩子。

（1745年）被保存下来了，尽管这两部为宫廷的娱乐而创作的歌剧可能不如《参孙》，但已是难得的佳作。

拉莫是继吕利之后最伟大的法国歌剧作曲家，是法国乐坛的领军人物与和声理论的重要奠基人。他的歌剧继承了吕利歌剧音乐的特征，没有意大利歌剧中那种宣叙调与咏叹调的截然对比，却有出色的管弦乐乐节和柔情田园曲般的哀叹。以宣叙调为主，在咏叹调中朗诵般的音调亦多于旋律性强的歌唱。歌剧的音乐结构同样是独唱、合唱及器乐间奏的结合，芭蕾是其中必不可少的因素。器乐多为分段性插曲，每个小曲自成一体，便于

知识链接："拉莫派"和"吕利派"之争

让-巴普蒂斯特·吕利（Jean-Baptiste Lully，1632—1687年），意大利出生的法国巴洛克作曲家。他主要活跃在"太阳王"路易十四的宫廷中，对当时的欧洲音乐产生了巨大影响。尽管拉莫继承了吕利的歌剧风格，但是当时法国围绕着拉莫的舞台作品发生过"拉莫派"和"吕利派"之争。争论的焦点围绕着拉莫歌剧音乐的新风格。国王路易十五和他的情妇蓬帕杜夫人以及伏尔泰为拉莫摇旗呐喊，让-雅克·卢梭则站到对立的"吕利派"阵营。实际上二人的歌剧并无根本区别，拉莫只是更多地插入了舞曲的片段，丰富了由吕利所创立的法国歌剧（"抒情悲剧"）的音乐内涵，增强了剧中曲调、和声、配器的表现力。

舞蹈的进入。拉莫把法国戏剧音乐固有的装饰性和娱乐性发展到顶峰。

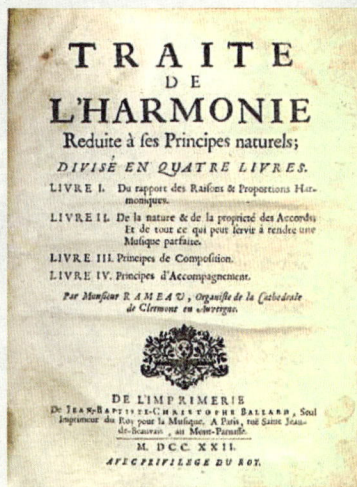

1722年，拉莫的《和声学》封面。他的《和声学》引发了音乐理论方面的一场革命，他发现了所有西方音乐的基本法则或者说是基石。拉莫认为作曲需要数学的支持，作曲家的写作灵感很大程度上是用数学来呈现旋律。而灵感的表达还需要技巧和理论的支持，和声就是最重要的技巧之一。

异乎寻常的音乐家
维瓦尔第

红发神父因为对音乐的热爱，半路还俗做了一个专业音乐人，用自己的音乐征服了挑剔的听众。

继承了父亲的音乐才华，自幼接受神学教育的维瓦尔第在青年时期辞去教堂工作专心作曲，乐天派的他最终成长为巴洛克时期最重要的音乐家之一。

威尼斯的红发神父

安东尼奥·卢奇奥·维瓦尔第（Antonio Lucio Vivaldi，1678—1741 年）出生于意大利的威尼斯，据说当天还发生了地震，不知道这是否是预示着维瓦尔第不平凡的一生。父亲乔瓦尼·巴蒂斯塔·维瓦尔第（Giovanni Battista Vivaldi，1655—1736 年）原是一名理发师，后来成为圣马可大教堂的小提琴手。乔瓦尼被认为是出色的炫技小提琴家，在威尼斯的音乐界名气很大。维瓦尔第继承了父亲在音乐方面的天赋，很小的时候就能够代替父亲在教堂演奏。

在 15 岁的时候，维瓦尔第立志成为神职人员，即行剃发并且接受了首次世俗圣职仪式。此后，维瓦尔第接受了系统的神学教育并从学校顺利毕业，在 25 岁时成为神父。

可是，在教堂接受了一年半的追思弥撒教育之后，维瓦尔第辞去了教堂的职务。尽管维瓦尔第自称是因为个人健康原因（可能是心绞痛或者是哮喘），可是近期有研究表明，对音乐的热爱才是维瓦尔第放弃教堂工作的主因，他想专心作曲。但是，维瓦尔第一直保留着神父的地位。由于遗传了父亲的红色头发，威尼斯人亲切地称他为"红发神父"。

1723 年的维瓦尔第肖像画。现在的音乐迷因为《四季》而将维瓦尔第定义为作曲家。其实，维瓦尔第小提琴演奏的水平也是炉火纯青。维瓦尔第在世的时候，他作为小提琴演奏家的声望相当具有影响力，爱好音乐的贵族甚至不远万里来到威尼斯，只是为了聆听他演奏小提琴。

音乐才华的绽放

维瓦尔第去了威尼斯一家名为皮耶塔（Ospedale della Pietà）的慈善机构工作。他集乐团指挥、作曲家、音乐教师和总乐长于一身，每天都要紧张而忙碌地从事自己挚爱的音乐，一直工作了 30 多年。

每个即将到来的节日、纪念日，维瓦尔第都要创作新的歌剧、神剧和协奏曲，这段时间是维瓦尔第的高产期。1713 年，维瓦尔第的第一部歌剧《奥托尼在维拉》（Ottone in Villa）就在维琴察首演，到 1739 年他共创作了 50 多部歌剧。

威尼斯的圣乔凡尼教堂，维瓦尔第在这座教堂接受洗礼，皈依基督教。圣乔凡尼教堂是威尼斯比较古老的教堂，里面收藏了文艺复兴时期科内利亚诺的名画《基督受洗》。

尽管维瓦尔第创作了数十部杰出的歌剧，当时的人们还是更倾向于称他为小提琴演奏家。到1729年，维瓦尔第共写有12部曲集，其中12首协奏曲当中，前四首即是著名的《四季》（*Le quattro stagioni*），这些美妙的作品使得维瓦尔第蜚声欧洲。

维瓦尔第在皮耶塔有一项不同寻常的任务，即负责教育慈善机构接收的私生或者遭遗弃的女孩，组成女子乐团。维瓦尔第深谙音乐教育之道，女子乐团的演奏很快赢得观众的青睐。许多贵族不惜跋山涉水，专程来听她们的演奏会。维瓦尔第创作的许多作品就由这一支"全女子管弦乐团"演奏，女孩子们优雅而漂亮，演奏场面极其动人，一些观赏过演出的人形容她们"好似一群歌唱的天使"。

叛逆的晚年

威尼斯人民在维瓦尔第年老的时候移情别恋，维瓦尔第破釜沉舟投奔查理六世。不幸的是，查理六世不久便去世，维瓦尔第未得到维也纳人民的青睐。心力交瘁的老人郁郁寡欢，健康每况愈下，到

达维也纳一个月后即去世。曾经名满天下的作曲家去世时被简单的埋葬在圣查尔斯教堂贫民公墓。后来公墓废弃，维瓦尔第的遗骨也散失，何其悲哉！

作为巴洛克时期的代表人物之一，维瓦尔第是大师级小提琴演奏家，在乐器协奏曲（特别是小提琴协奏曲）、歌剧和圣歌的创作方面有突出成就。他影响了巴赫等众多的音乐家，直到巴赫音乐的复兴，维瓦尔第才重新进入公众的视野，他的优美音乐在数世纪之后才重获肯定。

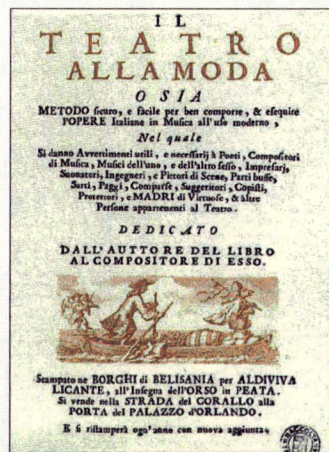

维瓦尔第的《时尚的戏剧》封面，1720年以匿名的形式出版，是作曲家在18世纪的头几十年里为表达对意大利歌剧大环境的看法而创作的讽刺性的小册子。在这本小册子里，维瓦尔第几乎批评了意大利歌剧的方方面面和社会环境：造作的情节、老套的音乐、机械浮夸的布景法、作曲家和诗人的唯利是图与无能、演唱者的自负与粗俗、经理人的贪婪和音乐家的愚笨等。

陪太子读书的音乐家
斯卡拉蒂

他承载着父亲的音乐梦想，用父亲不赞同的方式实现了自己的音乐价值，是受到古典主义音乐发展影响的巴洛克作曲家。

斯卡拉蒂是音乐界特别的存在。幼年接受了良好的音乐教育，成年后却寄身宫廷，陪太子读书。他在教书育人中不断摸索，成为一代"古奏鸣曲式之父"。

作曲家父亲的厚望

巴赫和韩德尔两位音乐大师诞生的1685年，那不勒斯王国的首都那不勒斯一位伟大的音乐巨匠呱呱坠地。朱塞佩·多梅尼科·斯卡拉蒂（Giuseppe Domenico Scarlatti，1685—1757年）的父亲是知名作曲家亚历山德罗·斯卡拉蒂（Alessandro Scarlatti）。父亲发现了儿子身上的音乐才能，完成了对儿子的音乐启蒙。斯卡拉蒂拜到威尼斯弗朗西斯科·加斯帕里尼（Francesco Gasparini）和博纳多·帕斯奎尼（Bernardo Pasquini）的门下，音乐能力得到不断的提升。斯卡拉蒂16岁就开始担任

多明戈·贝拉斯科1738年为斯卡拉蒂绘制的作品。多明戈·贝拉斯科是意大利著名的画家，他最出名的就是为作曲家斯卡拉蒂等人绘制的肖像作品。

那不勒斯宫廷礼拜堂的管风琴师和乐师，18岁随父亲移居罗马。

作曲家父亲对儿子寄予厚望，并不希望他在罗马或那不勒斯宫廷工作，因为他认为宫廷可能会太过安逸和封闭，不利于儿子进步。斯卡拉蒂无法领会父亲的良苦用心，反倒十分反感父亲的控制和干涉，有传言称，他曾经试图采用法律手段摆脱父亲的管控。在他成年后，斯卡拉蒂尽可能与父亲保持距离，或许太深厚的爱和厚望会让人窒息。

两位音乐大师的擂台

斯卡拉蒂与韩德尔在罗马相遇，两人亦师亦友，惺惺相惜。不过两人不打不相识，在双方都没有料想到的情况下打过一次精彩的音乐擂台。两人偶然间在奥特波尼枢机主教家的聚会上碰见，众人难得遇到两位水平不相上下的青年音乐家，希望他们能同台切磋几招。斯卡拉蒂和韩德尔就在大家的安排下，以羽管键琴为乐器比试起来。

首先上场的是斯卡拉蒂，他天性开朗乐观，一头黑发的他面带微笑快步走到羽管键琴前弹奏起来。华丽灿烂的乐章随着斯卡拉蒂灵动的双手倾泻而出，困难的音阶对他摇动的身体仿佛不存在一般轻巧而过。斯卡拉蒂的演奏赢得雷鸣般的掌声。接着上台的是表情严肃、神情木然的韩德尔，纹丝不动的身体下流动出来的却是扣人心弦的乐章。观众们屏息凝神，一曲终了意犹未尽。两位音乐家风格

韩德尔与斯卡拉蒂是故交好友，两人可谓是英雄惜英雄。韩德尔 1723 年被皇室任命为宫廷音乐家，他决定在伦敦安家，在布鲁克街 25 号租下了两层小楼，就是今天我们看到的韩德尔故居。

不同，各有千秋，评审们无法定夺，于是提议两人用管风琴再比一场。

此次首先上场的是韩德尔，他即兴而发以华丽严谨的赋格曲赢得了观众的热烈回应。接着是斯卡拉蒂，他上台后并未演奏，而是温和有礼、面带笑容地宣布韩德尔获胜。斯卡拉蒂的大师风范赢得了观众由衷的掌声，同时赢得了韩德尔的友谊。他们二人时常在一起互相切磋，斯卡拉蒂受到韩德尔的影响很深。

斯卡拉蒂的音乐生涯是在教学中度过的，不过他的学生比较特殊，都是王公贵族。大部分音乐作品都是服务于特定的教学目的，所以他的每一首奏鸣曲都类似一首练习曲，要求演奏者从中解决一定的技巧和音乐解释方面的问题。这些技巧包括双手交叉演奏、快速的重复音、横贯整个键盘的琶音音型以及要求使用大拇指的段落，等等。另外，斯卡拉蒂的作品在反映西班牙宫廷和民间生活风貌的同时，又融入了西班牙精神，音乐风格丰富，内涵深刻，十分耐听。斯卡拉蒂的音乐历久弥新。

图为波兰王后玛利亚·卡西米尔（Marie Casimire）。她曾经在罗马避难。此时，斯卡拉蒂是她的宫廷乐师。尽管斯卡拉蒂的父亲认为，在宫廷服务会影响他儿子才能的发挥，但是事与愿违，斯卡拉蒂走上了女王伴读的道路。

英年早逝的音乐天才
佩尔戈莱西

时常笼罩在死亡阴影下的音乐家，却用喜歌剧为世界创造欢乐。

佩尔戈莱西，意大利著名作曲家、演奏家。他患有结核病，身体虚弱，家境清贫，每一项都充满着生活的恶意。可是，他用音乐与病魔斗争，为世人留下了抚慰人心的《弥撒曲》。

悲惨的一生

幸福的人总是相似的，不幸的人各有各的不幸。乔瓦尼·巴蒂斯塔·佩尔戈莱西（Giovanni Battista Pergolesi，1710—1736年）可能是天妒英才，有生之年始终笼罩在死亡的阴影中。

佩尔戈莱西出生在安科纳附近的耶西一个有肺结核遗传病史的家庭，一个姐姐和两个弟弟出生后不久夭折，母亲也因肺结核病离世。佩尔戈莱西出生时身体十分虚弱，生存下去是这个幼小的婴儿每天都要面对的艰难任务。童年时曾因患骨髓炎没有得到及时恰当的治疗而导致左腿残疾。佩尔戈莱西的父亲弗朗西斯科·安德列（Francesco Andrea

佩尔戈莱西《女仆做夫人》音乐手稿封面和手稿的一部分，原稿现收藏在大英博物馆中。

Draghi）在妻子去世5年后不幸离世，佩尔戈莱西沦为孤儿。

虽然家境清贫、患有结核病、身体虚弱，可是生活还是给了佩尔戈莱西对音乐敏锐的感受力来治愈他的创伤。凭借优良的学习成绩和突出的才艺，佩尔戈莱西在10岁的时候获得侯爵卡尔多罗（Cardolo Maria Pianetti）的资助，前往那不勒斯耶稣基督贫儿音乐院学习音乐。他有幸成为音乐大师亚历山德罗·斯卡拉蒂的学生，在他的指导下，音乐素养得到全方位的提高。

抚慰人心的《弥撒曲》

佩尔戈莱西是与命运抗争的斗士，肺结核病像是一颗定时炸弹随时都有可能发作，身体经常因为各种原因发生病痛，但是，他始终乐观地向着生活前进，在病中依然坚持创作，在那不勒斯逐渐获得

佩尔戈莱西是不幸的，随时都生活在可能病发身亡的阴影中，尽管我们看不到他左腿的残疾和潜藏在他身体里的结核病毒。可是，他又是幸运的，因为有音乐，他就有了全世界。

一些名气。

1732 年，那不勒斯发生了严重的大地震，人员伤亡众多，那不勒斯当局委托佩尔戈莱西创作一部大型音乐作品来纪念这一历史事件，以抚慰人们的心灵。22 岁的佩尔戈莱西不负重托，一部有两个五声部合唱与双重管弦乐团演奏的《弥撒曲》诞生，庄严的音乐为伤痛中的那不勒斯带来些许安慰。逝者安息，生者坚强，人们在《弥撒曲》的音乐声中收拾好心情继续直面生活。

《女仆做夫人》

可能因为佩尔戈莱西一生经受的苦痛太多，所以总是希望在音乐中呈现更多正面快乐的东西。1733 年，他为正歌剧《囚徒》而做的一个幕间剧《女仆做夫人》大获成功。故事讲述的是一个女佣人为了钱千方百计设计和主人结婚，发生了种种令人捧腹的故事。这部歌剧把机智聪明的女仆刻画得栩栩如生，音乐轻松活泼，充满生活气息。《女仆做夫人》标志着意大利喜歌剧的诞生。

在此剧之前，歌剧主要用来描写宏大的场景，描写的多是重大的历史题材，服务的主要是贵族上流社会。《女仆做夫人》打破歌剧的传统，在巴黎的意大利歌剧院演出时引起启蒙主义者和保守主义者的争论。前者认为这种喜歌剧是恢复自然，后者则认为它破坏了歌剧的神圣传统。这场"喜歌剧论战"营垒分明，冲突激烈，对欧洲的歌剧发展产生了重大的影响，使得歌剧慢慢摆脱了贵族的限制而进入百姓的日常生活中。《女仆做夫人》不仅是意大利喜歌剧的先驱，而且也促进了法国喜歌剧的产生。

佩尔戈莱西是意大利喜歌剧的先驱，对欧洲喜歌剧和古典时期音乐风格的发展有重大影响。

知识链接：《圣母悼歌》

1736 年，佩尔戈莱西接受朋友的建议，到那不勒斯的温泉胜地波佐利疗养，住在隐修院里。病中的佩尔戈莱西仍然忘我地工作，在去世前的两天完成了他最后也是最优秀的代表作品《圣母悼歌》(Stabat Mater)。《圣母悼歌》充满深沉感人的力量，曲调流畅优美，如怨如诉。表达的情感超越宗教的界限，爱心化为动人的旋律倾泻而出，直入人心，是不可多得的音乐杰作。

温泉疗养没能改善佩尔戈莱西的健康，年仅 26 岁的青年音乐家与世长辞。贫病交加的音乐才子为后人留下了宝贵的音乐财富，他的作品每天都在世界各地不断地上演。

1773 年，皇后学校的一个学生表演《女仆做夫人》的肖像画。《女仆做夫人》中更衣室里的一幕尤其令人捧腹。年长的单身汉对他的女仆十分愤怒和没有耐心，因为她今天没有给他拿来巧克力。女仆则相当傲慢，自认为是主人的主人。女仆禁止他出门，并且声称从今天开始单身汉要服从她的安排。单身汉则想方设法结婚以摆脱女仆。

英国民间歌剧之父
盖伊

人生是一场玩笑，一切都这样昭告；
过去我这样想过，现在我确实知道。

盖伊出身于没落的贵族家庭，初尝生活的艰辛后立志读书改变命运。借由蒲柏的赏识，激发出文学创作的灵感。《乞丐歌剧》上演后反响不俗，是英国民间歌剧的源头，促进了世界歌剧的发展。

早期生涯

约翰·盖伊（John Gay，1685—1732年）1685年出身于英国德文郡一个败落的贵族家庭，除却高贵的血统外，家里已经没有可以称道的财力以彰显家族的身份。从文法学校（大致相当于初中）毕业后，盖伊到伦敦的绸缎庄做学徒以期出人头地。商人们为了招揽生意，工于算计，对待有钱有势的顾客极尽谄媚，盖伊不屑同流，果断回到故乡德文郡。

失败的伦敦之行让盖伊认识到"万般皆下品，唯有读书高"。在牧师叔叔约翰·汉莫的教育下，盖伊开始发奋学习。从哪里跌倒，就从哪里站起来。学习结束之后，盖伊又返回伦敦寻找发展的机会。

有些时候家庭出身虽然不能代表一个人的能力，但是家庭传承下来的习惯却能让这个人变得优秀。约翰·盖伊出身贵族，到他时却已经十分没落，可是他不怕苦不怕累依然在音乐领域取得了不俗的成绩，部分原因或许就是他的勤奋与不甘于平庸。

一展宏图

天道酬勤，1713年盖伊献给亚历山大·蒲柏的长诗《农村体育》（*Rural Sports*）获得好评，有幸获得蒲柏的赏识，两人开始了长久的友谊。

长篇叙事诗《牧羊人周纪》（*The Shepherd's Week*）是在蒲柏的鼓励下创作的。安布罗斯·菲利普斯发表了大量田园牧歌，英国《卫报》称赞他为英国的忒俄克里托斯（希腊诗人，牧歌创始人）和本世纪英国第一位诗人。蒲柏对《卫报》的审美和鉴赏力极为不满，他认为盖伊的文采远在菲利普之上，于是督促盖伊创作田园牧歌诗，用事实讽刺反驳《卫报》的错误判断。盖伊果然不负众望，《牧羊人周纪》一经刊出大获成功，成功地讽刺了《卫报》。

1715—1720年，盖伊发表了几部成功的戏剧作品，成为家喻户晓的大诗人。特别是《伦敦街头行走的艺术》（*Art of Walking the Streets of London*）更是获得了空前的成功。这部诗作如地图般精确幽默地描述了伦敦街头，甚至被贵族和中产阶级当作伦敦的地图使用。盖伊辛辣讽刺的笔调让人们捧腹又发人深思。盖伊的文风自成一体，初步显露出诙谐深刻的笔锋。

《乞丐歌剧》

民谣歌剧《乞丐歌剧》（*The Beggar's Opera*，1728年）是盖伊艺术创作的高潮，1728年，在林肯法学会剧院上演获得爆炸性的成功。前后共演出62场，创下剧目演出的场次之最。盖伊赚得盆满

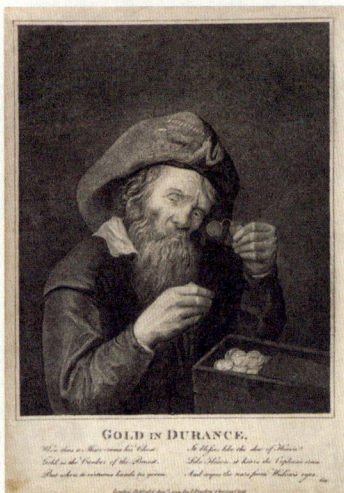

约翰·盖伊《禁锢黄金》六行诗的插画。画中的吝啬鬼正透过放大镜看他积攒的金币。吝啬鬼眯着眼睛像是在看钱，又像是在斜眼看人，谨小慎微的样子让人捧腹又发人深思。

钵溢，走向事业的巅峰。

《乞丐歌剧》是一篇小偷和拦路强盗的讽刺故事。主角江湖大盗麦茨斯（Meacheath）以结帮抢劫为生，在情人们中间周旋坑蒙拐骗，各派势力也互相勾结企图抓他。盖伊具有敏锐的观察力，他把社会底层那些凶恶的人物改装成贵族和"上流社会的名人"，整个故事充满了对沃波尔首相腐败体系的影射，把沃波尔与窃贼相提并论。荒谬的情节反映了社会道德的堕落。

盖伊用生动写实的文风改变了"意大利大歌剧"的矫揉造作，象征了音乐戏剧史上的一个里程碑。这部作品受到了蒲柏、斯威夫特、伏尔泰的热烈赞美。盖伊的歌剧数百年来多次被改编，历久弥新，1928 年改编而成的《三便士歌剧》名气最大。

晚年，盖伊创作了《乞丐歌剧》的续集《波利》，讲述了麦茨斯在西印度群岛的冒险经历，不过因政治敏感被大法官张伯伦

知识链接：盖伊的破产

盖伊生花之笔写出了诸多叫好又卖座的作品，稿费收入十分可观。1720 年他出版的《感时诗集》居然让他赚到了 1000 英镑以上。可是，盖伊却不善理财。盖伊不顾蒲柏的劝告用全部财产购买南海股票，金融史上的"南海股票泡沫"爆发，盖伊赔进了全部身家，并因此大病一场，险些丧命。然而，盖伊的朋友们蒲柏等人慷慨解囊，巴斯伯爵威廉、伯灵顿伯爵等贵族也伸出援手，成为他的赞助人。盖伊感恩图报，他最成功的作品之一《寓言诗集》就是献给 6 岁的威廉王子（后来的坎伯兰公爵）的。

勋爵禁演。即便如此，《波利》的出版仍然给盖伊带来了数千英镑的巨额收入。

《乞丐歌剧》，盖伊的讽刺民谣歌剧。上图是英国画家威廉·荷加斯根据第五幕的情节在 1728 年绘制的，现收藏在英国伦敦的泰特博物馆。

音乐史上最短的存在
古典乐派时期

莫扎特、海顿、贝多芬，每一个熠熠生辉的名字都可以丰满一个时代，而这么多伟人却生活在同一个时代——古典乐派时期。

古典乐派指的是 1750 年至 1820 年时期的欧洲主流音乐。古典时期的大师都在维也纳度过了自己的创作成熟时期，这一乐派也被称为"维也纳古典乐派"，音乐风格被称为古典主义音乐。

呼之欲出的音乐变革

18 世纪后半期，欧洲社会正经历着前所未有的巨变。包括蒸汽机在内的新的发现和发明不断涌现，社会经济繁荣，物质生活迅速丰富起来。启蒙运动进行得如火如荼，具有资产阶级思维的思想家建立了以理性主义为中心的完整的思想体系。

社会急剧发展的同时，已有的音乐形式已经不能满足人们对新的生活的需求，人们呼唤高雅的艺术氛围。文艺领域兴起了以恢复希腊罗马的古典艺术为目的、注重形式上的匀称和谐、放眼追求客观的美的古典主义。新的古典主义音乐派别也呼之欲出。音乐家们不负众望，充分利用优越的条件，创作出更加顺应社会发展和听众需求的独具特色的新音乐派别——古典主义乐派。

丰收绚烂的维也纳

古典乐派时期（The Classic Era），以巴洛克时期最杰出的代表 J.S. 巴赫 1750 年的去世为起点、1827 年贝多芬的逝世为终结，前后不过 70 年，无法与巴洛克时期绵延一个半世纪的维度相提并论。

可是，就是这短短的 70 年却为现代音乐留下了宝贵的遗产，丰富而灿烂。

古典主义音乐追求的更多的是基于理性基础之上的对称美。在节奏上，古典主义音乐比较崇尚稳重、均衡逻辑，听众在欣赏的过程中能体会到一种优雅、和谐并且平衡、统一的美好。均衡、简洁的旋律成为古典主义音乐的灵魂所在，即便是刚入门的听众也能发现古典主义乐派作品中的调性明确且主线清晰。

古典主义音乐另一个突出的发展是在器乐方面，器乐完全独立，成为音乐艺术中的一个独立分支，对器乐色彩的变化要求也越来越强烈。以约

1758 年的维也纳，由洛可可时期威尼斯画派的代表人物著名的风景画大师卡纳莱托绘制。维也纳几乎是所有爱好音乐人心目中的音乐殿堂，在古典时期形成了独具一格的"维也纳古典乐派"。

标准的现代弦乐四重奏乐团的配置，共四人。进入 21 世纪，发端于古典时期的弦乐四重奏形式成为室内音乐文学的核心。图片中从左往右的四人使用的乐器依次为小提琴 1、小提琴 2、大提琴和中提琴。

翰·施塔密茨为代表的曼海姆派在这方面的贡献突出。它最先确立了交响乐四个乐章的结构形式，对管弦乐队的表现力以及表现手法进行了一定的创新，为古典交响乐的发展作出重大贡献。古典主义音乐最后的一个典型特征则是音乐更多的突破了对宗教的依赖，人们生活的社会开始成为音乐的主题，用音乐来表现重大社会题材以及新兴市民阶层的社会风貌。维也纳古典主义乐派的三位巨头海顿、莫扎特、贝多芬的作品之所以能够打动人心、流传千古的一个重要的原因，就是他们音乐对现实的关照，"乐圣"贝多芬的音乐中具有更多的社会变革痕迹，大家可以从后面我们对这三位巨人分别的介绍中体会出来。

古典乐派时期承前启后，架起了一座桥梁，前面吸收巴洛克音乐的营养精华，后面滋养出浪漫时期的新风格，是欧洲音乐史上的一个伟大时代。音乐曲式严格、稳重，曲调优美庄重，气质典雅高超，成为音乐世界中独一无二的存在。多乐章的交响曲、独奏协奏曲、弦乐四重奏、多乐章奏鸣曲等题材在这一时期得以确立。虽然古典主义在贝多芬去世之后很快更迭并被浪漫主义所取代，但是它创造的上述成就却被进一步发扬光大。

上图是由著名的古钢琴制琴大师保罗·麦克纳尔蒂（Paul McNulty）制作的古钢琴的复制品。其原型是在他那个时代最著名的维也纳钢琴制作者安东·瓦特于 1805 年制作的。

交响乐之父
海顿老爹

音乐也是带有感情的，海顿老爹将自己的情绪融入音乐中，用交响乐放大了快乐。

音乐大师海顿生性乐观，从车匠家庭走出来，用自己的努力成为贵族家庭的乐长。在退休之后发挥余热，终于写就了德国国歌的前身《天佑吾王弗朗茨》。

车匠家的音乐天才

1732 年，弗朗茨·约瑟夫·海顿（Franz Joseph Haydn，1732—1809 年）出生在奥地利的一个村庄，父亲是车匠，母亲是厨师。12 个孩子使本就不富裕的家庭经济更加拮据，但是海顿的父母生性乐观，爱好音乐，家中总是充满欢声笑语和优美的民俗乐曲。海顿同父母一样幽默乐观，5 岁就学会了许多流行乐曲。

海茨堡的管风琴师法朗克是海顿家的亲戚，他的一次偶然拜访发现了海顿身上的音乐天赋。法朗克同海顿的父母商量后，将 6 岁的小海顿带到海茨堡学习系统的音乐知识。在海茨堡，小海顿学习了基本的音乐知识和乐器演奏。法朗克对海顿要求严

埃斯特哈齐宫是一座壮丽的巴洛克式宫殿，建于 17 世纪晚期，是埃斯特哈齐家族拥有的一处住宅。海顿为埃斯特哈齐家族服务了 30 多年，跟随这个家族住过三个地方，图中的埃斯特哈齐宫只是其中的一处。

格，小海顿在海茨堡的生活虽然艰苦，但那里严格的教育为他未来的音乐生涯打下了牢固的基础。长大后的海顿充分体会到法朗克的良苦用心，对这位伯乐充满感激之情。

艰难困苦，玉汝于成

辛苦的音乐学习很快就有了回报，8 岁的海顿凭借优美的歌喉被斯蒂芬大教堂音乐总监乔治·罗伊特尔选到维也纳的儿童合唱团唱歌。海顿在合唱团度过了 9 年时光，直到变声期被迫放弃这份工作。这一时期，海顿除学习唱歌、钢琴外，还自学了小提琴和羽管键琴。此外，维也纳这座音乐之都提高了海顿的音乐鉴赏力。

籍籍无名的海顿离开合唱团后过着穷困潦倒的生活，但是乐观的海顿更加努力地钻研乐理、进行

握笔思考的海顿肖像画，由英国著名的肖像画大师约翰·霍普那（John Hoppner）绘制。霍普那以善于运用色彩著称，他用变幻莫测的色彩表现出晚年海顿握笔凝思创作时的状态。

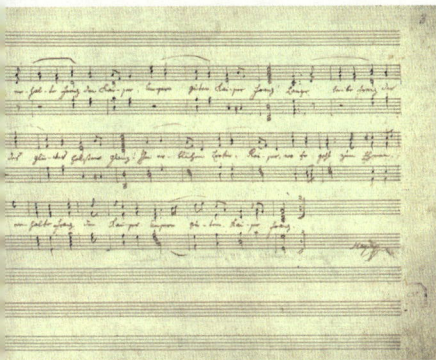

海顿的《天佑吾王弗朗茨》原始手稿。音乐家有国籍，可是音乐没有国籍。海顿发自内心的爱国之情，用音符抒发成优美的乐章，海顿用这首曲子打动了世界。

音乐创作，勇敢地向着音乐梦想靠近。海顿在找到正式工作的这十年间通过做随从、当家庭教师、为宴会作曲来维持日常生活。艰苦的生活没有改变海顿乐观开朗的性格，他始终微笑着面对生活。

机会总是垂青于有准备的人。1761年，早已听闻海顿音乐才华的埃斯特哈齐公爵请他出任自己乐团的副乐长，不久乐长去世后提拔他为乐长。埃斯特哈齐家族为海顿提供了广阔的平台，素养颇高的团员，衣食无忧的生活，海顿得以尽情尝试各种音乐形式。创作出《告别交响曲》《牛津交响曲》等一系列脍炙人口的交响曲，并且确立了交响曲的形式与结构。海顿在交响乐领域开疆拓土，被尊称为"交响乐之父"。

在英期间，海顿听到了韩德尔的清唱名剧《弥赛亚》，信仰虔诚的他为之深深动容的同时，决心创作出如此般的庄严圣曲。回到维也纳之后，历时三年之久，海顿终于完成了可以与《弥赛亚》相媲美的《创世纪》。

作为交响曲和弦乐四重奏之父并且是钢琴协奏曲和钢琴三重奏的开创者的海顿，虽然曾经饱受生活的苦难，可是他始终乐观、坚强，获得了人们的尊敬和爱戴。海顿是继巴赫之后第一位伟大的器乐作曲家、交响乐之父和弦乐四重奏之父。

《天佑吾王弗朗茨》

从埃斯特哈齐家族退休之后，海顿两次应邀前往伦敦。在伦敦，海顿的演出场场爆满，名利双收。

客居异乡，海顿每次听到英国庄重的国歌时思乡之情就愈加迫切。亲爱的祖国正处在拿破仑军队的铁骑之下，海顿特别想用音乐为祖国尽绵薄之力。在拿到诗人哈修卡的词后，海顿激情澎湃，谱写出《天佑吾王弗朗茨》。这首音乐在奥皇生日当天在德国各大剧院演出，感动了所有的国民。奥皇弗朗茨本人也十分激动，奥地利帝国政府将此曲定为奥地利帝国国歌。

当海顿第二次去英国的时候（1794—1795年），他已经成为伦敦音乐会的一个著名的人物。上图为海顿音乐会上盛装打扮的男女。

旷世奇才 莫扎特

35岁英年早逝，为后世留下了几乎涵盖当时所有类型的不朽音乐作品，堪称音乐界的旷世奇才。

莫扎特，作为音乐神童的他在幼年时便游历欧洲，盛名在外。或许是身上的光芒过于耀眼，成年后却被四处排挤。无论境遇如何变化，音乐始终是他与这个世界交流的语言。

音乐神童

沃尔夫冈·阿马德乌斯·莫扎特（Wolfgang Amadeus Mozart，1756—1791年）出生于奥地利萨尔茨堡，父亲列奥波尔德·莫扎特（Leopold Mozart，1719—1787年）是萨尔茨堡大主教教廷交响乐队的演奏员和作曲家，母亲安娜·玛丽亚·波特尔（Anna Maria Pertl，1720—1778年）也具有极高的音乐素养。受益于良好的遗传基因，莫扎特表现出了神童的才华。

3岁的小莫扎特便展现出奇特的音乐才能，具备绝对音准和超出常人的记忆力。5岁时，他便请求父亲教授大键琴，随后亦涉及小提琴、管风琴和乐曲创作。6岁的小莫扎特已谱出三首小步舞曲（KV.2、4、5）和一曲快板（KV.3）。列奥波尔德珍视儿子的音乐才能，亲自编写练习曲，教他认识各类曲目的调式、节奏和风格，为莫扎特以后的音乐之路打下了良好基础。

奥地利的萨尔茨堡。萨尔茨堡可能是莫扎特最爱也最恨的地方。爱它是因为这是他的故乡，生了他养了他；恨它是因为他始终没有在这里找到自己的位置。满腔的音乐才华却被逼迫逃向他乡。

乐行欧洲

列奥波尔德挖掘了儿子的音乐天赋，并且愿意与众人共同欣赏旷世奇才的音乐。为了锻炼儿子的演出能力，同时让儿子可以有机会聆听当时欧洲知名音乐大师的教诲，父亲带着6岁的莫扎特和姐姐安娜开启了欧洲巡回演奏之旅。

这次巡回演奏历时11年，足迹遍及慕尼黑、维也纳、海德堡、巴黎、伦敦等欧洲各大城市。各地观众都惊异于这个孩童超乎年龄的音乐演奏能力，美妙的音符流光溢彩般

1773 年，列奥波尔德又带领小莫扎特开始了第二次音乐旅行，此行的目的地主要是歌剧的故乡意大利。除了正常的演奏工作外，莫扎特将更多的时间用在欣赏著名歌剧的演出上。这两次欧洲乐游对莫扎特的成长至关重要。莫扎特提高自己的舞台经验的同时得以接触到世界最先进的音乐理论和一流的演出，全方位地提高了自己的音乐素养，积累的音乐素材成为他后来创作各种类型音乐作品的不竭源泉。

莫扎特具有罕见的音乐天赋却没有停留在神童的光环下止步不前，除了糖果和漂亮的衣服，没有其他东西可以把小莫扎特的目光从音乐上移开。

艰难的求职之路

也许莫扎特太过流光溢彩，他就像高飞在天上的雄鹰，寻常地方很难让他栖息，成年之后的莫扎

1763 年由法国多栖艺术家卡蒙特勒（Carmontelle）绘制的水彩画。莫扎特一家：父亲列奥波尔德，少年莫扎特以及姐姐安娜，一家三口在风景宜人的花园中弹奏和歌唱。

的从其貌不扬的小朋友手中倾泻而出，充满了天然的纯真与自由的诗意。法王路易十五聆听了莫扎特的演奏，并且热情款待了巡游的莫扎特一行，"音乐神童"的美名遍及欧陆各地。

列奥波尔德并不是疯狂的炫子狂魔，在展露儿子音乐才华的同时，时刻关注提高小莫扎特的演奏能力。他抓住一切机会安排儿子与当地的音乐家会面，耐心听取他们的指导，督促小莫扎特集众家之长进一步提高演奏技巧。值得一提的是，小莫扎特在伦敦结识了巴赫，两个跨时代的音乐大师实现了第一次接触，可谓是音乐界的重大事件。莫扎特对巴赫十分崇敬，他的音乐受到巴赫很大影响。另外，小莫扎特一有机会就去欣赏不同乐派的演奏，开阔自己音乐视野的同时兼收并蓄，为己所用。

为了提高莫扎特在歌剧方面的技巧，1769 年到

莫扎特佩戴着金靴徽章的半身像。这枚徽章是 1770 年在罗马的教宗克利蒙十四世授予他的，该幅半身像是 1777 年的一个复制品，原作现在已经丢失。此时，莫扎特处在第二次音乐之旅中，演奏技巧和方法都已经有了较大提高。

莫扎特亲笔誊写的 D 小调《安魂弥撒曲 K.626》即《安魂曲》中的一部分，该乐谱现收藏于维也纳的莫扎特故居中。《安魂曲》是莫扎特大型宗教音乐作品，可惜的是，未待最终完成莫扎特就去世了。

特长时间无法找到令自己满意的主顾。

在他的故乡萨尔茨堡，新的雇主柯罗雷多充满掌控欲，不但反对莫扎特的出游，而且规定他的作品必须为了宗教仪式而作。自由不羁的莫扎特对这些限制十分不满，他与亲王大主教之间的关系在未来的三年里不断恶化。所幸的是，莫扎特在这段时间与海顿建立了良好的友谊，对他孤独的心灵总算是个慰藉。

海顿欣赏莫扎特的音乐才华，曾对他的父亲说道："在上帝面前，我要诚实地告诉你，你的儿子是我所认识或知道的最伟大的作曲家，他有最好的作曲学问，也很有品位。"莫扎特也十分喜欢与海顿交流，称"只有他具备了能使我欢笑并且深入我心灵的秘密"。莫扎特与海顿的交往体现到音乐中，他吸收了海顿音乐方面的诸多长处，丰富了自己的音乐风格。

维也纳的黄金十年

巡游受挫归来的莫扎特在萨尔茨堡的处境更加艰难。亲王大主教变本加厉地讽刺揶揄归来的莫扎

特，经常公开的以"饭桶、废物"称呼音乐神童。莫扎特是何等的心高气傲，哪能一而再再而三地容忍此般羞辱，终于与亲王大主教彻底决裂，以独立作曲家的身份前往音乐之都维也纳。

在维也纳，莫扎特遇到了康斯丹彩·韦伯，两人很快坠入爱河。尽管列奥波尔德和未来岳母极力反对二人的恋情，可是陶醉在甜蜜爱情中的年轻人怎么能听进父母的意见呢？莫扎特与韦伯不顾一切地步入婚姻的殿堂。莫扎特的一意孤行导致父子关系破裂，父亲留话"好自为之"，终止了对莫扎特的经济支持并离开了维也纳。

莫扎特夫妇虽然感情和睦，婚姻生活幸福，可

在维也纳的莫扎特雕像。音乐之都维也纳，莫扎特的第二故乡。他逃离了萨尔茨堡的亲王大主教，也逃离了父亲的掌控，在维也纳开始了生命中的黄金十年。

1780 年的莫扎特一家。画中最右边手拿小提琴的是父亲列奥波尔德，正在四手联弹的是莫扎特和姐姐安娜。墙上的肖像画则是莫扎特的母亲，也算是莫扎特一家的全家福了。

是两人都不善于理财，加之喜欢玩乐，两人经常入不敷出。为了改善经济状况，莫扎特被迫接下大量作曲工作。此时的莫扎特，经过了生活的历练，音乐开始走向成熟。在维也纳兼收并蓄的音乐环境中，莫扎特创作出耀眼的音乐成果，他的流传甚广的歌剧主要是在这一时期完成的，例如，《费加罗的婚礼》《唐璜》《女人皆如此》《后宫诱逃》《魔笛》。可是超负荷的工作在一定程度上损害了莫扎特的身体健康，为他的英年早逝埋下了祸根。

泪落《安魂曲》

三十几岁本该是一个音乐家的黄金岁月，可是莫扎特的身体状况却不断恶化。《魔笛》等歌剧使他名利双收，但不善理财的莫扎特迅速千金散尽。

一位不知名的灰衣使者用丰厚稿酬作为诱惑，要求莫扎特答应匿名为他创作一首《安魂曲》。因疾病和贫穷而衰弱的莫扎特仍然勉力维持，用生命最后的荣光创作《安魂曲》。35 岁的莫扎特勉强写完其中的四重唱《至慈耶稣》与《泪之目》后便与世长辞。

不祥的《安魂曲》成为莫扎特最后的遗作。应他的妻子康斯丹彩的要求，后来这首曲子由他的学生完成。传说莫扎特在《安魂曲》里见到了自己即

知识链接：莫扎特的第三次欧洲巡演

为了摆脱亲王大主教的束缚，20 岁的莫扎特同母亲开始新的音乐旅行，期望找到新的工作。从慕尼黑到曼海姆，虽然收获了诸多音乐界的友谊，可是他的求职却鲜有进展，失望的莫扎特在 1778 年 8 月到达巴黎，希望能在这座国际大都市出现新的转机。在巴黎，他写作了《第 31 交响曲（巴黎）》，可是天公不作美，法国局势动荡，法国大革命一触即发，人心惶惶的民众自顾不暇，根本没有人能安静地坐下来欣赏这位天才作曲家扣人心弦的音乐。雪上加霜的是，莫扎特的母亲在这段时间不幸病倒离世，沮丧的莫扎特走投无路，在父亲的斡旋下被迫再次回到萨尔斯堡重新受雇于亲王大主教。

将死去的先兆，这个传说被用在福尔曼《莫扎特传》的电影桥段里，浪漫的想象是否符合事实只能留给后人猜测了。

莫扎特年少即有盛名却在 35 岁英年早逝，贫病困顿的生活也没有使莫扎特放弃对生活的乐观态度。他和海顿一起开创了古典乐派的新风格，他的音乐吸收了不同地区和派别的长处形成自己独树一帜的乐风。莫扎特用最简单的音符演奏出的音乐中充满灵巧、纯净，轻轻打开听众的心扉。听众在莫扎特音乐中接受洗礼，远离尘世的烦嚣，倾听自己心灵深处的声音。这位音乐旷世奇才为世界留下了最接近天堂的旋律。

第 190—191 页：音乐之都维也纳

音乐之都维也纳，曾经见证了莫扎特少年天才的表演，见证了莫扎特不被父母祝福的爱情与婚姻，也见证了莫扎特生命走到尽头的无奈与哀伤。

乐圣 贝多芬

贝多芬三个字代表的已不仅仅是一个名字，而是对音乐的至高热爱和对命运的宁死不屈。

自幼受到性格乖张的父亲的虐待，成年后又丧失听力，前无古人，后无来者，贝多芬用不屈的斗志扼住命运的咽喉，用无人能及的音乐诠释了乐圣的光芒。贝多芬的存在已经变成了一个奇迹。

暴虐父亲的音乐启蒙

《命运交响曲》"Mi Mi Mi Do"四个短促有力的声音成为生命力量的象征，路德维希·范·贝多芬（Ludwig van Beethoven，1770—1827年）的一生都是同命运抗争的过程，用不屈的意志奏响生命的乐章。贝多芬最先面对的是性格暴虐的父亲。

莫扎特"音乐神童"的榜样创造了一个标杆，无数望子成龙的家长艳羡的同时也对自家孩子寄予了厚望。同莫扎特一样，贝多芬算是出身于音乐家庭。贝多芬的父亲希望自己的儿子也可以同莫扎特一样，创造新的音乐奇迹。父亲约翰是宫廷男高音，希望儿子也能成为音乐神童。可是，约翰并不像莫扎特的父亲那样对音乐教育有着系统的研究，更没有莫扎特父亲的耐心，他想看到的是成为天才的儿子，而不是教育孩子的漫长过程。从某种程度

波恩是一座拥有2000多年历史的文化古城，至今仍是德国第二大政治中心。波恩的森林和公园占全市面积的1/3，不知道是不是一方水土滋养一方人，音乐家贝多芬就诞生于此。

德国新古典主义画家约瑟夫·卡尔·施蒂勒（Joseph Karl Stieler）在1820年为贝多芬绘制的肖像画。此时的贝多芬已经完全失聪，只能靠谈话册与人交谈。约瑟夫很好地抓住了贝多芬的眼神，贝多芬的头微抬，双目有神，仿佛是在思考，又仿佛是在同命运斗争。

上而言，约翰实行的是揠苗助长式的破坏性教育，更多的时候是把小贝多芬当成炫耀的工具。

约翰性情暴虐并有酗酒的坏习惯，甚至会在深夜将贝多芬从床上拉起，要他在朋友面前演示其音乐才能。在小贝多芬4岁时就对他展开魔鬼式的训练，而且稍有出错就是一顿暴打。小贝多芬没有普通孩子正常的童年，更遑论像孩子那样游戏玩耍，他唯一的工作就是练习父亲指定的小提琴和钢琴。小贝多芬每天都生活在恐惧之中，生怕自己哪里做得不好惹得父亲发脾气。

虽然小贝多芬的童年生活十分悲惨，可是贝多芬从未屈服，约翰的高压教育似乎在短期内收到满意的效果。1778年，8岁的贝多芬在科隆举办了一场成功的音乐会，使其处境得到改变。贝多芬身上过人的音乐才能得到当时许多人的关注，于是拜乐队指挥克里斯蒂安·戈特洛宝·奈弗（Christian

Gottlob Neefe）为师，正式接受系统的音乐教育，为将来的音乐之路打下了坚实的基础。贝多芬后来有幸投到海顿名下，但这两位音乐家可能因为个性都比较强，相处并不愉快。不过，贝多芬还是从海顿的音乐中获益良多。

曲折的音乐之路

贝多芬的创作生涯一般分为三个时期：1795年到1800年为第一个时期，1801年到1814年是第二个时期，1815年到1827年则是第三个时期。这三个时期贝多芬的人生际遇有坦途，但更多的是险滩。他的音乐也跟随他的心境，变化出不同的曲调和风格。

古典乐派是第一时期的主要风格，作品中明显地表现出对海顿和莫扎特的传承。《第二钢琴协奏曲》、C小调《悲怆奏鸣曲》《第一交响曲》是代表作。这一时期的作品多以室内乐为主，比较受贵族的欢迎，传达出一种神圣恬淡的风格：乐章内旋律的发展、乐章之间的松散关系、个人情感的隐藏等。

但这之后，贝多芬逐渐脱离古典主义的束缚进入浪漫时期。《第二交响曲》《第三交响曲（英雄）》《第五交响曲（命运）》《第六交响曲（田园）》《合唱幻想曲》以及歌剧《菲德里奥》等一系列重量级的作品都是在这一时期完成。

少年贝多芬半身像，此时的贝多芬只有13岁。出身音乐世家的贝多芬在神童莫扎特盛名之下，面对的是好面子的父亲的压力。小小年纪的贝多芬就已经承载了父母太多的期待和过于严格的教育，这时13岁贝多芬已经参加宫廷乐队担任风琴师和古钢琴师。

此时贝多芬经历了失聪的致命打击，一个音乐家没有听觉是多么恐怖的考验。幸运的是，贝多芬再一次蹚过命运的河流，从想要自杀的低潮中醒悟过来。直面过死亡的贝多芬坚定地写下："我决心扫除一切障碍，我相信命运不会抛弃我，我恐怕需要充分估量自己的力量，我要扼住命运的咽喉。"自由的信念和奔放的情感在作品中强烈地展现出来，"Mi Mi Mi Do"短促有力的开始是《第五交响曲（命运）》中贝多芬叩击命运的敲门声，生命的能量在这首曲子中被淋漓尽致地释放出来，撼动人心。

美国独立战争和法国大革命的爆发，也让贝多芬看到了人民的力量。《第三交响曲（英雄）》就是贝多芬献给早年奋发向上、代表革命和自由伟大精神的拿破仑的。可惜，拿破仑没能担住贝多芬的赞美，登上帝王的宝座，贝多芬于是把拿破仑从曲名中去掉，改为献给英雄。贝多芬在此时退居幕后，但他继续用音乐来表达自己的心声，传达自己对政治的思考。这部交响曲，是音乐发展史上从未出现过的最宏大的器乐作品。《第三交响曲（英雄）》不仅是贝多芬创作史上的转折点，更成为交响曲

德国波恩贝多芬的纪念雕像。尽管贝多芬主要的成就都是在维也纳取得的，可是他的出生地波恩也是喜欢他音乐的人们的朝圣场所。

发展史上的转折点。

贝多芬生命的最后 12 年是他创作生涯的最后一个阶段，尽管贝多芬的创作开始进入低潮，但贝多芬还是创作出最具影响力的作品《庄严弥撒曲》《第九交响曲（合唱）》以及带有崭新风格的弦乐四重奏等。每一首曲子都体现了贝多芬对生命的思考，完整的构思、深刻而真切地将音乐所能展现的能量推到极致。

波恩的科隆选帝侯宫殿（现在波恩大学的主建筑），这里曾经是贝多芬家族从 18 世纪 30 年代活跃的主要场所。贝多芬的祖父和父亲都曾经在科隆选帝侯的宫廷中工作，特别是他的祖父，从一个普通的音乐人变成宫廷指挥的故事，曾经是整个家族的骄傲。

最伟大的音乐家

贝多芬的一生是音乐史上的奇迹，堪称最伟大的音乐家。他身残志坚，耳聋之后勇敢地与命运抗争，"扼住命运的咽喉"。创作丰富，他的作品几乎涵盖了各种音乐形式，并且都是经典之作；他改变了作曲家的地位，把音乐当作表达自己情感的工具，而不单单接受贵族和教会的委托进行创作的职业。贝多芬是一位真正独立的艺术家，他通过创作和演出养活自己，而不是委屈自己的才华去依附于某种势力。

担得起多大的荣誉，就抵得住多大的诋毁。并不是每个人都喜爱贝多芬。正如一位作家说的："人们以不同的方式去了解贝多芬。在贝多芬的时代，他既有崇拜者、也有批评家，甚至还有不能理解他的音乐的人。对于年轻的一代人来说他是一个榜样，虽然这个榜样有时会起到震慑的作用，因为很难想象有人能在作曲方面与贝多芬比肩……这种榜样，不但影响了音乐家，还影响了音乐爱好者。"

真正的英雄总是惺惺相惜，伟大的作家罗曼·罗兰被贝多芬的人格和音乐折服，亲自为贝多芬的作品作评论，1903 年又投入到《贝多芬的一生》（La vie de Beethoven）的写作中。《贝多芬的一生》是一部音乐历史书，同时还是一部文学性极好的著作，广受欢迎。罗曼·罗兰用贝多芬的原型创作的《约翰·克利斯朵夫》打动了无数的读者，最终获得 1915 年诺贝尔文学奖。贝多芬和罗曼·罗兰名垂青史。

贝多芬的音乐可谓是西方浪漫主义音乐的典范及开源之作。经过舒伯特、门德尔松、瓦格纳等作曲家的努力，浪漫主义音乐得以开花结果，繁盛了整个 19 世纪，也繁盛了人类的音乐殿堂。

一话一说一世一界一

知识链接：克里斯蒂安·戈特洛宝·奈弗
（Christian Gottlob Neefe）

时任国家剧院的音乐监督，眼光独到。他敏锐地看到贝多芬的天赋"这位年轻的天才应该在其艺术修养方面得到更多的帮助，只要他能坚持不懈，一定会成为莫扎特第二"。奈弗也发现贝多芬身上的问题和不足：缺乏自制力、修养和纪律。奈弗受到当时启蒙运动的影响，对音乐教育有着自己独特的看法。他要求贝多芬研习前辈的作品，如巴赫的《平均律钢琴曲集》，还要求他学习同时代音乐家如莫扎特等人的名篇。得益于奈弗的悉心教导，贝多芬系统地学习了钢琴、风琴和作曲技巧，通过扎实的训练为将来的发展打下良好的基础。1782 年，奈弗发表了贝多芬的第一部作品《以戴斯勒先生一首进行曲为主题的羽管键琴变奏曲》（Variations pour le Clavecin sur une Marche de Mr. Dressler）。在老师的提携下，贝多芬在 1783 年代表奈弗出任宫廷乐队羽管键琴演奏家。贝多芬对奈弗一直心怀感恩，深情地写道"如果我有所成就，这一定是您（奈弗）的功劳"。

贝多芬奏鸣曲的散页乐谱。贝多芬已经成为音乐领域一个神一样的存在，他的失聪更突显出他的伟大、他同命运斗争的力量。贝多芬亲笔书写的乐谱带着某种神圣的光环，成为广大贝多芬音乐爱好者的心头好。

莫扎特之后的曲式大师
门德尔松

他所到之处，尽是缤纷的玫瑰，浪漫主义杰出代表，抒情风景画大师。

优渥的家庭出身和良好的教育为颇具音乐才华的门德尔松提供了天时地利人和，他注定不凡。

名门的音乐才子

雅科布·路德维希·费利克斯·门德尔松·巴托尔迪（Jakob Ludwig Felix Mendelssohn Bartholdy，1809—1847 年）简直就是音乐界"高富帅"的代表。他生于德国汉堡，祖父是著名的哲学家和教师，父亲是银行家，母亲是当地富翁的女儿并且精通音乐艺术。书香世家兼富贵的家庭，开明的父母和多位家庭教师完成了门德尔松的早期启蒙。

良好家庭出身的门德尔松本可以靠祖荫生活，偏又颇具音乐才华，勤奋努力。在名师采尔特（Carl Friedrich Zelter）的精心栽培下，钢琴神童的天赋得到充分的发挥，9 岁就登台表演，11 岁时进入柏林声乐学院并且开始作曲，17 岁时即完成了为人所熟知的《〈仲夏夜之梦〉序曲》。

与文学大师歌德的忘年之交

采尔特以门德尔松这位天才型的学生为荣，将他引荐给文学大师歌德。歌德时年已经 72 岁高龄，是誉满全欧的哲学家兼诗人。门德尔松还是一个年仅 12 岁的翩翩少年，在学术界籍籍无名。门德尔松在歌德的家里为他弹奏自己的作品《钢琴四重奏》，他精湛成熟的演奏技巧获得了文学大师的青睐，二人成为忘年好友，他们的友谊一直持续到歌德去世。

门德尔松经常向歌德请教文学等各方面的问

门德尔松逝世 150 周年纪念邮票。邮票中的门德尔松画作，表现出门德尔松与生俱来的浪漫气质。

题，歌德启发了少年对古典文学的热爱，加深了他对文学艺术的感受力。与歌德的忘年交，在音乐之外开阔了门德尔松的视野，古典文学丰富深刻的内

门德尔松于 1847 年创作的名为《紫花苜蓿的视角》的水粉画。门德尔松在铅笔画和水粉画方面颇具热情并且技艺精湛。在门德尔松的一生中，他经常用手中的画笔为自己和朋友泼墨挥毫。门德尔松数量巨大的通信，显示他完全有能力成为一名擅长英语和德语写作的诙谐的作家，他的通信中还时常伴有幽默的素描和卡通插图。

门德尔松谱曲的《以利亚》钢琴二重奏部分手稿。门德尔松再度访问英国时，在 1846 年的伯明翰音乐节上亲自指挥他的清唱剧《以利亚》，获得了英国民众的热烈欢迎，反响空前。

涵融入他的音乐当中，增加了他作品的厚度。

一手划破寂静的指挥家

1829 年，门德尔松首先发现了巴赫的《马太受难曲》以及其他作品的珍贵价值，在柏林亲自指挥演奏了此曲，让听众们重新认识到大师的经典之作，直接推动了巴赫及其代表的巴洛克音乐的复兴。重新发现巴赫，是门德尔松给世界的厚礼。

门德尔松不光慧眼识珠，还引领了指挥家的装备潮流。他在偶然下使用包裹着皮革的鲸鱼骨头来指挥，这成为指挥家的标配——指挥棒。这根小小的木棒更好地传达出指挥家的情感，让训练有素的乐队能够更好地领会指挥家的意图，成为今日指挥家的象征，小小的指挥棒是门德尔松送给音乐界的另一份礼物。

昙花一现般的一生

费利克斯（Felix）在德文中是"幸福"的意思，门德尔松的父母为他取名为费利克斯，透露出父母对他的浓浓爱意。实际上，门德尔松的一生也十分幸福顺遂，几乎没有经历过挫折和磨难：颇具音乐才华又在年轻时就获得了世人的肯定，事业上如日中天，在德国及英国等欧洲国家广受欢迎；妻子贤淑温柔，夫妻情意相通，儿女绕膝。

可是门德尔松是完美主义者，自我要求极为严

莱比锡的门德尔松塑像。可谓是天妒英才，门德尔松去世时年仅 38 岁，正是一个艺术家最当盛年的时候。也可能正因为如此，人们心中记住的永远是他最英俊潇洒的样子。门德尔松昂首挺立，似乎是在沉思，又似乎是在凝望。

格，在幸福的背后承受了常人无法想象的压力。他时常身兼数职，钢琴演奏家、乐团指挥、学院教授、作曲家和音乐活动家，勤恳认真，事必躬亲，繁重的工作透支了他的体力，损害了他的健康。姐姐芬妮中风之前，他的身体已经发出危险的信号，姐姐的突然离世又导致他的过度悲伤，不久即与世长辞，享年 38 岁。

门德尔松昙花般的一生，总是散发着优雅高贵的气质，他的音乐如泉水般浸润人们的心灵，带领人们摆脱俗世的纷纷扰扰。他被誉为莫扎特之后最完美的曲式大师。

文以载道：小说

　　小说从来就是人们喜闻乐见的，它凭借曲折的情节和贴近生活的优势成为最接地气的文学形式。启蒙时代的小说取得突破性进展，理性、自我等主题以更加动人的方式展现出来。作者或是写书信，或是讲故事，或是冒险，用读者更容易接受的方式，向读者娓娓道来。

　　《新爱洛漪丝》《波斯人信札》《哲学通信》等书信体小说用信件向读者铺陈故事，把过去被视为低级体裁的小说文体以启蒙时代的哲学精神改造成广受欢迎的新哲理小说，在哲学与文学之间建立了深刻的联系。直面社会现实，开阔了读者的视野，提升了小说的思想深度，为小说文体注入新的活力。《鲁滨孙漂流记》《格列佛游记》等流浪冒险小说，用看似远离现实的形式，把人类放逐到令人意想不到的情境之下，让读者重新思考人类的定位，常读常新。《少年维特之烦恼》《危险的关系》虽是传统的爱情故事，作者却是欲扬先抑，或是令人唏嘘的自杀，或是极为夸张的爱情游戏，让人失望却更给人力量。

　　越是简单的，就越是复杂的。伏尔泰等启蒙思想家用小说这种最简单、最接地气的文体委婉地颂扬更人道、更自由、更理性的社会。文苑中的朵朵奇葩，是人类文化的瑰宝。

理性批判的先河
《波斯人信札》

"写得令人难以置信的大胆"，也是启蒙运动时期第一部重要的文学作品，开启理性批判的先河。

孟德斯鸠出身富贵却能体察民情，历时十年磨一剑，匿名出版了唯一一部文学作品《波斯人信札》(*Persian Letters*)。他采用书信体小说的形式，借波斯人之口直抒胸臆。

素材的积累

孟德斯鸠出身于波尔多的贵族，衣食无忧。可是父母竟然让乞丐做他的教父，并让他用了乞丐的名字夏尔，希望他能时刻记得贫穷人们的苦难。不仅如此，据传孟德斯鸠3岁之前被寄养在普通的磨坊主家庭，因为他的父母希望他可以吃苦耐劳。也

孟德斯鸠肖像画。"法兰西启蒙运动三剑侠"之一的孟德斯鸠是百科全书式的学者，作品涵盖众多领域。他以笔为武器写人间离奇荒诞事，《波斯人信札》作为代表性的小说在文学领域产生了重大影响。

许正是得益于父母的特殊教育方式，孟德斯鸠体察到法国社会底层的人们生活中的辛酸，思想中埋下了民主的种子。

拿到波尔多大学的法学学士和硕士学位后，孟德斯鸠为了增强法律实践经验，到大都市巴黎增长阅历。在巴黎，孟德斯鸠接触到形形色色的人群，既有趾高气扬、不学无术、只会寻欢作乐的贵族，也有被巴黎的光辉灿烂震惊到的外地旅人，还有每日辛苦劳作维持生计的普通百姓。因缘际会之下，孟德斯鸠继承了伯父波尔多法院庭长的官职和"孟德斯鸠男爵"的封号。孟德斯鸠得以到第一线亲身实践法律常识，凡俗生活的社会矛盾和冲突以最直观的方式呈现到孟德斯鸠面前，他真切地看到法国社会的腐朽。林林总总，都成为孟德斯鸠创作的素材，他胸中装满的故事，总会通过某种渠道倾吐出来。

一鸣惊人

孟德斯鸠是耐得住寂寞的人，从1709年到1720年耗费了十年的时间酝酿构思《波斯人信札》，到1721年正式脱稿。孟德斯鸠知道小说内容的前卫，知道此书必定会在法国引起轩然大波。为了降低风险，孟德斯鸠避开了法国的审查机构，将小说送到荷兰用匿名方式出版。

出乎孟德斯鸠预料的是，《波斯人信札》的出版受到读者的热烈欢迎。人们酣畅淋漓地读完作品后，强大的好奇心驱使他们通过蛛丝马迹去寻找真

地将孟德斯鸠送入法兰西皇家学院，35 岁的青年学者成为代表荣誉和地位的院士。

波斯人的故事，法国人的现实

《波斯人信札》采用当时流行的书信体，共计 161 封信。主要人物为两个波斯贵族青年郁斯贝克和黎加以及 5 个朋友、5 个妻妾、5 个黑奴、1 个先知，共计 18 人。郁斯贝克是主角，他写的信件有 77 封之多，黎加签名的共 48 封。故事的大背景是郁斯贝克和黎加游历欧洲，特别是在法国期间，就所见所闻与波斯国内人的通信以及两个人不在一起时互相往来的信件。当中有少数信件是他们写给零散的侨居国外的波斯人和外交官的。

《波斯人信札》内容庞杂，以波斯后宫的生活故事为开端。第 1 封到第 23 封信是郁斯贝克从

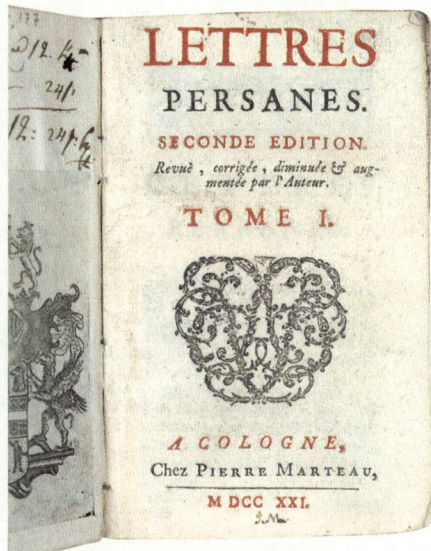

1721 年《波斯人信札》第二版的封面。该书是启蒙思想家孟德斯鸠唯一的一部文学作品，也是启蒙运动时期第一部重要的文学作品。孟德斯鸠批判了法国当时的政治、经济、军事、宗教、文化、风俗等方面的现实，在法国引起轰动，开了理性批判的先河。

正的作者。虚构的作者很快就被大众识破，作者的真实身份无法隐瞒，孟德斯鸠忐忑并愉快地出来向大众致谢。《波斯人信札》名正言顺地回到法国出版。此时，《波斯人信札》在法国和欧洲的声誉使得法国当局谨慎行事，没有敢贸然禁止此书的出版和销售。

尽管《波斯人信札》引起非议，保守人士甚至大加挞伐，但仍然取得重大成功，先后再版 20 多次，孟德斯鸠征服了挑剔的法国读者。法国公众通过本书认识了来自外乡的风度翩翩、举止优雅的孟德斯鸠，这本书成功

有关小说的主人公郁斯贝克和黎加的早期插图。孟德斯鸠借助这两个波斯人的眼睛和嘴巴，对巴黎的社会现实做了细致的观察和详尽的评价。巧妙的设计，既逃避了当局的审查，又能直抒胸臆。

三年时间，郁斯贝克的伊斯法罕后宫的叛乱又占了最后一部分信件。郁斯贝克与他的妻子们互诉情意，可是随着一家之主迟迟不归，后宫慢慢地开始失控。郁斯贝克的两张面具：在外是哲人，在内是专制的主人也暴露给读者。他身在异乡，心系后宫，通过一封封信件不断地向替他管束后宫的阉奴发出指令，牢牢地控制着他的数十个妻妾，严防她们有任何不轨之举。所有妻妾都是他的私产，他的意志就是准则，他的命令就是法律。一位视自由高于生命的后宫女子，撕下自己邀宠的主人的假面具，带着对主人的无比仇恨，在尊严和平静中服毒自尽，后宫故事至此戛然而止。波斯代表的东方专制主义对人性的摧残让欧洲读者倒吸冷气，孟德斯鸠陡然一转将笔锋放到法国。

路易十五时期的一种台球游戏，画面呈现了那个时代法国上流社会的社交与娱乐活动场景。1855年琼·卡洛斯（Jean Carolus）的油画作品。

伊斯法罕到法国途中写给友人的，从1711年9月到1712年5月长达9个月。从1717年到1720年

第24封到第92封信主要集中在路易十四统

法国大革命中网球场宣誓的场景。1789年6月20日网球场宣誓是法国大革命第一天中至关重要的大事件，它标志着法国市民第一次站出来正式反对路易十六的统治。

治的三年时间，第93封到第143封信涉及的时间段从1715年9月到1720年11月，年幼的路易十五时期奥尔良摄政王执政的阶段。故事主要发生在巴黎。法国成为镜头的焦点，这部分内容庞杂，更像是政论、游记和随笔，尖锐深刻却不失诙谐风趣。孟德斯鸠嬉笑怒骂，用来自外国的异乡人的口吻对罗马天主教教宗尽情揶揄，用辛辣的笔触呈现约翰·劳祸国殃民的骗局。孟德斯鸠还借助旅居巴黎的波斯人的新奇感和不适应性，惟妙惟肖地再现了法国上流社会中各色人的嘴脸：荒淫无耻的教士、道貌岸然的沙龙绅士、傲慢无知的名门权贵、在政治舞台上穿针引线的荡妇等。一个个栩栩如生，活灵活现。

孟德斯鸠表面上在批评波斯，旨在让人们看到法国的种种实况。他用既委婉又直接的方式让法国民众看到自己国家真实的样子，打掉贵族们的沾沾自喜，遥远的伊斯法罕就是眼前的巴黎，甚至有过之而无不及。"真的猛士，敢于直面惨淡的人生，敢于正视淋漓的鲜血。这是怎样的哀痛者和幸福者？然而造化又常常为庸人设计，以时间的流逝，来洗涤旧迹，仅使留下淡红的血色和微漠的悲哀。在这淡红的血色和微漠的悲哀中，又给人暂得偷生，维持着这似人非人的世界。我不知道这样的世界何时是一个尽头！"孟德斯鸠堪称真正的勇士，法国大革命终究洗涤了一切的旧迹。

李大钊对《波斯人信札》给予极高的评价："此书露出只为装点与娱乐的装饰品的样子，但实际上乃为一精巧的武器，足予其仇以致命伤，非此不能痛击之，或仅击之而无力也。此书以无上的艺术讽刺东方，并讽刺法兰西，讽刺他们的精神与政府，他们的权威与传说，他们的愚行与弊害。这书在精神上是沉挚而真实的，在目的上是伦理

的而建设的，表现出一种描写分析社会生活、习惯、动机的稀有的才能，有许多在《法律的精神》中所推扩的观察，已能觅之于此书中矣。"是的，孟德斯鸠在《波斯人信札》中呈现社会百态，历史、地理、宗教、政治等无所不包，《论法的精神》在隐隐中透出影子。经过若干年后的丰满和思考之后，孟德斯鸠正式为人类送上了《论法的精神》的大礼。《波斯人信札》是《论法的精神》的种子。

伏尔泰思想的两颗明珠
《哲学通信》
和《老实人》

投向旧制度的第一发炮弹，学习英国思想的源头。

盲目乐观主义哲学的大敌，哲理性讽刺小说的鼻祖。

伏尔泰是"欧洲思想界的泰斗"，启蒙运动的领袖和导师，《哲学通信》（*Philosophical Letters*）和《老实人》（*Candide*）体现了伏尔泰的哲学理念和政治观点，是伏尔泰思想的集中体现，在世界思想史上占有重要地位。

1755 年，葡萄牙里斯本大地震是人类历史上破坏性最大和死伤人数最多的地震之一，也是欧洲历史上最大的地震之一。地震之后随之而来的火灾和海啸几乎让里斯本夷为平地，葡萄牙的殖民帝国遭受重创。

投向旧制度的第一发炮弹：《哲学通信》

1726 年到 1729 年，伏尔泰被流放英国。回国后，他系统总结这段时间的经历，1733 年以书信体形式完成《哲学通信》，为世界带来新的声音。

《哲学通信》涵盖伏尔泰的政治、哲学、文学、宗教等观点，是他政治和哲学思想走向成熟的标志。他详细考察了君主立宪的政治制度和英国的社会习俗，深入研究英国的唯物主义经验论和牛顿的物理学新成果，推崇英国宽松的宗教信仰政策和政治自由，形成了反对封建专制主义的政治主张和自然神论的哲学观点。《哲学通信》启迪了法国人民，冲击了法国的专制政体，法国著名现代哲学家和历史学家古斯塔夫·朗松生动地形容《哲学通信》为"投向旧制度的第一发炮弹"。伏尔泰拉开了启蒙运动的帷幕。

应该指出的是，伏尔泰在为法国的改革发展寻求良药时，将英国与法国作对比，但也像托克维尔在《论美国的民主》中夸大美国的现实一样，在某种程度上，《哲学通信》站在旁观者的角度，对英国社会各方面的描述也有夸大美化的倾向，这使得《哲学通信》某些方面不够客观。即便如此，《哲学通信》仍是极具思想、哲学和艺术价值的佳作，它开启了向当时最先进的英国学习的源头。

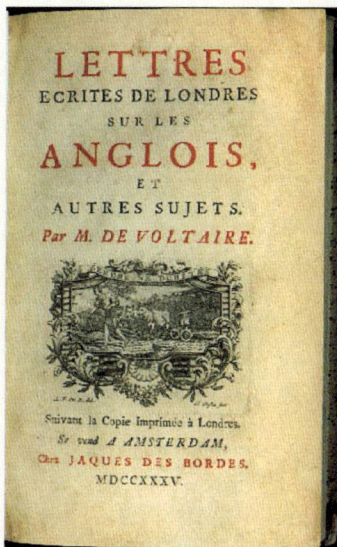

1735 年印刷的伏尔泰《哲学通信》封面。英文版《哲学通信》1733 年在英国出版，是伏尔泰流放英国的意外收获。伏尔泰在《哲学通信》中借着向法国读者介绍培根、洛克和牛顿的思想，表述了自己的哲学观点。

🦉 **知识链接：莱布尼茨的乐观主义**

莱布尼茨倡导"单子论"，认为由无限多的单子组成和谐一致的宇宙整体。上帝创造单子并且能预见到每个单子的全部发展情况，而每个单子在发展变化的同时其他单子各自做相应的变化发展，全部单子的变化发展因此能够和谐一致。莱布尼茨由此得出"这个世界是一切可能的世界中最好的世界"（All is for the best in the best of all possible worlds）的结论。

哲理性讽刺小说的代表作：《老实人》

1755 年，里斯本大地震，教会人士把这归咎于人类特别是无神论者的罪孽。当时盛行的乐观主义无法解释里斯本的重大灾难，欧洲一时人心慌乱。66 岁的伏尔泰针对当时社会现实，并参考格里美尔·斯豪森描述三十年战争时期德国社会的长篇流浪汉讽刺小说《痴儿西木传》，创作出哲理性讽刺小说《老实人》。

地震后的里斯本，教会人士逮捕葡萄牙人，原因竟是两人"吃鸡的时候把同煮的火腿扔掉"，宗教裁判所企图用文火慢慢烧死活人来告慰神灵。用这些离奇的情节，伏尔泰揭露出 18 世纪法国社会官吏的贪婪、教会的虚伪、宗教裁判所对自由思想的残酷扼杀，在荒诞不经中隐藏着深刻的思想和丰富的哲理。主人公老实人从小被灌输莱布尼茨的乐观主义学说，但在见证上述真实世界的痛苦后，领悟到一切皆善的世界是根本不存在的。伏尔泰借老实人表达"种咱们的园地要紧"的生活态度：只有正视现实，积极求变才是当务之急。

《老实人》成为 18 世纪和 19 世纪早期的小说模板，伏尔泰亦成为同类型小说的奠基者。它成为法国中学生的必读书目，英国诗人和文学评论家马

丁·西摩-史密斯（Martin Seymour-Smith）把它列入 100 部对世界最具影响力的书籍。

《哲学通信》和《老实人》是伏尔泰作品中极具分量的两部作品。前者是中年伏尔泰政治思想和哲学思想开始走向成熟的标志，后者则是晚年伏尔泰古典主义的大成之作。伏尔泰借由它们倡导宗教信仰自由，把反对专制政府、追求自由平等和资产阶级君主立宪制作为毕生的追求。

著名的波兰裔德国画家和版画复制匠丹尼尔·霍多维茨基（Daniel Chodowiecki）1778 年制作的伏尔泰小说《老实人》中的插图。主人公老实人离开男爵府经历了看似种种荒诞不经的事情，却是现实社会中真实发生了的。

想爱不能爱的伤痛
《新爱洛漪丝》

> 她活着的时候，世界不知道她，但我知道，而且是始终哀悼她。
>
> ——彼特拉克

一对有情人因为家庭出身的悬殊而被迫分开。历经磨难再次团聚，可是爱人已经嫁做他人妇，最后更是天人相隔。卢梭的小说《新爱洛漪丝》开启了浪漫主义文学流派的先河。

浪漫初相遇

在阿尔卑斯山脚下的小城克拉朗，平民知识分子圣普乐当了贵族小姐于丽·代当惹和她的表妹克莱尔的家庭教师。于丽和圣普乐不久即相爱。于丽出身贵族，知书达理，像中国古代养在深闺中的少女一样，本打算逆来顺受结婚生子，对爱情这种奢侈品不抱希望。可是，圣普乐的出现使她尝到爱情的甜蜜，发现了爱情的纯真无瑕。

天真烂漫的爱情并未如愿受到祝福。于丽的父

卢梭在《新爱洛漪丝》中用抒情的笔调细致地描写了瑞士阿尔卑斯山麓壮丽的湖光山色，虽是风景也笼上了人情。卢梭借此抒发了对大自然的赞美，这种写作手法对19世纪浪漫主义文学影响深远。

亲出于家庭门第的考虑，坚决反对两人在一起。于丽外柔内刚，对父亲的暴虐愤慨地控诉："我的父亲把我出卖了，他把他的女儿当作商品和奴隶，野蛮的父亲，丧失人性的父亲。"遗憾的是，当父亲抱着她的双膝恳求她离开圣普乐嫁给俄国贵族沃尔玛时，她竟手足无措。

爱情的悲歌

于丽如父亲所愿嫁给沃尔玛。婚后的于丽变成了贤妻良母，但是她与沃尔玛之间却没有爱情，因为她对圣普乐的爱情之火从未熄灭。于丽向丈夫沃尔玛坦诚了她与圣普乐的关系，沃尔玛表示理解，并且邀请圣普乐回到克拉朗做他们孩子的家庭教师。

圣普乐是优秀知识分子的代表。他性格热烈、坚强、英勇，对于丽的爱坚贞不渝，为了不让心爱的姑娘为难，他被迫离开。圣普乐周游世界的时候，经常给于丽写信，希望与她分享眼前的美景。六年之后，当圣普乐再次见到心爱的于丽时，激动万分。于丽现在已为人妻，虽然她依旧深爱着圣普乐，但始终没有越雷池一步。

世界上最遥远的距离就是两个相爱的人朝夕相处却无法在一起，两人内心时刻都在煎熬。死亡使于丽得以解脱。她跳入湖中救意外落水的儿子后染病不起，留下遗书诉说自己的爱情，她告诉圣普乐自己用生命赢得了永久爱他的权利。于丽用生命唱出爱情最后的悲歌，读者为之动容落泪。

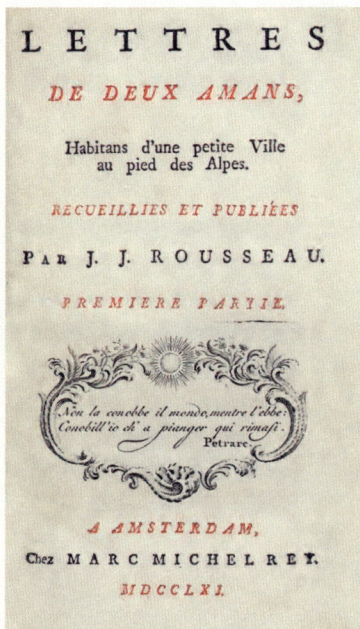

1761 年卢梭《新爱洛漪丝》第一版的扉页。该书一经出版便轰动巴黎，成为一部伟大的爱情小说。卢梭通过景色描写、环境衬托的方式来为情节的变化发展作铺垫，读来感人至深。

对旧制度的控诉，对人性的尊重

在《新爱洛漪丝》中，卢梭对于丽和圣普乐浪漫纯真的爱情做了热烈的讴歌，试图通过悲剧的结局让读者反思爱情和道德的关系。两位主人公再次相遇却能互相克制，这是源自人性的自尊和自爱，尊重自己也尊重他人，爱自己也爱他人，这是资产阶级崭新的美德。爱情和道德本是不对立的，完全可以调和相容。然而，于丽父亲代表的门第等级旧观念最终间接造成于丽的死亡，彼此深爱的两人从此阴阳相隔。

卢梭用诸多人物之间的通信展开故事，以优美的文笔、细致的心理描写使读者沉浸在于丽和圣普乐的悲剧之中，让读者看到法国大革命前夕封建专制制度和天主教教会对人民的残忍无道，从而有力地揭露和抨击封建制度压制人性的罪恶。他希望人能在自由的空气中表达自己的真实感情，解放天性，做一个血肉丰满的人。卢梭站在资产阶级人道主义的立场上，提出了以真实自然的感情为基础的婚姻理想，对封建等级制度发出了强烈的抗议。

知识链接：爱洛漪丝与于丽，以爱之名的故事原型

《新爱洛漪丝》不像绝大部分小说那样来自想象，而是源于生活中的真实故事。爱洛漪丝（1101—1164 年）确有其人，她是 12 世纪巴黎议事司铎斐尔贝的侄女。阿贝拉尔（1079—1142 年）是她的导师，两人在日常接触中擦出爱情的火花。虽然两人彼此相爱，却因为身份的差距无法公开结婚，遭受到残酷的迫害。卢梭用这一悲剧的爱情故事作为题目，重新布局故事内容，用书信体小说的形式传达出新的时代精神。《新爱洛漪丝》最初书名为《阿尔卑斯山麓一小城中两个情人的书简》，后改名为《于丽，或新爱洛漪丝》。最初的书名虽然比较冗长，却清楚地交代出小说的主要内容。

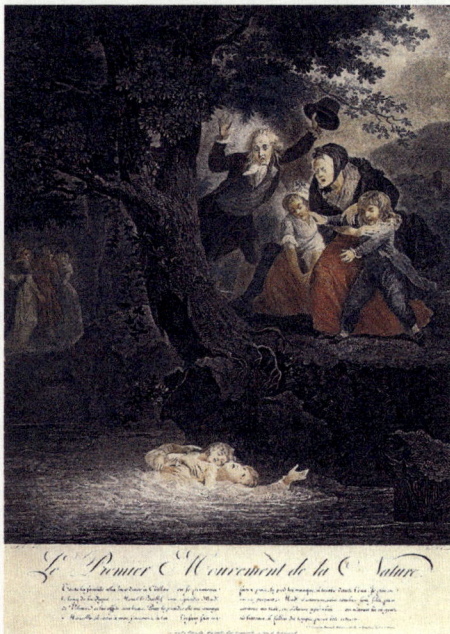

图为《新爱洛漪丝》中的一个场景。当时女主人公角于丽奋不顾身跳到水中去救意外落水的儿子，读者们也仿佛置身其中为柔弱的于丽捏一把汗，小说进入高潮。遗憾的是，女主人公因为此次落水一病不起，最终香消玉殒，一对有情人从此天人相隔。

一主一仆的流浪

《宿命论者雅克和他的主人》

18世纪法国"百科全书派"的领袖狄德罗晚年最重要的作品，现当代作家米兰·昆德拉钟爱的小说之一，认为"这本书在法国被低估了"。

一主一仆悠闲地在路上闲逛，挥斥方遒，指点人生。狄德罗把自己置身当局者又仿佛是局外人，同主仆们插科打诨，道出常人不能道出的人生故事。

独特的文学结构

《宿命论者雅克和他的主人》在狄德罗去世之后才在德国发表，他创作这部作品的时候已经60岁。此时的狄德罗生活阅历丰富，思想成熟，文学技巧和手法亦有了长足的提高和进步。狄德罗采取了对话体的形式铺陈故事，同时把自己也放了进去。故事看上去十分简单：宿命论者雅克和他的主人闲来无事，悠闲地在路上四处游荡。为了打发旅途的寂寞，两人时常探讨各种道理，对人生的一切随意发挥"哲学的见解"。

小说共有三条主线。第一条是雅克和他的主人在路上匪夷所思的经历：在酒店遇到匪徒——寻找丢落的怀表和钱袋——主人丢马、买马、奔向绞刑架——刽子手的家——误入旅馆——酒馆——换回原本的马——主人私生子所在的村庄——仓促结尾。第二条是雅克和他的主人在路上对话的内容，有雅克参军、恋爱的故事，也有主人自己的风流史，还有他们曾经遇到的人的种种故事。第三条是狄德罗作为叙述者的开场白、中断、评议和总结。

这三条线索并不是简单的直线式推进，而是中间不断被打断、继续、插入新的故事。

一位意大利作家说狄德罗是"在与读者玩一种猫捉老鼠的游戏，每一个情节转变时，他都打开了一系列不同的可能性，几乎任由读者选择他喜欢的

哲学家狄德罗1784年去世时在巴黎居住的房子。狄德罗在启蒙运动时期勉力维持《百科全书》的日常工作，坚持文学创作，可是他的经济条件并不好。为了给心爱的女儿凑够嫁妆，他差点卖掉自己多年积攒的图书。

JACQUES
LE FATALISTE
ET SON MAITRE.

COMMENT s'étaient-ils rencontrés? Par hasard, comme tout le monde. Comment s'appelaient-ils? Que vous importe? D'où venaient-ils? Du lieu le plus prochain. Où allaient-ils? Est-ce que l'on sait où l'on va? Que disaient-ils? Le maître ne disait rien, et Jacques disait que son capitaine disait que tout ce qui nous arrive de bien et de mal ici bas était écrit là-haut.

LE MAÎTRE.

C'est un grand mot que cela.

JACQUES.

Mon capitaine ajoutait que chaque
...

《宿命论者雅克和他的主人》的封面。在狄德罗去世之后，这部小说才与大众见面。狄德罗的一生已经见惯了大风大浪，达到了"也无风雨也无晴"的境界，所以才能按捺住心中的急切，审时度势让自己的杰作延后这么多年出版。

情节发展，但是结果却是让他上当。只选择一个，而排斥其他发展，而这一个又总是最不小说的小说"。"你在桥上看风景，看风景的人在楼上看你"，故事之中还有故事，只有聪明的读者才能耐心读完，也只有聪明的读者才能读懂。英国学者弗朗斯认为，"独立思考的读者，是狄德罗最好的读者"。你是最好的读者吗？

宿命论者雅克

主人公雅克的角色是仆人，是一个宿命论者，相信世上一切都是命中注定的，即便是最荒唐、不幸的事情也是上天安排好的。狄德罗嘲笑雅克的宿命论观点，主人敲雅克鞭子的时候问他："这一鞭子也是上天安排好的吗？"狄德罗还安排各种荒诞不经的故事和雅克的宿命论调对照，使读者看到这一观点的可笑，讽刺封建教会用宿命论观点麻痹人民思想的社会现实。

雅克是个老实人，聪明机智，有着天真的哲学头脑，时常能够化险为夷。虽然他是仆人，可他的主人"四体不勤、五谷不分"，没有他很难继续旅行。有意思的是，雅克也认为自己比主人"高明许多"，

时常想要跟主人一争高下。雅克和主人曾在一家酒店中就"谁更坏"的问题较起真来。雅克的憨态可掬跃然纸上，是狄德罗笔下法国第三等级的形象，传达出狄德罗对封建等级制度的不满和挑战。

狄德罗用敏锐深刻的判断、滑稽的故事，有时甚至是粗鄙可笑的画面启发读者，让人们看到封建制度和教会对社会造成的巨大危害。《宿命论者雅克和他的主人》是启蒙运动中极具价值的作品，狄德罗是小说史上的先驱。米兰·昆德拉用剧本《雅克和他的主人》向狄德罗和他的小说《宿命论者雅克和他的主人》致敬，意大利卡尔维诺的《寒冬夜行人》亦深受这部小说的影响。

Vous ne savez pas qui je suis!

1797 年版《宿命论者雅克和他的主人》中的插图。小说的故事极为简单，就是一主一仆二人的旅途故事。大道至简，主仆二人的对话却总是恰到好处地发人深思。

爱情的游戏，危险的复仇
《危险的关系》

他是法国文学史上最高深莫测的作家，被司汤达视为先驱，仅凭闲暇时间创作的一本小说《危险的关系》登上 10 本法国最伟大小说的榜首。

爱情是危险的游戏，身处其中就很难自拔，伤害别人的同时也伤了自己。拉克洛讲述了一出危险的爱情复仇游戏。

处心积虑的爱情游戏

《危险的关系》（*Les liaisons dangereuses*）描述了法国大革命前夕上层社会复杂的情爱关系。梅尔特伊侯爵夫人是主角，范尔蒙子爵则是她手中的棋子。在侯爵夫人看来，爱情只是一场游戏，在危险关系中取胜的关键就是不能认真。

梅尔特伊侯爵夫人当年被席尔库尔伯爵抛弃，为了报仇，她和范尔蒙子爵合谋陷害塞茜尔（席尔库尔伯爵的未婚妻），企图让席尔库尔伯爵在巴黎人面前贻笑大方（范尔蒙子爵曾是梅尔特伊侯爵夫人的情人，侯爵夫人曾经为了席尔库尔伯爵抛弃了范尔蒙子爵。席尔库尔伯爵得罪了巴黎交际圈的两

拉克洛出身法国贵族家庭，曾经在卫戍部队中服役。厌倦了军队生涯后，拉克洛开始在业余时间写作。尽管我们对《危险的关系》的评价很高，可是这部小说的出版曾经在法国文学史上引发了一段公案，作者拉克洛本人在很长时间内被怀疑是否为该书的作者。

位红人）。

塞茜尔是最无辜的牺牲品。她天真率直，大大咧咧，从小被养在与世隔绝的修道院，15 岁才被接回家中。弗朗奇夫人一心想让女儿嫁给席尔库尔伯爵。尽管伯爵感情经历丰富，但他推崇修道院教育，注重姑娘的贞洁。梅尔特伊侯爵夫人的计谋是想让范尔蒙子爵引诱塞茜尔，通过夺去她的贞操来羞辱席尔库尔伯爵。

真爱的反向寻找

拉克洛通过 175 封信件展开故事的叙述，分别用不同的角色口吻编制信件的内容，语言精巧优雅。读者通过碎片化的信件逐渐还原不同人物之间的复杂关系，巴黎上流社会风流人物的形象鲜活地呈现在读者面前。

作为一个旁观者，随着故事的推进胆战心惊，有时对梅尔特伊侯爵夫人的险恶狠毒咬牙切齿，有时又想给懵懂无知的塞茜尔提醒，有时又感叹上流社会主角们的风流荒唐……统治阶级的荒淫无耻、醉生梦死的堕落、放荡生活让人唏嘘，危险关系实际是爱情的追逐，一不留神就会被裹挟，最后遍体鳞伤。虽然剧中人物都渴求爱情，但是爱情已经变了味，梅尔特伊侯爵夫人一语道破"爱情和医学一样，只是为了增强体质"。爱情早已不再是心与心的慰藉、灵魂的交流，而是单纯肉体的占有，是对异性的追逐、诱惑与征服。正如梅尔特伊侯爵夫人

乔治·巴比尔为《危险的关系》绘制的插图，用在1920年在俄国发行的俄文版中。该插图风格大胆直白，故事性较强，较好地推动了小说情节的发展。撇开小说单纯地看插图也能基本领会小说的概意。

知识链接：拉克洛

肖德洛·德·拉克洛（Pierre Ambroise François Choderlos de Laclos，1741—1803 年），法国小说家，代表作品《危险的关系》。他是一名人际关系极为简单的军官，曾被拿破仑任命为陆军准将。拉克洛却曾下决心创作与一般作品迥异的杰作，能引起争论，能在他死后仍然留下伟大的声名。人们不能想象他竟然会创作出《危险的关系》这种精彩绝伦的小说。拉克洛用事实回答了质疑。尽管争议颇多，《危险的关系》仍被后世列为 18 世纪的小说杰作。

待遇。20 世纪中后期，波德莱尔出版了有关这部小说的笔记，二战以后，纪德等有影响的作家对拉克洛给予了高度评价，拉克洛在文学史上的崇高地位才得到恢复，此书也成为深受广大读者喜爱的经典名著。众多影视戏剧界人士多次将这部小说改编成电影、戏剧或电视剧，此书在法国知识界的地位甚至超过普鲁斯特的《追忆逝水年华》。

所呈现的那样，爱情需要掌握技巧去获取。

拉克洛通过这种极端的方式让人们看到爱情的本质，《危险的关系》蕴涵的丰富寓意堪比古罗马奥维德珍贵的《爱经》。用粗暴的方式打破它，人们才能看到里面的真。拉克洛实际上希望人们通过反向的方式发现自己的真爱，良苦用心不知有几人能读懂。"满纸荒唐言，一把辛酸泪。都云作者痴，谁解其中味。"大智才能若愚，拉克洛用最怪诞的爱情游戏催生读者对爱情的珍视和向往。

《危险的关系》是一部超越时代的杰作。作者尖锐露骨的描写戳到了 19 世纪法国专制制度的神经，法院多次将小说列为禁书，拉克洛从未受到公正的

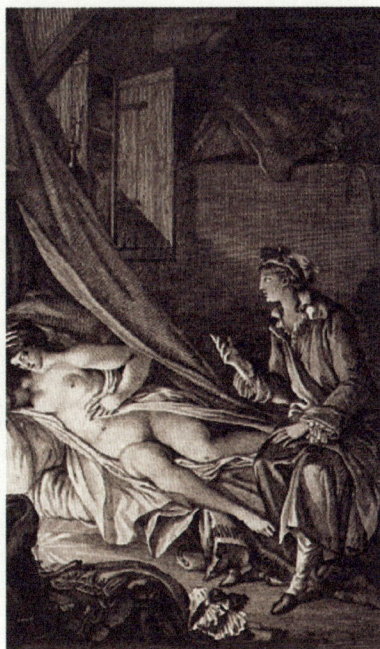

1796 年，著名的洛可可绘画大师弗拉戈纳尔为《危险的关系》绘制的插图。一位是善于抓住细节表现两性关系的美术大师，一位是文学领域的大家，他们两人的作品可谓相得益彰。

奇妙的幻想，讽刺的现实
《格列佛游记》

他不动声色的讽刺风格创造了"斯威夫特式"的新文风，《格列佛游记》成为他最负盛名的杰作。

乔纳森·斯威夫特（Jonathan Swift，1667—1745年）被大英百科全书评为英语语言中最著名的讽刺小说家，用奇妙的幻想带读者体验了格列佛曲折的经历。老幼妇孺，都能从中找到自己想看的故事。

奇妙的幻想

《格列佛游记》（*Gulliver's Travels*）共四卷，讲述了外科医生格列佛乘船遇险后的奇特经历。

第一卷，格列佛到了小人国，虽然举国都是迷你的小人，可是他们互相倾轧、明争暗斗，对身高极为在意。只比臣民高出一个指甲盖的国王狂妄自大，认为自己是宇宙的统治者，仅凭喜怒哀乐决定百姓的命运；国王统治下的吏治荒唐可笑，官吏只要赢得跳绳比赛就可获得高官厚禄。

第二卷，在大人国，他们的身高大约是格列佛的12倍，智力也更为发达。格列佛对英国美化的描述让国王不以为然。

第三卷，描写格列佛在勒皮他岛上遇到了相貌

乔纳森·斯威夫特，英国的讽刺文学大师、政论家，《格列佛游记》是他知名度最高的作品。出身贫寒的斯威夫特未出生就丧父，品尝过人间疾苦的他也看遍了世间百态。

异常、整天沉思默想的怪人。通过巫岛总督的魔术，格列佛见到了古代的许多名人，发现史书上存在着诸多有违史实甚至颠倒黑白的记录。

第四卷中形貌似人的"耶胡"是岛上的畜生，马是岛上具有智慧和理性的居民与统治者，格列佛被马民看作一只有理性的"耶胡"，但马国决议要消灭全国的"耶胡"，格列佛只能离开。

现实的讽刺

继丹尼尔·笛福的《鲁滨孙漂流记》大获成功7年之后，《格列佛游记》在某种程度上是对笛福关于人类能力过于乐观的系统反驳。斯威夫特反对的是英国个人主义盛行的社会，认为笛福小说提倡的观点是对托马斯·霍布斯激进政治哲学的危险支持。

《格列佛游记》描述的场景看似离奇，实际是对欧洲当时的社会现实进行的隐晦的嘲讽。斯威夫特通过冷静的讽刺为读者呈现三个主题：对欧洲政府和宗教之间细小差别的讽刺，对人类是否固有败坏的天性或者人是否会败坏的探索，斯威夫特先前作品《书的战争》已呈现的主题——古学是否可以对抗现代的学问再述。小人国的人民为了鸡蛋应该是从盖小的那端打开还是盖大的那端打开而发动战争，匪夷所思的焦点似乎折射出英国当时辉格党和托利党互相征伐的可笑。

格列佛遇险的原因则是对人性的深入揭示。海难、遗弃、被陌生人袭击、被自己的同伴攻击，人

格列佛旅途中充满了不可思议的经历，在巨人岛上，他像一个宠物被人们观赏和把玩。就连老鼠和小鸟这种以前在生活中稀松平常的东西，在巨人岛上都成了随时可能危及他生命的物种。图为《格利佛游记》插图，描绘格列佛在巨人岛的情形。

类的恶展现得淋漓尽致。但是，格列佛对人类是抱有希望的，在种种绝境中都被善良的人或者物种拯救，这似乎是斯威夫特为美好的善意留下的一束光。最后，格列佛被马国的有理性和智识的马民所感化，似乎代表着斯威夫特对古学和古代人类社会的标榜和推崇。

节的奇幻有趣，其讽刺的广泛深刻。这部书是游记、神话、寓言、理想国的蓝图，又是试验性的小说。"

文学艺术的杰作

只有内涵丰富、寓意深刻的作品才能反映出万千世界，《格列佛游记》是当之无愧的文学艺术杰作。翻译家王佐良评价这部书："儿童们喜欢头两部故事，历史学家看出了当时英国朝政的侧影。思想家据以研究作者对文化和科学的态度，左派文论家摘取其中反战反殖民主义的词句，甚至先锋派理论家把它看作黑色幽默的前驱。而广大的普通读者则欣赏其情

格列佛在海难中死里逃生来到了小人国。利立浦特人将他五花大绑地送到国王那里，格列佛最初赢得了小人们的喜爱。格列佛十分善良，他因为不愿意灭掉不来夫斯古帝国而得罪了小人国的国王，为了保命仓皇离开。此为描绘格列佛在小人国利立浦特的情景插画。

悲剧之歌
《少年维特之烦恼》

它是歌德作品中被他的同时代人阅读得最多的一本小说，它是歌德终其一生不断被人提起的成就代名词。

谁的青春不迷茫，谁的爱情不痛苦？歌德没有停留在自己的痛苦上，而是借由维特的遭遇升华了自己的情感。维特的自杀，是最有利的感叹号。

乡村遇真爱

主人公维特多才多艺又多愁善感，富裕的中产阶级家庭出身使他得以接受良好的教育，过着自由自在的生活。

然而，优渥环境下的维特"少年不识愁滋味，为赋新词强说愁"，初春的一天来到风景宜人的偏僻山村排解心中烦恼。优美的自然景色，淳朴的民风使得维特宛如生活在世外桃源中。在舞会上，维特对当地法官的女儿绿蒂一见钟情，绿蒂亦对维特非常倾心，他们忘情地跳舞，世界仿佛只有他们二人。可是"恨不相逢未嫁时"，绿蒂早已有婚约在身，维特和绿蒂在错误的时间相遇。

未婚夫阿尔贝特对绿蒂用情至深。维特和阿尔贝特也是友好的朋友，他们常在一起讨论绿蒂。此时山村绿色的山麓、悠然的溪水、飘动的浮云形同虚设，维特已经无法欣赏眼前的美景，完全沉浸在对绿蒂的爱中无法自拔。

为爱诀别

维特整天精神恍惚，最终下决心离开绿蒂，离开曾经给他带来欢乐与幸福的小山村。回到城市后，维特努力使自己融入公使馆办事员的工作中，但是浓重的官僚习气和不带人情味的同事关系让他十分苦恼。偶然的机会下，维特结识了身份显赫的C伯爵。伯爵的友善和信任一度给年轻的维特送来慰藉，可是伯爵道貌岸然，对维特的出身十分不屑。维特对这些虚伪世故的人彻底失去信心，于是愤然辞别公职到侯爵将军的猎庄里暂住。维特曾想从军，在侯爵的劝告下打消了念头。虽然维特在侯爵的庄园里受到友好的对待，可他始终觉得不自在。权衡之下，维特再次回到他魂牵梦绕的有绿蒂的小山村。

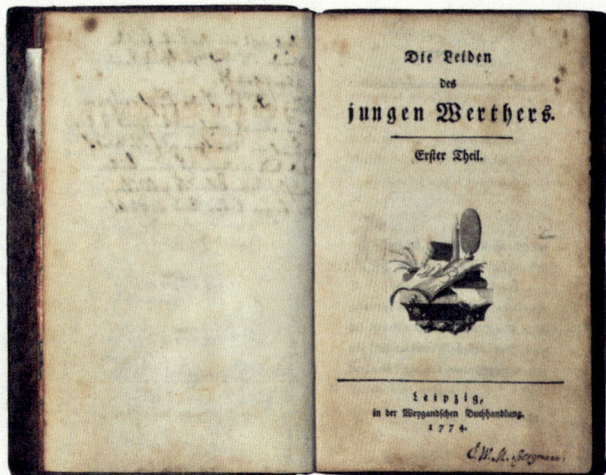

英文《少年维特之烦恼》1774年第一版。小说出版后广受欢迎，一时间洛阳纸贵，民众争先购买阅读。在较长时间内，歌德的名字前都被加上了《少年维特之烦恼》的作者，随着小说的热度上升，这成为一种象征荣誉的头衔。

阿尔贝特与维特虽是情敌，可是二人关系不是剑拔弩张，而是友好的朋友。两人在一起时经常讨论绿蒂，阿尔贝特对维特的遭遇也是深表同情。阿尔贝特对维特的自杀非常遗憾，亲自到他的墓前抒发哀思。

可是，"人面不知何处去，桃花依旧笑春风"，绿蒂已是阿尔贝特的妻子，维特彻底失去拥抱心爱的绿蒂的资格。维特先前结识的善良的村民大都遭受不幸。他曾经为他们画过像的孩子有一个早已不在人世。曾向他吐露心声的农夫勇敢地向他的女主人表达爱意，但女主人的弟弟怕农夫抢走他姐姐的财产将他解雇；失意的农夫错手杀了人，维特出于同情竭力为他辩护，法官仍然无法同意维特的观点。

年轻的维特无法承受多重打击，与心爱的绿蒂诀别的两天之后，圣诞节前一天维特用从绿蒂的丈夫阿尔贝特那借来的手枪结束了自己的生命，也结束了在世间的烦恼。在生命的最后时刻，他还默念"绿蒂！绿蒂！别了啊，别了！"维特用最悲壮的方式跟他的爱人做了诀别。

歌德如影随形的化身

少年维特的烦恼曾是少年歌德的烦恼，从某种

《少年维特之烦恼》的男女主人公肖像画

郭沫若翻译的《少年维特之烦恼》封面，现收藏在北京市的郭沫若故居陈列室。郭沫若用充满诗意的笔触将歌德的《少年维特之烦恼》翻译引进我国，影响了数代追求自由平等的中国年轻人。

程度上说，维特正是歌德的影子。年轻的歌德的确曾在一次舞会上倾心于一位名叫绿蒂的女孩，她勤劳能干、相貌出众。不幸的是，绿蒂早已有婚约在身，她给歌德更多的只是友谊。绿蒂的未婚夫对歌德颇为同情，甚至认真考虑过绿蒂和歌德在一起会不会更幸福。歌德最终无法承受痛苦不堪的处境主动离开。

巧合的是，歌德再次倾心的姑娘夏洛特同样早已订婚，而且在夏洛特的父亲看来，想成为艺术家的歌德不如从事法律工作的准女婿可靠。歌德的丘比特之箭第三次射向了马克西米丽·冯·拉·罗歇。书写是最好的倾诉，歌德没有像维特一样结束生命，而是化悲痛为力量，在四周时间内创作出《少年维特之烦恼》（*Die Leiden des jungen*

Werther，简称《维特》），使自己从自杀的念头中解脱出来。

维特自杀的情节更多的参考了歌德年轻时的同事耶路撒冷的遭遇，他因为无法承受爱情的不幸用手枪结束了自己的生命。歌德在小说的第二部分将耶路撒冷的性格特征倾注到维特身上，甚至原文引用了友人为耶路撒冷之死所作的报告中的章节。

《维特》在1774年出版，一时间洛阳纸贵，成为歌德早期最重要的作品。它的出版，成为德国文学史上划时代的大事，被视为狂飙突进时期最重要的小说。《维特》和歌德的名字被牢牢地绑在一起，为歌德赢得了盛名和财富。

对封建专制制度的强力控诉

《维特》能获得巨大的成功，从某种程度上说，它是歌德对他所处时代的封建势力强有力的控诉。文艺复兴之后，德国的启蒙运动提出博爱、平等、自由的口号，对抗德国封建专制制度、贵族的专横暴虐、思想的强力压制。歌德在维特身上赋予多层意义，维特所追求的人性的解放和自由正是歌德对德国新兴资产阶级寄予的厚望，是德国当时绝大多数进步青年所迫切需要的。

《维特》所描述的绝不是简单的悲剧爱情故事，杀死维特的不是爱情，而是18世纪德国的封建统治阶级对德国普通人民的压迫和摧残。维特善良、多愁善感、多才多识，对心爱的人可以拿出百分百的真心，对普通人有着深切的同情，可是无论是爱情还是事业都充满曲折。不是他错了，而是社会错了，整个大环境坏了。维特之死，是主人公与封建保守思想的彻底决裂，是灵魂彻底的解放，是自我升华的悲剧性选择。维特就是那个时期德国的觉醒青年。

小说中另外两个重要角色阿尔贝特和绿蒂仿佛

代表了失去自我意识、对社会妥协的代表。我向来不惮以最坏的恶意揣测人：阿尔贝特对维特谦恭有礼，是不是因为对绿蒂用情不深才可以做到如此波澜不惊；歌德对阿尔贝特情感的描写亦是极少，阿尔贝特的选择看上去只是社会价值标准之下应该做出的选择，至于他自己是否具有独立主见我们就不得而知。绿蒂是一种中间人格。一方面她天真、美丽，这些品质吸引了维特；另一方面又自私自恋，"她思来想去，觉得哪个女朋友也配不上他（维特），或许她的心里只是想把他留给自己"。然而，绿蒂是社会化的有理性的人，她不能也不想像维特那般

19 世纪，在瑞士发行的《少年维特之烦恼》的封面。《少年维特之烦恼》是德国的，也是世界的。它的影响早已跨出国界，成为全世界热爱文学、追求进步的人们通用的语言。

随心选择，突破社会为她选定的命运。

维特身份的定位和悲剧性的选择在当时引起极大争议。维特被当时许多人指责为和谐婚姻关系的破坏者，是对社会制度的巨大挑战。教会和同时代的一些作家批判歌德对自杀的赞美，认为他的选择是对神意的最大不敬。《维特》是对传统价值标准的颠覆，和传统文学截然相反。恩格斯对《维特》给予高度的评价，他说："《维特》用艺术手法揭露了社会的全部腐败现象，指出了社会弊病中最深刻的根源。"歌德完成了《维特》，建立了一个最伟大的批判的功绩。19 世纪的丹麦大批评家勃兰兑斯也提出，《维特》的价值在于表现了一个时代的烦恼、憧憬和苦闷。卢卡契在《论〈少年维特之烦恼〉》中对《维特》给予极高的评价，认为它不仅是 18 世纪资产阶级文学的一个高峰，而且是 19 世纪伟大的现实主义问题文学的第一个伟大先锋。

社会的镜子：理性主义史学

启蒙时代是一个万象更新的开始，史学从"想象力娱乐"转化为"启蒙运动哲学的必要手段之一"。18世纪的历史学举起了理性的镜子，用镜子观察理性的历史面目。历史学求助于理性，理性求助于历史学，理性主义史学的大旗自此树立。

伏尔泰率先使用"历史哲学"一词，"把哲学的明灯带进了黑暗的历史档案库中"，把历史精神扩充为人类的精神。历史研究不等于堆砌史料，而应该通过复杂的现象寻找隐藏其中的规律并进而揭示人类精神是不断进步的。1725年维科的《新科学》问世，开创了历史哲学研究的先河。维科认为，人类社会是遵循一定规律不断向前发展的，并且人们能够发现这种规律，他被尊为"西方历史主义的创始人"。德国史学家赫尔德注重对维科的思想研究，在《语言的起源》中提出，必须以人类自身为出发点，以日常事实为依据探索语言的起源。语言是人类感性活动的产物，关于语言起源的问题必须用经验的、归纳的方法才能解答。

历史学不再是隐藏在神学或哲学背后的一个羞羞答答的存在，作为启蒙时代一个新兴而重要的思想领域，它的重要地位得到首次确认。启蒙时代的历史学在人类历史上留下了独特的印记，最终催生了浪漫主义史学的新纪元。

历史哲学研究的先河
《新科学》

维科是意大利历史哲学和近代社会科学的奠基人，是启蒙时代最著名的思想家之一。

阐述了古代文化史、诗歌和美学的理论著作《新科学》，超越了时代的理解，在维科生前影响平平，随着后现代主义思潮的兴起才重新获得人们的重视。是金子，总会发光的。

追求平等的少年

詹巴蒂斯塔·维科（Giambattista Vico，1668—1744 年）出身于意大利那不勒斯城的一个小书商家庭。10 岁时，维科曾到耶稣会创办的语法学校读书，尽管他聪颖好学，成绩一直是第一名，但是神父还是把升级的名额给了他欣赏的第三名。少年维科不满于不公正的待遇，愤而退学，在家中自学了小学到中学的课程。自修虽然不够正规、缺少系统性，却使维科脱离学校教育中神学和传统的束缚，为日后独创性思想的形成奠定了良好的基础。

维科在那不勒斯大学接受高等教育，1694 年取得法学博士学位。毕业后为了维持生计，维科担任了瓦拖拉市代拉·罗卡侯爵子女的家庭教师。9 年的家教生涯是维科思想发展的关键时期，衣食无忧的同时又能博览群书，正如他自述的那样："在学术研究中取得了极大的进展"，形成了自己的形而上学和方法论。

那不勒斯城的沃土

那不勒斯城是维科思想发展的沃土。它是意大利的一个学术中心，素以法学研究著称，为维科法学研究提供了便利。那不勒斯城较意大利其他地区

维科肖像画。作为生活在 17 世纪末 18 世纪初的哲学家，维科在 20 世纪重新引起哲学界的关注，除了他在哲学史上的贡献，更多的是因为他对历史、政治、法律和哲学等人文学科的重视。在学术界普遍推崇科学理性的时候，维科对人文学科的关注自然会引起大家普遍的关注。

拥有更多的反抗教会和大学保守派的民间思想社团或学术团体，具有更多的文化生机。另外，笛卡尔的理性主义哲学传到意大利之后，那不勒斯是当时的主要活动中心。维科在那不勒斯充分地学习了笛卡尔的思想，经过比较鉴别之后，发现了其中的不妥之处，进而提出自己的主张。

维科 16 岁开始自学民法和宗教法，特别是罗马法。维科具备精深的法律知识，虽是一名没有受过系统法律教育和零实战经验的青年学子，但仅凭

自己的法律知识便为父亲赢得最高法庭的辩护。即使是专业学校毕业出来的专业律师，能在第一次诉讼中达到维科的水平也是难能可贵的。维科的事迹被公众传为佳话，他获得了良好的声名。对法学的研究使他注意到原始社会发展和历史哲学，为他后来撰写《新科学》提供了新的方向。

维科心中的哲学家典范

培根是维科心中哲学家的典范。在他看来，柏拉图代表玄奥智慧，塔西佗代表普通智慧，培根则是两种智慧结合的真正哲人。在培根《新工具》的影响之下，维科出版了《关于各民族的本性的一门新科学的原则，凭这些原则见出部落自然法的另一体系的原则》一书，即以《新科学》著称的第一版。

1744 年第三版的标题被改为《关于各民族共同性的新科学原则》。

在《新科学》中，维科批判笛卡尔"我思故我在"的理论。思考的我分为身和心两个方面，如果思考是我存在的原因，那么身和心也是我存在的原因，由此得出"我思故我在"明显无法成立。维科认为，笛卡尔"我思故我在"在事实和观念之间造成割裂，他认识的对象就只能局限在自然科学领域，怀疑主义的存在是不可避免的。维科提出真理与事实的统一，并以此作为事实的标准和根据，这明显受到培根的影响。

人类历史发展的规律

《新科学》的基本出发点是共同人性论，目的

意大利那不勒斯老城，公元前 600 年建城，以其丰富的历史、文化、艺术和美食而著称，被联合国教科文组织列为世界文化遗产。那不勒斯曾经是巴洛克时期文化的发动地，那时它是仅次于巴黎的欧洲第二大城市，维科就诞生于此。

维科的代表作《新科学》中接受了古埃及把人类历史发展分为神、英雄和人三个时代的看法。维科认为，在神的时代，人类仅凭本能过着野兽般的生活。图片诠释了在神的时代，人们因为初次碰到雷电后十分害怕的场景，就在头脑中虚构出神的形象并且信以为真。

是探讨人类各民族的共同性原则。人类历史的发展是有规律的，并且规律是可以为人们所认识的。各民族在历史发展上必然表现出某些基本一致性和规律，维科上下求索的就是这种规律。只靠历史人类是无法发现规律的，经验和理性必须结合起来，从人类心理功能与文化制度的关系方面去归纳。

维科应用自己提出的理论，在《新科学》中借用古埃及人传统的历史分期方法，总结出人类发展的规律：神的时代、英雄时代和人的时代。在神的时代，人类处于原始的野蛮状态，是人类的儿童期。英雄时代，在神的时代后期就已经开始，荷马是古希腊在英雄时代的一个典型代表。平民力量的壮大最终导致了英雄时代的解体，人类进入人的时代。人的心智在这一过程中是不断发展完善的，语言也是不断进步的。各民族都是沿着这一规律不断向前推进，各民族千奇百怪的习俗中总会有一致性的前进方向。维科认为，各民族都是按照这三个时代的划分发展，根据各民族所特有的因果关系经常地、不间断地次第前进。但遗憾的是，维科将思考引入历史循环论的道路上，

没有从根本上将其导正。

诗性智慧

在人类发展的过程中，维科又提出"诗性智慧"这一重要概念，这是维科耗费20年的钻研才发现的新科学的万能钥匙。

"人道创建者们都是某种诗人和哲人，原始人虽然强壮而无知，却完全凭肉体方面的想象以惊人的崇高气派创造了事物；这种崇高气派伟大到使原始祖先自身都感到惶恐，因而原始人被称为诗人"，他们所有的这种创造性智慧被称为"诗性智慧"。"诗性智慧"是人类智慧的源头，是"各门技艺和各门科学的粗糙的起源"。"诗性智慧"

《新科学》插图。图片形象地说明了神的荒谬不可信，神不过是人们想象的产物而已。天上的神看似高高在上，但是他们的光辉也是透过人间的器物才能发挥效力。换言之，神是人主观臆造出来的。

在那不勒斯的维科雕像

🦉 **知识链接：朱光潜和《新科学》**

《新科学》在人类思想史上占有重要的价值，朱光潜最早认识到该书的价值，并对此书在中国的传播作出了重大贡献。朱光潜认为，《新科学》是"探讨人类社会文化起源和发展的一种大胆的尝试"。经由朱光潜的《西方美学史》的介绍，《新科学》在20世纪60年代得以进入我国学术界。朱光潜在他翻译的《新科学》中文版的后记中特意提到此事："由克罗齐我注意到他的老师维科的《新科学》，一方面嫌它晦涩，同时也多少认识到他的思想的重要性，所以在六十年代写《西方美学史》时，就在第一卷为维科特辟一章。《西方美学史》尽管用作教材，维科专章却等于石沉大海。"20世纪80年代，商务印书馆出版了朱光潜翻译的《新科学》，此书在我国的影响才得以扩大。正是有了朱光潜的慧眼识珠和辛勤笔耕，我们才认识了维科和他的巨著《新科学》。

最基本的思维方式就是以己度物的隐喻。原始文化的考察为维科提供了灵感，发现了一种与哲学家们的"理性智慧"完全不一样的"诗性智慧"，如果说前者是人类智慧的理智，那么，后者则是人类智慧的感官。"诗性智慧"是"世界最初的智慧"，是人类原始人的思维，它先于理性的逻辑思维，但并不是一种野蛮落后的思维，恰恰是人类知识和文化的起源。

卡尔·马克思在他的著作中曾提到过维科，他们的思想实际上是平行的。他们都论证了社会阶级的斗争，他们的思想都包含了人类应获得平等的权利，但二人的结论是不同的。马克思把人类获得平等的权利看作社会斗争的最佳结果，维科认为平等导致混乱和社会的崩溃。维科用信仰存在的必要性来捍卫这种观点，虽然《新科学》中多次反复论证神和宗教是人凭空想象出来的，是用以维持社会秩序的。他坚称神意或天意是维持社会良好秩序的必要条件。有意思的是，维科却并没有把它运用到基督教身上，而只是用来解释基督教法院的希伯来民族以外的"异教世界"。我们无法揣测，这是因为维科本身虔诚的天主教信仰，还是鉴于伽利略的教训有意避开法国天主教会的避讳。

维科的思想是超越时代的，是德国思想的先导。当今世界最具影响力的文学与文化批评家之一爱德华·萨义德（Edward W.Said，1935—2003年）在《东方学》中13次提到维科，声称该书受惠于他。

史学明珠《路易十四时代》和《风俗论》

> 成功的花儿，人们只惊羡她现时的明艳。然而当初她的芽儿，早已浸透了奋斗的泪泉，洒遍了牺牲的血雨。
>
> ——冰心

伏尔泰"把哲学的明灯带进了黑暗的历史档案库中"，把历史精神扩充为人类的精神。通过两部史学作品，他完美地达到了目标。

《路易十四时代》

伏尔泰立志做一名诗人，可是务实的父亲老阿鲁埃不希望家里多一个不能养家糊口的废人，坚持让伏尔泰做律师。有道是："有心种花花不开，无心插柳柳成荫"。1714年，老阿鲁埃把儿子送到德·古马尔丁处教养，希望他能放弃做诗人的梦想。

德·古马尔丁是老阿鲁埃的朋友，是资历颇深的政治家，曾在路易十四王朝担任国家枢密官，熟悉宫廷的历史和人物，接触过许多外人无法接触的史料。古马尔丁十分喜欢文质彬彬、聪慧有礼的伏尔泰，茶余饭后时常给他讲一些路易十四的逸闻趣事。伏尔泰对路易十四时代的辉煌功绩万分向往，决心创作一部史料翔实的作品以纪念这位伟大的君主。《路易十四时代》（The Age of Louis XIV）的构思由此产生。

伏尔泰虽早负盛名，但人身安全始终处在危境之中。他曾因抨击天主教的黑暗统治和封建统治者的腐朽两次被投入巴士底狱，数次因为政府通缉四处避难。在辗转流亡中，伏尔泰利用一切机会为《路易十四时代》收集史料。他仔细阅读当若侯爵四十卷本的回忆录，即后来公开出版的《路易十四朝廷日记》。借出任皇家史官的机会，阅读了国王为教育王孙勃艮第公爵而编写的回忆录、路易十四

图为1770年版《路易十四时代》的书眉，书眉中的皇冠象征路易十四盛极一时的皇权。

的书简。通过军机大臣达让松得以到军机部和外交部研究各种文件档案，参阅罗浮宫所藏国王给大使的训令和他们发回的外交报告。另外，伏尔泰21岁时"太阳王"才去世，这为他采访见证人和目击者提供了有利的条件。

毫不客气地讲，伏尔泰的社会地位和名声为他收集史料提供了最便利的机会。丰富的一手资料、坎坷的人生阅历，还有如椽之笔，《路易十四时代》历时20个春秋的艰苦终于完稿。伏尔泰撰写《路易十四时代》的目的并不是为路易十四个人立传，他的着眼点是那个时代，以及那个时代人类文明所取得的卓越进步。事实上，伏尔泰著作所囊括的时间也是早于路易十四的出生并且晚于他的去世。伏尔泰在给奥利维的信中声称本书的重点是："值得一切时代注意，能描绘人类的才智和风俗，足以起教导作用，引人热爱道德、学术和祖国的事情。"

伏尔泰以前，史学家大都效仿古希腊和罗马样板，历史著作以纪传体为主，侧重记述政治和军事，几乎都是帝王将相的家谱罗列。伏尔泰认为，应该把历史人物放在广阔的时代背景中来评述，叙述的重点应放在财政、贸易、宗教、哲学、文学、科学等方面，要把人类精神的进步摆到应有的地位

布雷斯特是法国西部城市，是一座海港城市，港阔海深。从罗马时期开始，此城就是重要的军事要塞。路易十四时期，法国国力强盛，他积极对外进行军事扩张，布雷斯特港在他统治下的17世纪扩建成重要的军事港口。图片中海面密布的军舰即是当时的真实写照。

上。《路易十四时代》突出体现了伏尔泰启蒙主义的历史观，主张"尊重事实，尊重良心"，拒绝承认神意的决定作用。伏尔泰坚定地相信人类文明的进步，理性必然战胜迷信和谬误。

《路易十四时代》是划时代的历史著作。在普鲁士、英格兰、荷兰和法国等地出版，产生了广泛而深远的影响。从某种意义上说，它是阐述人类文明的最初尝试，是世界文化史的源头。

夏特莱侯爵夫人的肖像画，从画家的笔下我们能感受到她的才思。夏特莱侯爵夫人是伏尔泰的情人，她出身名门又博学多识，是出了名的才女。伏尔泰与她是思想上的灵魂伴侣，在学术上互相促进，彼此扶持。侯爵夫人的去世对伏尔泰打击很大。

《论各国的立法精神和礼俗》

如果《路易十四时代》读罢还意犹未尽，亲爱的读者还可以去阅读它的姊妹篇《论各国的立法精神和礼俗》（*Essay on the Customs and the Spirit of the Nations*，以下简称《风俗论》）。这本书撰写的初衷十分浪漫。

伏尔泰的情人夏特莱侯爵夫人喜爱自然科学和哲学，认为历史索然无味。身为大史学家的伏尔泰当然十万分的反对这种看法，下决心撰写一部生动有趣的历史教材。书稿最初在《法兰西信使报》上陆续刊登，但侯爵夫人的离世让心碎的伏尔泰终止了为爱人的创作。幸亏有人盗印伏尔泰的手稿并且穿插了许多伏尔泰并不认同的观点，一气之下伏尔泰才继续创作，为世人留下了一部真实而完整的历史著作。

《风俗论》这部鸿篇巨制取得巨大成功，初版便印刷了5000册，这在当时是绝无仅有的大手笔，它改变了法国史学界的面貌。当时法国史学家大多按教会和国王的利益编写历史，把一切历史事件归为神的意志。伏尔泰认为，所谓的历史著作是"撒谎的作品"，他决定用《风俗论》为历史著作树立新的典范。

如果说在《路易十四时代》中，伏尔泰仍无意识地强调了路易十四个人的成就，未完全摆脱"太阳王"的主角身份，那么在《风俗论》中，伏尔泰的启蒙主义的史学观进一步清晰明确。从《路易十四时代》到《论各国的立法精神和礼俗》，伏尔泰在书名中已明显地体现出"我的主要想法是尽可能地了解各民族的风俗和研究人类的精神。我把历代国王继承的顺序视为撰写历史的指导线索而不是目的"。《风俗论》在一个宏大的背景下探寻世界文明的进程，而不是参照国别或是基督教传统的框架。

伏尔泰是第一位为书写世界历史做严肃尝试的人，他排除神学的框架，就不可避免地弱化了中世纪的作用，转而强调经济、文化、政治史。在他看来，欧洲不是一加一等于二的简单的国家集合，而是一个完整的整体。

欧洲的历史，尤其是中世纪欧洲的历史，主要发展线索是宗教思想统治人们精神生活的兴衰史，是教权与王权矛盾斗争的历史。宗教问题渗透到生活中的方方面面，是许多历史事件的重要起因。《风俗论》把它作为贯穿始终的主线，对政治、军事、财政、贸易、哲学、文艺、科学等各个领域进行了深入的论述，揭示出人类从愚昧迷信不断向文明开化发展的历程，得出人类必将进入理性时代的鼓舞人心的结论。

伏尔泰是第一个提到中东文明对西方文化作出贡献的人，再三警告历史学家不要存有政治偏见，并尽一切机会揭露教会的偏狭和诡计。伏尔泰建议学者不要相信任何有违自然规律又不合常理的事情。虽然他发现历史记录中的罪恶，但他仍然热情地坚信对未受过教育的大众的劝说和教育仍然能够取得进步。

伏尔泰是启蒙时代的杰出代表，他的《路易十四时代》和《风俗论》突出的史学价值和优美简练的文风是历史学和文学史上不朽的丰碑。他的史学观影响了启蒙时代的史学家，爱德华·吉本就声

称，以伏尔泰为榜样创作出了《罗马帝国衰亡史》。伏尔泰对历史编纂学摆脱好古癖、欧洲中心主义、宗教不宽容主义和对伟大人物、外交、战争事宜的过分关注作出了重大贡献，耶鲁大学教授彼得·盖伊（Peter Gay）高度赞赏伏尔泰的史学观，称赞他"谨慎地引证历史真相，小心地筛选证据，智慧地选出重要的东西，领会到整个文明史一系列的研究"。

> **知识链接：路易十四**
>
> 路易十四，全名路易·迪厄多内·波旁（Louis-Dieudonne），波旁王朝的法国国王和纳瓦拉国王。他是法王路易十三的长子，年幼时因为暴乱两次逃出巴黎，因此对巴黎留下不愉快的印象，并开始谋划定居凡尔赛宫。1643—1715年在位，共计72年，是在位时间最长的君主，亦是世界历史上在位最久的独立主权君主。1661年，法国宰相红衣主教马萨林死后他才真正执政，在法国建立起君主专制的中央集权国家。
>
> 路易十四在位时期，凡尔赛宫集合了当时法国的整个官僚机构，军事、财政和机构的决策权都集中到法王手中。另外，他亲政时期（1661—1715年），发动了三次重大的战争：法荷战争、大同盟战争、西班牙王位继承战争，和一次小规模的冲突——遗产战争。这些战争使他成为权倾一时的欧洲霸主的同时，沉重的战争负担也使国库日益亏空。"太阳王"去世之后，法国的国力日渐衰落。

史学杰作
《苏格兰史》和《查理五世在位时期的历史》

苏格兰启蒙运动时期著名的历史学家，吉本心中"当代首屈一指的史学家"，为世界留下史海明珠。

如果史学著作能兼具严谨与文采，就是不可多得的杰作。罗伯逊抛却个人立场，仔细研读史料，用生花妙笔写就了《苏格兰史》和《查理五世在位时期的历史》。

苏格兰史研究的权威：《苏格兰史》

威廉·罗伯逊（William Robertson，1721—1793年）自幼接受良好的教育，专精治史，自称是伏尔泰和休谟的追随者。他充分研读收藏在爱丁堡和伦敦的文献资料，对史料进行了周密的考证和巧妙的安排。

经过六年的艰苦努力，罗伯逊出版了《苏格兰史》（The History of Scotland），该书成为苏格兰史研究的权威。该书主要记述斯图亚特王朝的玛丽王后及其子詹姆斯六世

1791年威廉·罗伯逊肖像浮雕。罗伯逊不仅是学者，还是位伟大的教育家。他曾经出任爱丁堡大学的校长，后世很多人对他的校长经历给予极高的评价，声称"他治校的30年是爱丁堡大学发展史上的顶点"。

在位时期的政事，对苏格兰的宗教改革描述详细，终止于1603年詹姆斯六世入主英格兰（在英格兰称詹姆斯一世）。

罗伯逊并不是刻板的记录者，他以斯威夫特和笛福为榜样，行文中非常注重铺排布局，文笔清丽。《苏格兰史》文采斐然，出版后广受欢迎，成为罗伯逊的成名之作，53年间共发行了九版之多，历史著作能取得这等成绩已是奇迹。

理性主义史学的典范：《查理五世在位时期的历史》

罗伯逊的另一部代表作是《查理五世在位时期的历史》（History of the Reign of the Emperor Charles V，1769年），后世的不少史学家认为，这部厚达三卷的史学之作其成就在《苏格兰史》之上。这当然是见仁见智的问题，但是就当时出版商给付的稿费来看，似乎是成立的。《苏格兰史》出版时，罗伯逊只得到600英镑的报酬，而《查理五世在位时期的历史》则得到4500英镑。该书出版后，在欧洲引起广泛的关注，各种文字的译本争相出版。女皇叶卡捷琳娜甚至在长途旅行中都随身携带该书并声称："我从不漏过读这一本书的机会，尤其是第一册。"

《查理五世在位时期的历史》中，罗伯逊对中世

查理五世（Charles V，1500—1558 年）的肖像画，该作品大概创作于 1515—1516 年。罗伯逊在浩如烟海的史料中耐得住寂寞一点一点地爬梳，力求为我们尽可能详尽客观地呈现西班牙国王查理五世的形象，以考察他在历史长河中的地位与作用。

纪社会所作的解释以及在中世纪的史料处理上都超越了伏尔泰和吉本。罗伯逊突破了自身长老会教的信仰，相信历史是进步的，对历史的解释更倾向于理性的探讨，"在他的历史中上帝总是起着次要的作用"。当代历史学家杨豫认为，"罗伯逊第一个抓住了中世纪政治发展的实质，强调经济和文化的影响，同时也注意到了十字军东征、法治的改革、城市的发展和商业的扩张等因素的作用"。罗伯逊一方面把中世纪晚期欧洲最著名的西班牙国王查理五世作为反面典型描述，揭示了宗教改革的重要原因是天主教会横征暴敛、滥用职权；另一方面用清教的观点颂扬马丁·路德和其他宗教改革家的事迹，抨击天主教会，认为是天主教造成了中世纪文化的空白。最后得出结论：中世纪是"黑暗"的时代，宗教改革是时代必须做出的选择。

> 知识链接：理性主义史学
>
> 理性主义史学是 18 世纪启蒙运动时期欧洲历史学领域兴起的一种思潮，在史学领域占据支配地位。理性主义史学家相信历史是不断进步的，提倡理性主义史观，认为普遍的理性是历史发展的动力，是评判过去的依据。历史学的任务就是批判宗教愚昧和封建专制，创作包括经济、社会、文化等因素在内的广义历史。理性主义史学相信历史是人类理性不断发展的历史，是可预见的历史。

罗伯逊虽然自称是伏尔泰和休谟的追随者，但他的治史方法和态度却远超他们。他把历史研究当作崇高的事业，坚持秉笔作史，不虚美，不隐恶，一切都从客观事实出发，后人评价"罗伯逊的主要特点是准确和求实"。在每章后面都附有注释和参考书目的方法是罗伯逊对历史编纂学的一大贡献并被后世学者沿用，标志着叙事史的确立。罗伯逊是"哲学的历史学"的代表，认为历史研究应该与广泛的社会背景相联系，要以史为鉴。罗伯逊成为启蒙时代理性主义史学家的杰出代表。

方济会墓园中威廉·罗伯逊的陵墓。1793 年 6 月 11 日，罗伯逊在爱丁堡南部的画眉山庄（Grange House）去世。罗伯逊的墓地上树立着非常宏大的墓拱，仅仅比南部的威廉·亚当的小一点点，这体现了当地民众对这位伟大作家的敬重与怀念。

罗马历史的必读书
《罗马帝国衰亡史》

罗马城不是一天建成的，《罗马帝国衰亡史》亦不是一天写就的。

在罗马的废墟上，吉本立志要为罗马城的衰亡写一本书，他呕心沥血 20 年完成的《罗马帝国衰亡史》成为后人研究罗马历史的必读书目。

罗马废墟上的沉思

爱德华·吉本（Edward Gibbon，1737—1794 年）是启蒙时期英国著名的历史学家，年少时体弱多病。寂寥的病中时光，读书成为吉本最好的陪伴，爱好历史的种子就在此时萌生，在《我的作品和生活回忆录》中他自称"历史是自己特有的粮食"。

像大部分英国贵族子弟一样，在完成学校教育

爱德华·吉本生于富贵之家，有良好的经济和物质条件。遗憾的是，他自幼体弱多病，没能接受正规的学校教育。更为不幸的是母亲早逝，而父亲相当严厉，吉本是由姑母抚养长大的；但幸运的是，生活的磨难锻炼了他坚强不屈的意志，为吉本的鸿篇巨制奠定了良好的精神基础。

之后，吉本开启了到欧洲的壮游之旅。吉本用近乎朝拜的心情游览了书本中千万次描述过的曾经辉煌灿烂的罗马城。他自述："1764 年 10 月 15 日黄昏时分，我坐在罗马卡皮托山的古迹里沉思默想，听到神庙中传出赤足僧侣的晚祷声。我要为这座名城写一本书的概念，开始在我的内心酝酿成形。""无论书本上告诉我们那个民族如何伟大，他们对罗马最繁荣时代的描述，远不足以传达废墟显示的景象。"吉本下决心要为罗马城的衰亡写一本书，他的读书和思考开始朝那个目标努力。他自幼接受古典训练，熟读拉丁文古典著作，非常熟悉古罗马的历史。在欧洲旅游期间，大量古罗马人文历史、地理书籍以及古罗马遗迹的浸润，使得吉本心中罗马昔日光辉的形象与今日的罗马废墟的衰败形成更鲜明的对比，进一步激发了他创作的灵感。

有志者，事竟成。1776 年《罗马帝国衰亡史》（*The History of the Decline and Fall of the Roman Empire*，以下简称《衰亡史》）第一卷出版，好评如潮，多次再版都不能满足读者的需求，一时洛阳纸贵。担得起多大的盛名，就要承受多大的诽谤。吉本对基督教的兴起和发展特别是神迹的客观描述招致教会及宗教界人士的攻击。幸运的是，吉本并未被打倒而是再接再厉。1781 年《衰亡史》第二卷和第三卷出版完成，最后三卷成为 1788 年吉本送给自己最好的生日礼物。

意大利罗马斗兽场遗址。辉煌属于希腊，荣耀属于罗马。想当年罗马帝国横跨欧亚非三大洲的版图，一时之间更成为地中海的霸主，可是繁华终究雨打风吹去。吉本在这片废墟上唏嘘感慨，心中怅然，不禁仰天而问罗马帝国的归处。于是，才有皇皇巨著《罗马帝国衰亡史》。

第一部"现代"历史著作

《衰亡史》卷帙浩繁，不仅规模庞大，而且记录的历史纵横千年，堪称欧洲的《史记》和《汉书》。《衰亡史》始于奥古斯都立为皇帝，终于 1453 年君士坦丁堡的陷落，共 1250 年，涵盖西欧、伊斯兰与拜占庭三大文明。

在修史的过程中，吉本拒绝采纳第二手的文献，而是立足同时代的资料并做了大量的考证工作，力求能够秉笔直书。据统计，他使用超过 8000 个注释，引证了 409 位近代古典学者的著述。书中极少数没有确切依据的地方，现在考古发掘的证据往往证实当时吉本的假想是正确的。吉本追随修昔底德和塔西佗一系，讲求文章叙事拟人的技巧、语言的简练生动。他用生花的妙笔从纷纭繁复

的罗马历史中梳理出内在的发展脉络，从政治、军事、宗教、文化、经济等方面对罗马帝国衰亡的历程纵横铺排，挥洒勾勒；对罗马帝国衰亡的原因条分缕析，引导读者不断探索，使人欲罢不能，推导出罗马帝国衰亡的根本原因是"奥古斯都体制"（Augustan Settlement）的政治制度。

《罗马帝国衰亡史》是启蒙时代历史学界空前绝后的鸿篇巨制，前无古人，后无来者。时人将大卫·休谟和威廉·罗伯逊与吉本并称为"不列颠史家三雄"，然而随着历史的淘洗，休谟和罗伯逊的史学著作鲜少被人提及，吉本的《衰亡史》却盛名不衰，成为近代欧洲历史与文学的经典。

图为 1777 年第三版《罗马帝国衰亡史》的封面。吉本在著述此书时，精益求精，不断打磨，才有了我们今天看到的传世杰作。

高贵的单纯，静穆的伟大
《古代艺术史》

希腊杰作有一种普遍和主要的特质，这便是高贵的单纯和静穆的伟大。

——温克尔曼

温克尔曼费尽心机地寻找机会读书，甚至不惜改变信仰。尽管他未到过希腊，但却写就了研究希腊艺术的必读书目《古代艺术史》。

艰难困苦，玉汝于成

约翰·约阿希姆·温克尔曼（Johann Joachim Winckelmann，1717—1768 年）出身于德国勃兰登

穿着豪华便服的温克尔曼，由奥地利著名画家安东·冯·马伦（Anton von Maron）在 1768 年绘制完成。在温克尔曼面前的桌子上放着的图片是古典神话人物安提诺乌斯。

堡施滕达尔一个清贫的家庭，这意味着他要想在学术上取得成就要付出比其他人更多的努力。父亲是补鞋匠，对儿子的最大希望仅是子承父业。但是，温克尔曼不甘心做村口的补鞋匠，他深知知识能够改变命运。卖唱、做家庭教师、当图书管理员，微薄的收入往往只够糊口，温克尔曼还是想方设法挤出钱来购买图书和艺术品，哪怕是挪用买面包的钱。

只有对知识足够渴望，才会想尽一切办法去得到它。温克尔曼自述："此种知识上的爱好单独地能够引诱我去听从我所已经被建议的事（改变信仰一事）。"为了能获得帕希奥内枢机主教（Cardinal Passionei）图书管理员职位，可以饱览该馆 30 万册藏书，他皈依了天主教。此后，温克尔曼经常流连于各个修道院和枢机主教的图书室、博物馆、古物收藏所、德国与意大利的许多宫殿和赫库兰尼姆及庞培古城文物，抓住欣赏和思索希腊艺术的绝佳机会。

温克尔曼笔锋饱蘸情感地将自己的研究成果整理为著作《古代艺术史》。该书文笔优美，博大精深，史实和论证、描述与评价、个案分析与整体把握、实地考察与资料整合融为一体，兼具史学、文学和艺术学价值。《古代艺术史》一经出版，就引起了欧洲社会的广泛关注。学术界和艺术史学爱好者都给予了极高的评价，皇室对温克尔曼也礼遇有加。

图为 1764 年《古代艺术史》第一版的封面。尽管《古代艺术史》取得了辉煌的成就，但不可否认的是，温克尔曼对古代世界的描写和记录是过于理想的。

高贵的单纯，静穆的伟大：《古代艺术史》

《古代艺术史》在古代希腊艺术史上的研究成果是开天辟地的。经验主义哲学和理性主义哲学是《古代艺术史》的沃土，归纳和演绎是这两种哲学的精华。温克尔曼自述："我所着手写作的古代艺术史不仅仅是一部重要事件的编年史，也不仅仅是要说明在那些年代里发生了些什么变化。"温克尔曼试图将艺术史作为一种体系去研究，进行崭新的尝试。通过这种"体系"，温克尔曼让我们看到艺术是对社会现实的反映，是社会滋养孕育出来的杰作。艺术不是艺术家在实验室里的创造，亦不是少数人把玩的产物，而是民主自由人本价值的最佳体现。精美的艺术品表现的是普遍的人性，是人类的创造。

温克尔曼极为推崇希腊人，认为古希腊艺术繁荣的必要条件是希腊人普遍享有的"自由"，理性时代必然培养出希腊艺术的杰出作品。温克尔曼热诚地描述希腊的古典艺术，艺术史中常见的艺术家们个人历史的编写则被放到了次要的位置。温克尔曼根据对希腊艺术的研究勾画了一个理想的美的最高标准——"高贵的单纯，静穆的伟大。"

《古代艺术史》是划时代的佳作，其中的见解在"席勒和歌德、黑格尔和谢林的头脑中生了根的，并且对今天的历史研究和考古学研究所具有的

知识链接：温克尔曼的奇案

不知是否是天妒英才，皇室的恩宠无意间葬送了温克尔曼的生命。在维也纳，玛丽亚·特蕾莎皇后赠送他许多昂贵的大奖牌，并且皇后和太子考尼茨两人都邀请他定居下来。1768 年，温克尔曼由维也纳返回罗马的归途中，在意大利里雅斯特的一间旅馆内，同行的旅人觊觎皇后赠送的奖牌。为了将奖牌据为己有，旅人残忍杀害了温克尔曼。温克尔曼为何会同这位旅人同行，又是出于何种原因向旅人展示自己的奖牌，人们都不得而知，一代大师死于非命，这是学术界的巨大损失。

关心人和善于设身处地地精神，作出了不可估量的贡献"。温克尔曼成为 18 世纪古希腊艺术史研究的杰出代表人物之一、艺术史学科的鼻祖、"现代艺术史之父"。

温克尔曼的雕像。他左手提着衣服，低头深思地站在那里，兼具了学者的儒雅与艺术家的潇洒，被认为是集艺术家和学者于一体的、承前启后的一代伟人。正如他自己书写的那样，是高贵的单纯和静穆的伟大完美的结合。

狂飙运动的开山之作
《论语言的起源》

语言是人类最重要的交际工具，是沟通你我的媒介。你深思过它的起源吗？

出身贫寒，用《圣经》作为启蒙读物，赫尔德终究用如椽之笔为人类留下《论语言的起源》，至今仍然位列德语经典读物的行列。

皇家科学院最佳论文

约翰·戈特弗里德·赫尔德（Johann Gottfried Herder，1744—1803 年）1744 年出生在普鲁士王国莫伦根，家境贫困，父亲的《圣经》及歌本成为他自学的启蒙读物。凭借聪颖好学，17 岁进入柯尼斯堡大学学习并有幸成为康德的学生，同时还是约翰·格奥尔格·哈曼的门生，这两位思想巨擘对赫尔德的思想产生了重大影响。

自古以来，语言神授说似乎是天经地义，但是随着基督教地位的动摇、理性精神的兴起，18 世纪中叶语言起源问题开始成为欧洲学界关注的焦点。孔狄亚克和卢梭分别著书立说探讨语言起源问题。种种解释都存在这种或那种问题，无法使人信服。1769 年，柏林普鲁士皇家科学院专设奖项，征求有关语言起源问题的最佳解答，赫尔德的《论语言的起源》（Treatise on the Origin of Language）从欧洲各国数十位学者的 30 篇论作中脱颖而出，1772 年由皇家科学院出版。《论语言的起源》从全新的角度给出当时看来最为合理的解释。

人类语言起源的最佳论述

在《论语言的起源》中，赫尔德主要驳斥了苏斯米希（J.P.Sussmilch，1708—1767 年）的神秘主义观点和孔狄亚克以及卢梭社会规约假说。赫尔德提出，必须以人类自身为出发点，以日常事实为依据探索语言的起源。语言是人类感性活动的产物，关于语言起源的问题必须用经验的、归纳的方法才能解答。

"当人还是动物的时候，就已经有了语言。"赫尔德在《论语言的起源》中开宗明义的话成为语言思想史上的名言。从深层次上揭示出语言起源于人的动物本性，人类的语言跟动物语言是一样的。悟性（Besonnenheit）是从动物语言转化为人类语言的关键因素。悟性是人类所独有的一个整体，是以感觉为基础的自发的、有意识的行为，是为语言而预先设计的。但是令人遗憾的是，赫尔德仍然未彻

图为赫尔德的肖像画，时年 31 岁，他是德国"狂飙突进运动"的代表之一。

底抛弃基督教的创世观点。他认为，悟性是作为上帝最完美形象发挥作用的结果，人类语言的起源没能跟上帝划出根本的界限。

但是，赫尔德在人类语言起源的过程中，肯定人的悟性的作用，突出人的地位，直接冲击了苏斯米希语言神授说的理论基础。既然上帝并不像人类过去认为的那样创造了语言，那上帝的崇高地位必然受到影响。赫尔德突出人的地位和价值，大大增加了人类的自信。《论语言的起源》是人类语言思想史上的杰作。

语言是世界观

在赫尔德的眼中，语言是人类最奇特的手段，

人的行为和人性都要依赖语言，语言让人类获得理性。赫尔德充分肯定语言在人类思想发展史上的重要作用，语言是理性的工具，更是人们交往的纽带。正是有了语言这种媒介，认知、思维才成为可能，科学、艺术和人类的思想才能逐渐发展起来。

赫尔德坚定地主张人类本源说，否定上帝创造语言的任何可能，这在当时的社会大背景之下是划时代的进步。另外，激情的诗样的语言也使得《论语言的起源》极具可读性，对当时的科学和文学产生了强烈的影响，拉开了德国"狂飙突进运动"的序幕。科林伍德称"赫尔德是第一个为新的历史态度带来浪漫主义色彩的思想家"。

1776 年，赫尔德前往魏玛共和国，并且出任宫廷牧师及掌管教育和宗教事务的总监察。从此，直到 1803 年去世，他都一直居住在那里。魏玛人民用这座雕像缅怀他们尊敬爱戴的哲学家、路德派神学家和诗人。图为魏玛共和国时代的保罗大教堂前的赫尔德雕像。

德国魏玛共和国时代的赫尔德纪念牌

革命时代：科学

在天主教会的裹挟之下，中世纪的科学成为神学恭顺的"婢女"，琐碎零星的发现都被归入上帝的荣光之下。在文艺复兴和宗教改革两次思想解放潮流的推动下，基督教的统治地位受到威胁。科学由此获得独立地位，科学家的成就才被当作个人的成就看待，科学大放异彩。

1543年哥白尼的著作《天体运行论》拉开了科学革命的序幕。一些勇敢的科学家不顾教会势力的迫害和封建世俗的误解，提出了对自然世界的看法。至17、18世纪，科学取得一系列突破性的进展，牛顿力学的创立标志着人类科学时代的来临。牛顿用数学方法精确描述了宇宙运行的自然法则，为法国启蒙思想和唯物主义哲学奠定了科学基础。

人们将自然法则运用到自然科学的各个领域，天文学、物理学、生物学、医学、化学等领域发生了深刻的变化。地球不是宇宙的中心，世界也不是在上帝的意志下运行的。人类对客观世界的认识发生了质的飞跃，必然会对人类社会实践造成巨大影响。科学发现催生新的生产工具和技术，社会生产力进一步发展。此外，新的科学发现孕育出新的科学思想和科学思维方式，理性的思考和实验被更多的人相信，进步成为被广泛推崇的力量。愚昧一旦被打破，科学的光辉必将照耀人类前行。

自然科学的先驱
波义耳和胡克

如果没有取得满意的成就，不是上天对你不够好，唯一的原因只能是你不够努力。

身体上存在缺陷的波义耳和胡克，将主要精力放在科学研究上，分别在化学、物理、生物等领域取得泽被后世的成就，他们是自然科学领域的先驱。

波义耳

罗伯特·波义耳（Robert Boyle，1627—1691年），英国化学家，出身于贵族家庭。波义耳患有口吃，不愿与人交流，性格十分内向。可是他酷爱读书，常常手不释卷，沉浸在科学的世界中。

8岁时，波义耳到著名的伊顿公学接受教育，之后到日内瓦游学。1641年，他在家庭教师的陪同下游历欧洲，阅读了伽利略的名著《关于两大世界体系的对话》，从此对伽利略推崇备至。据说，波义耳的《怀疑派化学家》（*The Skeptical Chemist*）模仿了此书的格式。

兴趣是最好的老师，波义耳在求学的过程中发现了对科学特别是对化学的热爱。他的父亲在一次战役中丧生，经济来源的中断迫使波义耳返回英国，随同姐姐莱涅拉迁居伦敦。

久病成医。一次医疗事故差点使他丧命，从此波义耳对医生的惧怕大于对疾病的惧怕，他开始自修医学为自己治疗。科学教育家哈特·利泊建议波义耳主攻医学和农学等科目。他的建议同波义耳的兴趣十分吻合，他的化学才华没有被辜负，在配置药物的过程中波义耳对化学实验产生了浓厚兴趣，并把医药化学家海尔蒙特立为榜样。

1646年，波义耳加入无形学院，在牛津时更成为无形学院的核心人物。他组建了设备齐全的实验室，并且聘用助手，进行颇具规模的研究，是科学界公认的领袖。化学史家把波义耳的《怀疑派化学家》出版的1661年作为近代化学的开始年代，革命导师马克思、恩格斯称"波义耳把化学确立为科学"。

罗伯特·波义耳，自小患有口吃的贵族青年，内向低调，眼神中带着谦卑，内心却有着丰富的学术思想，他的《怀疑派化学家》的问世，拉开了近代化学的帷幕。

10 岁的胡克在他父亲作为牧师的英国怀特岛上。胡克是在淡水湾出生和长大的，因为身体原因没有去学校而是在家中接受父亲的教育。该画作是 2005 年画家丽塔·格丽尔（Rita Greer）创作的油画《化石猎人》，画中男孩就是胡克。

胡克

波义耳在科学上造诣颇深，他聘用的助手也颇具才华，罗伯特·胡克（Robert Hooke，1605—1703 年）就是其中的佼佼者。

胡克的父亲是牧师，曾因为胡克的身体原因在家亲自对其进行教育。胡克从小就善于观察，对机械工程结构、绘画等有着天然的兴趣。胡克曾经拆卸过一个铜质的钟，并且成功地用木头做了一个复制品，木钟一直运转良好。

1648 年胡克父亲的去世成为一个分水岭，之后胡克的一生可划分为三个阶段：穷困的科学探索者；通过艰苦的努力和谨慎的诚实获得财富和声誉；年老病重，可能因为与牛顿的知识产权等问题，他在历史上的地位没有得到应有的尊重。在 1679 年胡克给牛顿的信中正式提出了引力与距离平方成反比的观点，但由于缺乏数学手段，还没有得出定量的表示。牛顿《自然哲学的数学原理》用数学方法导出万有引力定律，但拒绝在引言中提及胡克的发现，导致两人彻底决裂。

> **知识链接：皇家学会**
>
> 皇家学会的前身是无形学院，由教授、医生、神学家等对科学感兴趣的人组成。从 1644 年起，他们定期在某一处聚会，讨论一些自然科学问题，自称无形学院。经过十几年的发展，无形学院的队伍不断扩大，1660 年正式成立一个促进物理—数学实验知识的学院。经国王查理二世批准，学院变成以促进自然科学知识为宗旨的英国皇家学会。培根的思想对皇家学会影响巨大，学会强调科学在工艺和技术上的应用，建立起新的自然哲学，成为著名的学术团体。

胡克是 17 世纪英国最杰出的科学家、博物学家、发明家，在自然科学领域取得了卓越的成就。在光学方面，胡克是光的波动说的支持者，他进行了大量的实验，进一步提出光波是横波的概念。在物理学研究方面，他提出了描述材料弹性的基本定律——胡克定律。在机械制造方面，他设计制造了真空泵、显微镜和望远镜，并将自己用显微镜观察所得写成《显微术》一书，首次将细胞命名为 cell。在新技术发明方面，他发明的很多设备至今仍然在使用。胡克因为在城市设计和建筑方面的重要贡献被誉为"伦敦的莱奥纳多（达芬奇）"。

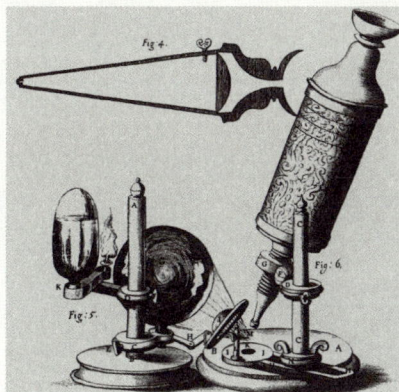

根据胡克的原版显微镜草图制作的显微镜

伟大的天才 牛顿

> 如果我看得比别人远一些，那是因为我站在巨人的肩膀上。
>
> ——牛顿

差点辍学的小牛顿，对来之不易的读书机会倍加珍惜。他废寝忘食，将每一分钟都用在科学研究上，成为百科全书式的人物，是震古烁今的科学巨人。

艰苦求学

世界是公平的，伟人的成长历程也要比一般人曲折。大科学家伽利略逝世 11 个月后，艾萨克·牛顿（Isaac Newton，1643—1727 年）在英国伍尔索普庄园（Woolsthorpe）诞生。牛顿的生父在他出生前三个月去世，也许是因为对丈夫的去世过于悲痛，牛顿的母亲过早的生下牛顿。牛顿出生时仅有 1.35 千克，身体十分虚弱。3 岁时，母亲改嫁，牛顿交由他的外祖母玛杰里·艾斯库照料。11 岁时，牛顿的继父去世，他才重新回到母亲的身边。

少年时的牛顿资质平常，并未表现出天才的迹象。不过，牛顿酷爱读书，尤其喜欢有关简单机械模型制作方面的读物。他还喜欢自己动手制作，曾经做过一个用作闹钟的小水钟。每天早上，水钟会自动把水滴到牛顿脸上叫他起床。12—17 岁，牛顿在金格斯皇家中学学习，有趣的是，学校并未开设数学相关的课程，数学家牛顿在中学并没有系统地学习数学。牛顿的学习成绩一直差强人意，据传可能是为了报复学校的暴力欺凌，牛顿开始奋发学习，逐渐名列前茅。

牛顿的母亲希望儿子能继承家业成为农民。牛顿尽管不情愿但迫于生计只能辍学，在家务农，赡养家庭。学校的校长惋惜牛顿的才华，出面说服牛顿的母亲让他完成学业。在舅父的推荐下，1661 年牛顿以减费生的身份进入剑桥大学三一学院学习。在 1664 年拿到奖学金之前，牛顿都需要为学校做杂务以抵消学费。

巴罗让贤

在三一学院，牛顿接触到自然科学相关的课程。虽然学院教授的主要是基于亚里士多德的学说，不过牛顿对于笛卡尔等现代哲学家以及伽利略、哥白尼和开普勒等天文学家的思想更感兴趣。牛顿把自己发现的关于机械方面的一系列问题记录到笔记本上，他还经常参加学院举办的地理、物理、数学和天文学方面的讲座，抓住一切机会提高自己。此时的牛顿，已经对自然科学产生了浓厚兴趣，更为重要的是，失而复得的学习机会使牛顿倍加珍惜。

艾萨克·牛顿，科学史上的丰碑。他的存在本身就是一个奇迹，他的学说至今在很多领域仍然占据着统治地位。

剑桥三一学院。学术资源丰厚的学府历来与怀有远大抱负的青年最般配。18 岁的牛顿来到了剑桥三一学院开启了新的人生历程，在这里，他接触到了英国最先进的学说和思想，还有丰富的藏书。

在剑桥，牛顿遇到了伯乐——伊萨克·巴罗（Isaac Barrow，1630—1677 年）教授。巴罗博学多才，是当时顶尖的科学家和数学家。他看到牛顿在自然科学方面的潜力，倾囊相授，把牛顿引入近代自然科学的研究领域。牛顿后来回忆道："巴罗博士当时讲授关于运动学的课程，也许正是这些课程促使我去研究这方面的问题。"在巴罗的指导下，牛顿取得显著的进步。1667 年复活节后不久，牛顿返回剑桥大学。1669 年，巴罗为了提携牛顿而辞去了教授之职，26 岁的牛顿晋升为数学教授。巴罗让贤，在科学史上传为佳话。

牛顿的苹果

1665 年，牛顿取得硕士学位不久，大学因为伦敦大鼠疫被迫关闭。此后的两年，牛顿一直在伍尔索普庄园进行研究。在家乡安静的环境中，牛顿将全部身心投入学习思考中。这短暂的时光成为牛顿科学生涯中的黄金岁月，他的三大成就：微积分、万有引力、光学分析的思想就是在这时孕育成形的。牛顿的科学蓝图从这里打开。

万有引力定律的发现是牛顿自然科学中最辉煌

的成就。牛顿像往常一样在花园里休息，有一个苹果像以往屡次发生的那样从树上掉了下来，不同的

伍尔索普庄园，牛顿出生和长大的地方。伍尔索普庄园位于英格兰林肯郡乡下的一个小村落中，牛顿在剑桥三一学院的学习因为伦敦鼠疫的爆发而被迫中断后，他回到了这里。安静的乡下虽然没有丰富的娱乐活动，却适合沉下心来学习，牛顿继续研究他的微积分、光学和万有引力定律。

是这次它砸到了牛顿。这个苹果成为一个支点，让牛顿撬开了人类思想史的一个新的历程。牛顿陷入沉思：究竟是什么原因使一切物体都受到差不多总是朝向地心的吸引呢？牛顿发现了对人类具有划时代意义的万有引力。牛顿通过大量实验证明了任何两个物体之间都存在着吸引力，总结出了万有引力定律。

尽管存在是否有这么一个苹果的争议，可是我们更应该关注苹果之外牛顿付出的汗水。毫无疑问，牛顿对学术研究的投入是百分之百的。他请朋友吃饭，因为突然想到一个问题，在饭菜已经准备好的时候进入实验室研究。朋友了解牛顿，知道他不把问题搞清楚是不会出来吃饭的。朋友反客为主，酒足饭饱之后不见牛顿回来就自行离开了。等牛顿解决完问题，出来看到盘子里吃剩的鸡骨头，误以为自己已经吃过饭转而又回到实验室继续研究。数千年以来，苹果成熟之后都会自然坠落。正是废寝忘食的投入和辛苦的付出，牛顿才能看到别人注意不到的苹果，最终成为科学巨擘。

伟大的成就

"如果我看得比别人远一些，那是因为我站在巨人的肩膀上。"牛顿如是说。牛顿辛苦研究，在总结前人经验的基础上取得了一系列成就。艾萨克·牛顿爵士最终成为英国伟大的物理学家、数学家和天文学家，人类历史上最具影响力的科学家，科学革命中的关键人物。

《自然哲学的数学原理》(*Mathematical Principles of Natural Philosophy*) 于 1687 年出版，牛顿阐述了其后 300 年间都被视作真理的三大运动定律，奠定了经典力学的基础。他的万有引力定律和哥白尼的日心说奠定了现代天文学的理论基础。直到今天，人造地球卫星、火箭、宇宙飞船的发射升

艾萨克·牛顿和苹果。几乎每个人看到这幅图片都会想到那个众所周知的牛顿与苹果的故事，可能是上帝觉得牛顿学习得太过辛苦，才用苹果给他送来了灵感。不论这个故事真假与否，我们都必须时刻充实自己。否则万一苹果掉下来还砸不醒怎么办？

空和运行轨道的计算，都将它作为理论根据。牛顿与莱布尼茨几乎同时独立发现了微积分学，微积分学成为牛顿最卓越的数学成就。他将自古希腊以来求解无限小问题的各种技巧统一为两类普通的算法——微分和积分，并确立了这两类运算的互逆关系，从而完成了微积分发明中最关

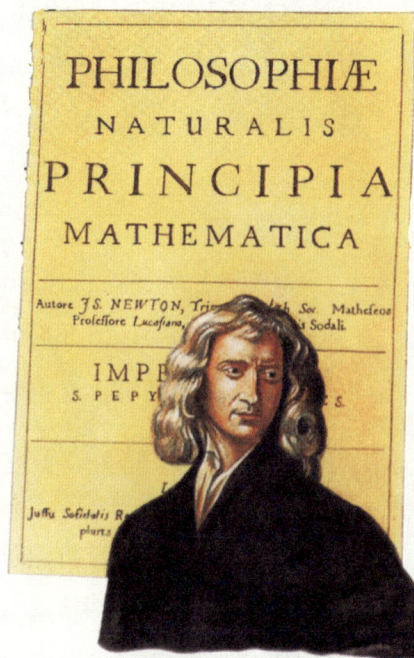

牛顿和他的巨著《自然哲学的数学原理》。

键的一步，为近代科学发展提供了最有效的工具，开辟了数学研究的一个新纪元。

在光学方面，牛顿也取得了巨大成果。最早发现了白光的组成，说明了色散现象的本质，揭开了颜色之谜，还提出了光的"微粒说"。他的"微粒说"与惠更斯的"波动说"构成了关于光的两大基本理论。此外，他还制作了牛顿色盘和反射式望远镜等多种光学仪器。

为了表彰牛顿杰出的科学成就，政府提高了他的政治地位，这一切又为他赢得了巨大的声誉和财富。1703 年当选皇家学会会长，并掌玺长达 24 年。

伦敦西敏寺大教堂，又叫威斯敏斯特大教堂。该教堂始建于 960 年，是英国的象征之一，承办了国王加冕、皇家婚礼、国葬等重大仪式。英国的历任君主以及一些伟人都葬在威斯敏斯特教堂，牛顿去世后就厚葬于此。

知识链接：牛顿与莱布尼茨的争论

戈特弗里德·威廉·莱布尼茨（Gottfried Wilhelm Leibniz，1646—1716 年），德国犹太哲学家、数学家。牛顿和莱布尼茨分别独立发展出微积分学。牛顿可能比莱布尼茨早发现方法，但是直到 1704 年才给出完整论述。期间，莱布尼茨在 1684 年就已经发表了相关的完整论述。关于微积分学科创立者的争论，在当时掀起轩然大波，双方的学生、支持者互相争吵，造成了欧洲大陆的数学家和英国数学家的长期对立。英国数学界在一段时间内执着于民族偏见，拘泥在牛顿的成就中停滞不前，使数学发展落后其他国家 100 年。

1705 年被安妮女王封为爵士。遗憾的是，牛顿晚年陷在争名逐利的俗世中，逐渐脱离了学术研究，成为科学研究领域的一大损失。

1727 年，艾萨克·牛顿与世长辞，享年 84 岁。英国人将这位伟人葬于西敏寺，他的墓碑上镌刻着：让人们欢呼这样一位多么伟大的人类荣耀曾经在世界上存在。

第 244—245 页：牛顿数学桥

数学桥的传说在剑桥堪称无人不晓。相传这是大数学家牛顿在剑桥教书时亲自设计并建造的，整个桥体原本未用一颗钉子和螺丝固定。后来，女王学院的学生为探究这座桥的奥秘，曾把它拆开剖析，但却无法复原，于是只好用钉子重新固定成现在的样子。据考证，牛顿是不可能建造这座桥的。数学桥建于 1749 年，而牛顿则于 1727 年辞世。只能说剑桥人对牛顿太过钟爱，总是把很多的故事与他相连。现在数学桥已经成为剑桥一道亮丽的风景。

照亮科学的路
月光社

月圆之夜的光，照亮了科学家们求索的道路，也照亮了一个蒙昧的时代。

"月光社"（Lunar Society of Birmingham）名字颇具浪漫气息，实则为集齐了当时各个领域的专家学者的一个科学组织，是世界科学发展史上里程碑式的存在。

照亮你的路

英国工业革命正在将科学、社会变迁和革命融为一体，科学界和其他领域的联系前所未有的紧密起来。科学已经不再是仅仅停留在科学家头脑中或者实验室内的存在，而是推动工业发展和社会变革的重要力量。面对急剧的社会变革，地方性社团逐渐发展起来，"月光社"是重要代表。

1756 年，伊拉斯谟斯·达尔文（Erasmus Darwin，《进化论》的作者达尔文的爷爷）成为马修·博尔顿（Matthew Boulton，瓦特的重要合伙人）的家庭医生，两人因为共同的兴趣成为好友。他们与约翰·维特赫斯特（John Whitehurst，钟表和仪器制造商）在科学和技术方面拥有共同兴趣，组成相互

伦敦国家肖像美术馆的马修·博尔顿的肖像画。博尔顿（Matthew Boulton，1728—1809 年）是英国著名的制造商和詹姆斯·瓦特的合伙人。

合作的小组，开展了广泛的合作，兴趣小组最初只是出于爱好的一个松散组织。

威廉·斯莫尔（William Small，医学博士）将兴趣小组变成一个具有初步形态的学术俱乐部。约西亚·韦奇伍德（Josiah Wedgwood，英国骨瓷之父）、詹姆斯·瓦特（James Watt，蒸汽机的改良者）等成员相继加入，月光派的核心成员初具规模。

1775 年，月光派更名为月光社，开始形成定期会议，在每个月最为靠近月圆之夜的星期日，成员们在博尔顿的索霍会馆举行会议。1780 年年底，普利斯特里（Joseph Priestley，著名化学家，氧元素的发现者）加入月光社，为月光社注入了新的活力。一度中断的定期会议重新恢复，但是因为普利斯特里的宗教信仰，会议时间被改到靠近每个月圆之夜的星期一的下午。经过 1781—1791 年十年的发展，月光社逐渐形成比较明确的成员资格政策，这一时期也是月光社的历史上活动最有规律、最富成效的阶段，很多成员都取得实质性的成就。

遗憾的是，在美国独立战争时期，月光社的成

为了纪念伯明翰月光社的科学家们定期在这里举行的科学盛会，人们在伯明翰建立了这座月光石，它位于英国伯明翰的伯明翰巴尔大酒店（Great Barr）旁边。

伯明翰科学博物馆的伯明翰智库教育——博尔顿和瓦特办公室。陈列的半身肖像包括詹姆斯·瓦特、马修·博尔顿、威廉·默多克以及月光社的其他成员，他们专攻自然科学，他们积极主动地将自然科学与实际应用结合起来。

知识链接：月光社名称的由来

月光社诞生于英格兰中部的伯明翰，主要活跃在 1765—1813 年。学会的名称最初为浪漫的月光派（Lunar Circle），1775 年正式更名为月光社（Lunar Society）。以月光为中心的名称可能得自成员们定期在月圆之夜举行会议的习惯。当时的条件下并没有街道照明设施，月亮便是夜间主要的照明来源。月圆之夜活动的月光社，明亮的月光不仅为成员们照亮了归途，更开启了人类科学的光明时代。

员因为政治观点分歧出现分化。1791 年 7 月 14 日，因为纪念法国革命两周年而引发"教会与国王"暴乱，矛头直接指向月光社成员。暴乱分子也对成员尤其是普利斯特里造成巨大冲击。经过这次浩劫之后，月光社名存实亡。

的月光社成员参与。月光社的科学家和工业家之间保持着广泛的合作和联系，纯粹的科学研究和工业生产之间保持着密切的交流，科学技术可以在最短的周期内转化为生产力，这可能是英格兰在工业革命时期走在欧洲大陆前面且能长期保持优势，最终赢得工业革命的重要原因。月光社所推动的工业革命使英国在 19 世纪成为日不落帝国。

月光社，特别的存在

月光社是英格兰中部的科学家、工程师、精密仪器制造商等各个领域的精英组成的社团，人数控制在 14 人以内，成员之间保持着密切的联系，追求的是社员的整体发展，而不仅仅是个人的利益，成员虽然所在领域各异，但对于探索未知世界和改造未来具有强烈的兴趣。他们研究范围广泛，在电学、气象学、化学、教育、蒸汽动力、城市改造等领域对社会造成直接影响。瓦特改进蒸汽机就得到了月光社成员建设性的帮助。

月光社是英国 18 世纪技术研究成就的最高代表，在各个领域都产生了广泛的影响。通常成员都热衷于把知识转化为实际的应用，在当时的科学或者技术活动中，很难找到一项活动中没有一名以上

1791 年 7 月 14 日，为纪念法国大革命两周年爆发的伯明翰举杯的场景图。这场聚餐最终引发了伯明翰"教会与国王"的暴乱，在英国引起轩然大波。该图由英国著名的讽刺漫画家詹姆斯·基尔雷（James Gillray，1756—1815 年）绘制，他用幽默、夸张的形象揭示出这场政治闹剧的滑稽可笑。

两位巨人相遇
牛顿学说
在法国

伏尔泰与牛顿，两位巨人的相遇，拉开了牛顿学说在法国传播的序幕。

牛顿在英国声名远播，可是在英国以外的国家，牛顿的影响则相对比较小。牛顿的著作是用拉丁文和代数写成的，深奥晦涩，减弱了牛顿学说的影响力。伏尔泰在法国积极推广牛顿学说。

伏尔泰初识牛顿

启蒙运动的巨擘伏尔泰因为对封建君主和教会的无情批判被流放到英国。伏尔泰在英国接触到唯物主义哲学家和自然科学家牛顿的著作，被牛顿自然科学理论的深奥和伟大所征服，成为牛顿的信徒。"牛顿把他的工作推到了人类思想从未到达的真理"，伏尔泰如是说。1727年3月，伏尔泰有幸参加牛顿的葬礼，并对这位科学家在英国受到的隆重待遇感

1738年，伏尔泰翻译介绍牛顿的作品《牛顿哲学原理》出版，图片是书中的插图。尽管牛顿在英国获得了很高的声誉，可是因为语言和地域的原因，欧洲大陆对牛顿还所知甚少。伏尔泰流放英国期间接触到牛顿学说，亲自向国内翻译介绍精妙的牛顿学说。

慨万千："牛顿先生生前曾受到尊崇，死后也得到了他应有的荣誉。"

伏尔泰回到法国后对牛顿学说仍然念念不忘，决心向法国人民介绍这位科学巨人。在1734年出版的《哲学通信》中，伏尔泰用近乎1/6的篇幅介绍牛顿的自然哲学。

在情人夏特莱侯爵夫人的影响下，伏尔泰对牛顿学说的兴趣愈浓。他一度停止了人文学科的创作，将主要精力放到研究牛顿的物理学和自然科学上。法国当时盛行的仍然是笛卡尔的学说，知道牛顿的人极为稀少。许多朋友对伏尔泰兴趣的转移深表遗憾，纷纷写信希望他早日回到文学创作的道路上。然而，伏尔泰敏锐地看到牛顿学说的价值，对朋友们的浅见不予理睬。他决心用一种法国人能听懂的方式向国人介绍牛顿学说，于是边实验边着手《牛顿哲学原理》的撰写。

1738年，《牛顿哲学原理》出版，伏尔泰用最通俗、清晰、简单的语言向法国人民解释牛顿学说，是把牛顿的思想通俗化的一种尝试，他声称，该书的目的是"要把牛顿原理解释的像拉丹封的寓言一样清楚明白"，让像他一样的"无知的平民阶层"能有机会了解牛顿卓越的思想精华。

伏尔泰目光长远，见识独到，在全法国人民还沉浸在笛卡尔学说中的时候，他率先将与笛卡尔理论有分歧的牛顿学说介绍到法国。虽然伏尔泰并不

法国学者艾米莉·沙特莱（1706—1749 年），翻译和分析了牛顿的《自然哲学的数学原理》。

是严格意义上的科学家，在科学上也未做出比较像样的创造和发现。可是伏尔泰是伟大的启蒙思想家，他关心人类的过去、现在和未来，站在巨人的肩上，早早地意识到牛顿学说的巨大价值，他看得比普通人长远。

牛顿学说对法国的影响

1759 年，《自然哲学的数学原理》法文版出版，牛顿的学说在法国广泛传播开来。牛顿学说的传播进一步壮大了法国声势浩大的思想启蒙运动，对法国乃至世界产生了重大的影响。

法国自然科学家进一步深化了牛顿学说，用牛顿的万有引力定律以及其他重大科学发现指导科学研究，特别是拉格朗日（Joseph Lagrange）和拉普拉斯（Laplace Pierre Simon）两位法兰西科学院的院士。前者的《分析力学》把牛顿力学成果做了真正形式化的推广，也因为把牛顿理论完美地展现给世人而享有卓越的声誉；后者证明了行星椭圆轨道偏心率的不规则是周期性的，用一系列事实消除了科学界对万有引力学说适用于解释一切宇宙现象的充足性的最后疑问。

一话一说一世一界一

知识链接：牛顿对人文学科的影响

牛顿的理性精神同样对人文学科领域造成巨大的冲击。法国文学家们认同牛顿数学论文细致准确、言简意赅的文风，并将此文风确立为文学的典范；启蒙思想家们甚至提出"牛顿主义"，用理性的方式重新思考世界，提出分权与制衡的原则；18世纪的绘画、建筑、园林等诸多艺术领域都深受牛顿数学精神的影响。总体而言，都比较重视秩序和规律，美和真理一样需要运用理性的方式进行表达。这种风靡一时的新风气为理性精神渗透到所有文化分支注入了强劲的活力。

《费朗德小姐》，1753 年，油画，现藏于德国慕尼黑老画馆。由法国著名的画家莫里顿·昆顿·德·拉图尔（Maurice-Quentin De La Tour，1704—1788 年）创作。牛顿学说经过包括伏尔泰在内的众多启蒙学人的努力，逐渐在法国获得广泛传播。画中费朗德小姐阅读的就是牛顿的著作。

牛顿成果继承者
拉格朗日

牛顿的伟大理论是在英国开创的，牛顿思想的系统化发展则是在法国完成的。

拉格朗日在家庭遭到变故之后，投身科学研究，对牛顿的卓越遗产进行有效的继承并且进一步发展。腓特烈二世称其为"欧洲最伟大的数学家"。

萌发学习数学的兴趣

约瑟夫·拉格朗日（Joseph Lagrange，1736—1813年），法国籍意大利裔数学家和天文学家。他的父亲在都灵政府任职，拥有较高的社会地位。原

本富裕的家境因为父亲在金融上的投资失败而陷入困境。没有人喜欢苦难，但是拉格朗日家庭的变故却成就了他日后的学术成就。根据拉格朗日的回忆："如果幼年家境富裕，可能就不会做数学研究。"

教师的作用是无法衡量的。在都灵大学进修时拉格朗日最喜欢的学科是拉丁语，认为希腊几何学枯燥乏味，对数学没有任何兴趣。但到青年时代，在数学家 F. A. 雷维里（Revelli）指导下学习几何学后，萌发了对数学的兴趣。

17 岁时，拉格朗日读到哈雷介绍牛顿微积分成就的短文，发现"分析才是自己最热爱的学科"，于是沉浸到数学分析的世界中。18 岁时，拉格朗日独立用牛顿二项式定理处理两函数乘积的高阶微商，尽管后来获悉早在半个世纪之前莱布尼茨就发现这一成果，但这显示出拉格朗日在数学方面的才能。差强人意的第一步并未打消年轻的拉格朗日对数学的热情，反而用加倍的努力投入新的研究中。

收获科学的硕果

拉格朗日潜心学术，他的辛苦研究不断结出丰硕的果实。早年在都灵时期，拉格朗日给出了用纯分析方法求变分极值的提要并因此成果在都灵获得声誉，年仅 19 岁即出任都灵皇家炮兵学校教授。任教后，拉格朗日的研究进一步发展，在用拉丁语和法语出版学术刊物的《都灵科学论丛》上发表多篇论文，其中有关变分法、分析力学、声音传播、

约瑟夫·拉格朗日。宝剑锋从磨砺出，梅花香自苦寒来。拉格朗日最初家境富裕，可是因为家庭的变故只能重新设计自己的人生，因此也拓宽了自己的眼界，于是有了我们今天知道的拉格朗日。

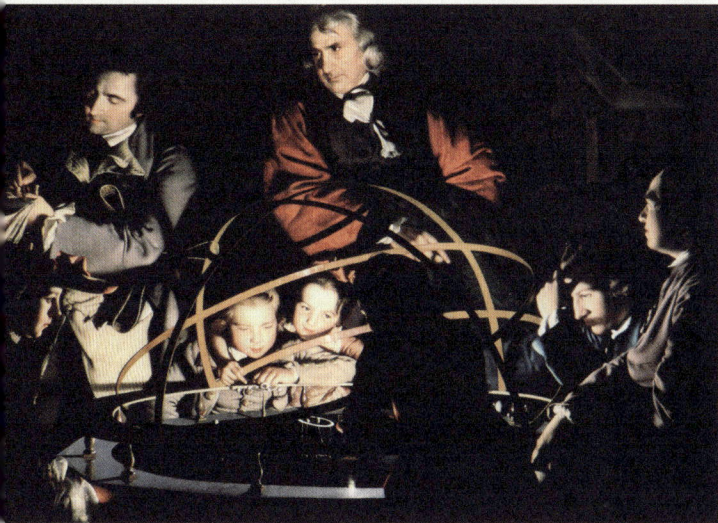

拉格朗日与太阳系模型

常微分方程解法、月球天平动、木卫运动等方面的成果都是当时最出色的，为他之后在这些领域的研究奠定了良好基础。期间，拉格朗日还两次获得法国科学院的悬赏征文，在法国的影响进一步扩大。

　　拉格朗日深受普鲁士国王腓特烈二世的赏识，并在 1766 年接受邀请出任普鲁士科学院数学部主任的职位，开始了拉格朗日科学研究的柏林时期（1766—1787 年）。在柏林，他的研究生涯到达黄金时期。其中有关月球运动（三体问题）、行星运动、轨道计算、两个不动中心问题、流体力学、数论、方程论、微分方程、函数论等方面的成果，都是开创性或奠基性的研究。他还完成了《分析力学》（*Mécanique Analytique*）一书，这是继牛顿之后的又一部重要的经典力学著作。书中运用变分原理和分析的方法，建立起完整和谐的力学体系，使力学分析化。

　　在赏识他的腓特烈二世去世后，拉格朗日离开伤心之地前往巴黎，出任巴黎科学院副院士，开始了人生学术研究最后的阶段巴黎时期（1787—1813 年）。遗憾的是，尽管拉格朗日受到巴黎人民的热

情欢迎，拉格朗日的精力却被社会琐事等工作过多地侵占，他在学术上并未获得像样的进展。

　　随着法国大革命的激进化发展，拉格朗日一度因为在敌国出生差点被清除出科学院，还目睹了雅各宾派对拉瓦锡的处决。1813 年，拉格朗日获得拿破仑授予的帝国大十字勋章，可是此时的拉格朗日已经久病在床，4 月 11 日早晨，巨星陨落。

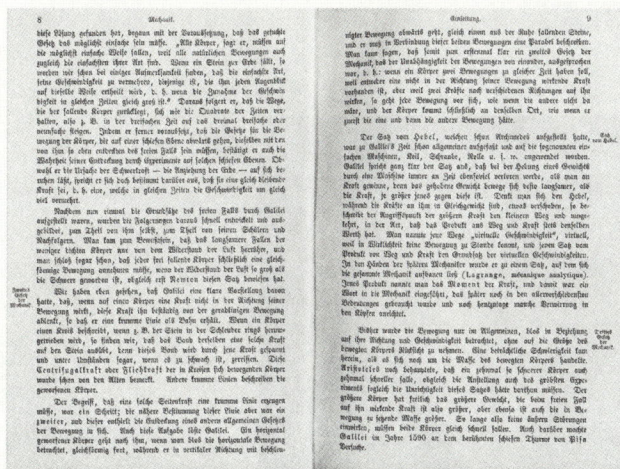

继牛顿之后又一部重要的经典力学著作，拉格朗日的《分析力学》问世。图片是该书中的两页。

法国的牛顿
拉普拉斯

我们知道的是微小的，我们不知道的是无限的。

——拉普拉斯

拉普拉斯才华卓著，用自己的才华做敲门砖打开了学术之路的大门，乱世之中明哲保身，成为法国科学院院士，在天体力学和统计学领域的研究成果对学术界产生了重大影响。

为自己代言

皮埃尔-西蒙·拉普拉斯侯爵（Pierre-Simon marquis de Laplace，1749—1827 年）1749 年 3 月 23 日生于博蒙昂诺日，少年时期就显示出卓越的数学才能，但求学道路十分艰难。在开恩大学求学期间，写了十篇关于有限差分的论文，是同学中的佼佼者。

完成学业后，18 岁的拉普拉斯带着介绍信到巴黎求见当时声名显赫的达朗贝尔，希望在学术中心巴黎一展身手。可是推荐信如泥牛入海，拉普拉斯未收到任何回复。拉普拉斯对自己的学术能力充满信心，不甘心碰壁而归，于是写了一篇阐述力学

拉普拉斯情商极高，在潜心钻研数学和天文学的同时，在政界亦是左右逢源，成为政坛上的不倒翁。

一般原理的论文交给达朗贝尔。达朗贝尔欣赏拉普拉斯的见解，欣然回信，信中写道："拉普拉斯先生，你看，我几乎没有注意你那些推荐信。你不需要什么推荐。你已经更好地介绍了自己。对我来说这就够了，你应该得到支持。"达朗贝尔成为拉普拉斯的教父，介绍他去巴黎陆军学校任教授。

年轻的拉普拉斯用自己的才华做敲门砖，他为自己代言，获得了达朗贝尔的赏识，事业出现转机。拉普拉斯早年绝处逢生的曲折经历练就了他务实、通达的高情商，成为他一生的宝贵财富，使他能在法国大革命动荡的局势中幸免于难。

显赫的学术成就

拉普拉斯 1796 年完成的两卷本《宇宙体系论》（*System de Monde*），是他用通俗的语言向公众解释宇宙的科普读物。拉普拉斯提出的太阳系生成的星云假设说收集在此书的附录里。康德 1755 年虽已述及星云假设说，但他主要是从哲学的角度出发。拉普拉斯从数学、力学的角度进行推导，充实星云假说内容的同时还进行了详细的科学论证。后人为了纪念二人在星云假设说上的突出贡献，将此假说命名为"康德—拉普拉斯星云假说"。

拉普拉斯是牛顿学说的重要拥护者，他沿着牛顿的方向迈出了跨越性的一步。他用 30 多年的研究，致力于消除万有引力学说解释一切宇宙现象的充足性所存在的最后疑问。1825 年最终完成的五卷本的《天体力学》（*Celestial Mechanics*）是一部

1829 年出版的《天体力学》中的插画。《天体力学》是拉普拉斯最重要的代表作，这部著作奠定了他在经典天体力学方面的地位。该书对中国物理学，特别是经典天体力学的发展作出重要的贡献。1978 年，中译本的《天体力学》在中国出版发行。

集大成之作。这部巨著把牛顿、达朗贝尔、欧拉、拉格朗日诸位大家的天文研究推向了高峰。拉普拉斯自称创作此书的目的是"对太阳系引起的力学问题提供一个完全的解答"。拉普拉斯把天文学当作"一个重大的力学问题，而重要的是应尽可能地消除一切经验主义"。此书中他首次提出了"天体力学"的学科名称，是经典天体力学的代表著作。它对天体运动进行了严格的数学描述，对位势理论做出数学刻画。这对后来物理学、引力论、流体力学、电磁学以及原子物理等都产生了极为深远的影响。在位势理论中，他提出了有名的"拉普拉斯方程"。这部巨著为他赢得了"法国的牛顿"的美誉。

拉普拉斯踏实勤奋，作品既能阳春白雪达到最

知识链接：高情商的科学家

拉普拉斯虽然在学术上著作频出，但他并不是宅在书房里的书呆子。拉普拉斯情商极高，无论政局怎样变化，朝代如何更替，他都能在当权者那里扮演忠诚的支持者。跟拉瓦锡和拉格朗日不同，他的学术研究几乎未被政治因素打断。在拿破仑和波旁王朝同样都能荣誉加身，拉普拉斯还出任过拿破仑的老师。他在 1806 年成为法兰西第一帝国的伯爵，并且在波旁王朝复辟后于 1817 年被任命为侯爵。

高科学水平，亦能下里巴人让普通人读懂艰深的宇宙知识。高智商的同时还具有高情商，在法国大革命混乱的政局变动中明哲保身，坚持学术研究，拉普拉斯不愧是伟大的科学家。

1827 年，拉普拉斯在法国巴黎去世。拉普拉斯的大脑被他的医生悄无声息地转移并保存多年，最终在英国的一个流动的解剖博物馆里现世。据报道，拉普拉斯的大脑在尺寸上比人类大脑的平均值要小一些。拉普拉斯坟墓位于法国诺曼底的一座山上，俯瞰着整座村庄。

生命之气
氧元素的发现

氧是生命之气，它的存在对生命具有不可代替的作用。人类可以暂时没有水，但绝不能没有氧。

18 世纪 70 年代，舍勒和普利斯特里分别发现氧元素，这是科学发展史上的大事件。

舍勒发现氧元素

卡尔·威廉·舍勒（Carl Willian Scheele，1742—1786 年），瑞典著名化学家和药剂师。舍勒是典型的寒门学子，经过不懈的追求取得骄人的成就，他以高超的实验技术发现了氧气。

实验出真知，化学尤其如此，舍勒的大部分时间是在实验室中度过的。1772 年，舍勒将软锰矿和浓硫酸共热，产生了一种气体；后来舍勒发现，将硝酸钾或者氧化汞等物质加热也会产生类似的气体。于是，舍勒开始关注这种气体，并对它的性质进行系统的研究。舍勒发现，这种气体可以帮助燃烧，但是由于舍勒拥护"燃素说"，并未意识到自

瑞典雪平舍勒的青铜雕像。从 1775 年开始，舍勒就在雪平开设药房，并且潜心于做实验。雪平见证了这位年轻有为的化学家的辛勤劳作，舍勒在年仅 44 岁的短暂生命里竟发现了三十多种新物质，这在当时是绝无仅有的。可惜的是，舍勒视事业为生命，经常做实验到深夜，这严重损害了他的健康，导致他英年早逝。

美国发行的纪念普利斯特里的邮票。普利斯特里家境贫困又幼年丧母，在经济条件较好的姑姑家过上安稳的生活不久，又逢姑父去世。幼年漂泊不定的生活培养了普利斯特里独立思考的习惯和能力。他勤勉好学，可以说是靠自学成为化学大师的典范。

己这一发现的重大意义，只是将其命名为"火气"。舍勒通过硫肝（主要成分是硫化钾和多硫化钾）对氧气的吸收和白磷在氧气中燃烧，测出了"火气"占空气体积约 1/5，实际上这种火气就是氧气。舍勒在他唯一的著作《论空气和火的化学》中记录了自己的发现。好事多磨，这本书因为出版商延误直到 1777 年才出版。普利斯特里在 1774 年发表论文报道了这种气体，于是造成了学术界关于氧气的最早发现者的争论。

舍勒声称，在给拉瓦锡的信中详细论述过"火气"的性质，这封信直到 1993 年才被找到，至此才证明他在 1772 年就已经发现氧气。舍勒的成就直到几个世纪之后才被认可。

普利斯特里发现氧元素

约瑟夫·普利斯特里（Joseph Priestley, 1733—1804 年），18 世纪英国著名的自然哲学家、化学家、

普利斯特里进行空气实验时使用的化学器材。普利斯特里最初对物理学兴趣浓厚，还用通俗生动的语言写了一本《电学史》。因为发现自己化学方面知识的匮乏，普利斯特里才在 37 岁时将主要精力放在了化学实验中。

知识链接：普利斯特里奖章

该奖章是由美国化学协会（American Chemical Society）管理的 43 种奖项之一，是美国化学界的最高荣誉。在普利斯特里去世后，1922 年为了纪念这位伟大的化学家，用他的名字设置了这一奖项。普利斯特里奖章通常授予那些在他们的领域做出过巨大改进的化学家，并且用来庆祝这些化学家的终身成就。在美国化学协会 1923 年最初颁发该奖章时，每三年颁发一次，直到 1944 年该奖项才变成年度奖。

牧师、教育家和自由政治理论家。普利斯特里在英美两国都生活过很长时间，在两国人民中享有很高的威望。英国利兹有他的全身塑像，美国用普利斯特里名字命名的奖章成为化学界的最高荣誉。

1774 年，普利斯特里用一个大凸透镜将阳光聚集起来加热氧化汞，并用排水法将产生的气体收集起来。他对这种气体进行仔细研究，发现蜡烛在此种气体中燃烧会明显剧烈，老鼠在瓶中存活的时间是相同容积的普通空气的两倍。普利斯特里将自己的生命置之度外，为了研究新型气体的效用，他用玻璃管尝试吸取这种气体，发现吸完之后精神舒畅。普利斯特里信奉"燃素说"，并用这一学说解释自己的实验。空气中燃素含量不同，表现形式自然不同。氧化汞分解释放的"无燃素气体"极易与燃素发生反应，最易燃烧，遂将之命名为"脱燃素空气"，他在一篇论文中详细描述了它的各种性质。

普利斯特里将这一发现告诉了拉瓦锡。拉瓦锡进一步研究断定，燃烧中参与金属化合的或氧化汞分解时产生的是新的气体元素，并将之命名为氧。

1777 年，拉瓦锡提出燃烧的氧化学说，正式确立质量守恒定律，推翻了全部的燃素说，成为化学革命的先驱。

从严格意义上讲，发现氧元素的是舍勒和普利斯特里，他们的发现本身在化学史上已经是伟大的研究，我们对此致以崇高的敬意。但是舍勒和普利斯特里被燃素说所束缚，错失了化学革命史上的良机和推动人类科学向前发展的机会，让我们扼腕。科学永无止境，不论何时，我们都必须保持一颗好奇的心，勇于尝试，突破旧有的学说。

普利斯特里的青铜雕像。他双手拿着实验器材，正在专心致志地做化学研究。普利斯特里赖以谋生的职业是牧师，这份职业为他提供了稳定的收入和充足的业余时间。普利斯特里时刻沉浸在自己的学术研究中，1772 年出版了他的小册子《用排水集气法收集"空气"》，该书成为畅销书，当年就被译成法文。普利斯特里名扬世界，1773 年荣获英国皇家学会的铜质奖章。

近代化学之父 拉瓦锡

> 一瞬间就砍下了拉瓦锡的头颅，可是一百年也产生不出像他那样的头脑！
> ——拉格朗日

拉瓦锡一生顺风顺水，同妻子伉俪情深，在化学界硕果累累，却没能躲过政治斗争的漩涡。化学大家因为政治纷争命丧断头台。

学术夫妻

安托万-洛朗·德·拉瓦锡（Antoine-Laurent de Lavoisier，1743—1794年），出身于巴黎一个律师家庭。母亲在其5岁时去世，给他留下大笔财

拉瓦锡和他的夫人。最幸福的婚姻莫过于你在做的事情我懂，而且全力支持。拉瓦锡就获得了这种理想的婚姻，他们夫妻二人对化学都有着同样的热爱，经常一起进行科学研究。

产。家人希望拉瓦锡子承父业做律师，尽管并不喜欢法律，但拉瓦锡还是听从家人的劝告，进入巴黎大学法学院学习，并获得律师资格。然而，自然科学一直是他的爱好，拉瓦锡利用一切课余时间自学自然科学相关的课程。

1771年，拉瓦锡与同事的13岁的女儿玛丽-安娜·皮埃尔莱特结婚，伉俪情深。皮埃尔莱特的父亲是议会律师和金融家（征税承包业主），母亲在她3岁时去世。皮埃尔莱特是才女，自小在修道院接受正规的教育，通晓多种语言。此外，皮埃尔莱特师从著名画家雅克-路易·大卫，颇具绘画才华。

与拉瓦锡结婚后，皮埃尔莱特发现了化学的乐趣，成为拉瓦锡事业上的得力助手。她将英文文献翻译成法文，拉瓦锡的许多研究都要参考妻子翻译的书。另外，凭借自己的绘画才能，皮埃尔莱特为拉瓦锡的书作插图，帮助丈夫准确地保存实验记录。在缺少现代拍摄技术的条件下，正是由于妻子的帮助，拉瓦锡的实验被比较准确地记录下来。皮埃尔莱特与丈夫的那张著名肖像画现收藏于大都会美术馆。拉瓦锡夫妻志同道合，在事业和生活中彼此扶持。

虽然具有律师资格证，拉瓦锡却从未从事过律师工作。1764年开始，拉瓦锡出任地理学家盖塔的助手，在法国从事矿产采集和绘制法国第一份地图的工作。在考察矿产的过程中，拉瓦锡研究了生石膏和熟石膏之间的转变，参加法国科学院关于城市照明问题的征文活动并获奖。1767年，拉瓦锡

近代化学之父拉瓦锡。拉瓦锡出身于富贵之家，又娶到大金融家的千金，从来都没有因为金钱的问题担忧过。良好的家境为拉瓦锡的化学研究奠定了坚实的物质基础，他才能全身心地投入化学的世界中。

和盖塔共同组织了对阿尔萨斯-洛林地区的矿产考察。因为对自然科学领域的贡献，年仅25岁的拉瓦锡成为法兰西科学院院士。

颠覆燃素说

拉瓦锡对燃素说抱怀疑态度，1772年秋开始，他设计进行钟罩实验，对硫、锡和铅在空气中燃烧的现象进行研究。通过实验，拉瓦锡测量反应前后气体体积的变化，从而计算出参与反应的气体体积。在真空密封的钟罩中进行加热，质量不变，加热后再打开容器，质量迅速增加。拉瓦锡得出结论，认为物质的燃烧是可燃物与空气中某种物质结合的结果，这样就能解释燃烧需要空气和金属燃烧后质量变重的问题。

通过加热氧化汞，拉瓦锡发现一种与平常空气类似却可以支持燃烧和呼吸、在同一氧化氮混合后体积减少的气体。但是拉瓦锡当时未能确认这一气

体的确切成分，并将它与空气混为一谈。普利斯特里在读到拉瓦锡关于这一问题的文章后，指出这种气体正是他发现的"脱燃素空气"，并且指明这种气体的反应效果比空气强很多。拉瓦锡接受了普利斯特里的批评，并且确认了这就是他一直在寻找的那种在空气中支持燃烧的气体。

在1777年出版的《燃烧概论》（*Sur la combustion en général*）和1778年出版的《酸性概论》（*Considérations générales sur la nature des acides*）中，拉瓦锡正式阐释了自己的氧化说。他认为，燃烧是物质和空气中约占1/5的氧气反应的结果。同时基于很多燃烧产物的水溶液具有酸性，他得出任何酸中都含有氧的错误结论，所以1779年他将空气中支持燃烧的一部分命名为氧气（Oxygen），另一部分命名为氮气（Azote）。拉瓦锡对氧气的发现和氧化反应的解释，比燃素说更具信服力地阐明了包括金属和有机物在内的物质燃烧之后质量的变化。

拉瓦锡根据普利斯特里关于血液在氧气中保持红色而在二氧化碳中变黑的描述，认为动物的呼吸

作用可能也是一种氧化过程。他和拉普拉斯共同进行研究，使用豚鼠进行实验，通过测量冰盒中冰块的融化计算呼吸放出的热量，同时测量豚鼠呼出的二氧化碳的量。此外，他们燃烧可以生成同样质量二氧化碳的木炭，测量其放出的热量。发现两者有一定类似关系，从而初步得出了动物的呼吸作用实质上是缓慢的氧化过程的结论。

拉瓦锡又在偶然中得知了亨利·卡文迪什氢气燃烧可以生成氧气和水的实验，遂进行水蒸气通过热枪筒的实验，发现水被分解了。随后撰文指出水实质上是一种化合物，并用自己的学说对其生成和分解进行了简洁而圆满的解释。但是，拉瓦锡在论文中很少提及其他同侪所作的贡献，没有对其他化学同行的研究成就给予一定的尊重，这是他的一个缺陷。

《化学基础论》——划时代的化学巨著

随着社会职务的增多，拉瓦锡在 1787 年之后很少从事科学研究，工作重心转移到化学命名法改革和新理论的传播上。

在拉瓦锡之前，与质量守恒相类似的观点就已存在，但当时的实验水平很少能准确测量出实验前后质量的变化，这一观点并没有说服力。拉瓦锡总结了自己众多的定量试验，最终证实了质量守恒定律。俄罗斯化学家米哈伊尔·瓦西里耶维奇·罗蒙诺索夫曾精确地进行了测定并且描述出质量守恒定律，但是由于莫斯科大学处于欧洲科学研究的中心之外，他的观点鲜为人知。拉瓦锡身在当时的学术中心巴黎，他的发现被广泛传播，后人基本将质量守恒定律的发现归功于他。

1789 年，拉瓦锡系统地总结了自己的研究成果，特别是氧化说和质量守恒定律，出版了集大成之作《化学基础论》（*Traité Élémentaire de Chimie*），成为化学史上划时代的作品。拉瓦锡定义了元素的概念，并总结出 33 种元素（尽管现在看来有些并不准确），使当时的化学知识更加清晰明确。另外，拉瓦锡强调了定量分析的重要作用，并用氧化学说和质量守恒定律对诸多实验结果做出合理化的解释，在当时充满燃素说的混乱解释和炼金术术语的化学著作中独树一帜。

拉瓦锡实验室。实验室特别是实验器材对一个化学家而言，重要性不言而喻，酷爱化学又家境颇丰的拉瓦锡自然有充分的条件置办更多更先进的实验器材。

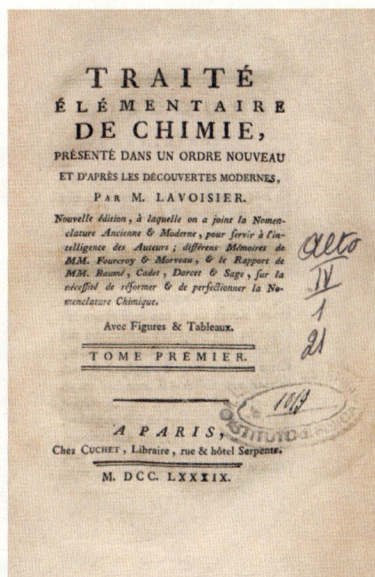

拉瓦锡的集大成之作《化学基础论》的封面。1789年，奠定拉瓦锡在现代化学史上地位的作品《化学基础论》首先出版了法文版，引起巨大轰动。罗伯特·克尔（Robert Kerr）在1790年将这部扛鼎之作翻译成英文出版，扩大了拉瓦锡学说在全世界的影响力。

命丧断头台

法国大革命迅速走向激进，1792年大批包税官被捕，拉瓦锡也在其中。

尽管拉格朗日等一批化学家多方斡旋，希望政府考虑拉瓦锡的卓越贡献可以赦免他。拉瓦锡在大革命时期也为新政府做了大量有益的工作。如设计城市照明、制定农业改革方案、贡献火药制造和矿物探寻资料，并参加了新政府主张的"改革旧度量衡制，创造新的国际通用单位"工作，但是革命法庭的法官指出："共和国不需要学者，只需要为国家而采取的正义行动！"

激进派把拉瓦锡送上断头台。正像法国科学家拉格朗日所叹："一瞬间就砍下了拉瓦锡的头颅，可是一百年也产生不出像他那样的头脑！"近代化学之父在51岁正值学术壮年就此离世，化学领域的损失无法估量，何其悲哉。

> **知识链接：法国的包税官**
>
> 按照当时的法律规定，税收由税务官负责，税款除去应缴纳给国王的部分外，剩余部分收入归税务官，由他本人支配。因此很多税务官是不参与劳动的食利阶层，不用工作就可以坐拥丰厚的收入。税务官在法国的纳税人特别是农民中形象很差，被认定为剥削者。1768年，拉瓦锡成为税务官，尽管他将大部分收入都用于化学实验，并未对农民进行盘剥，还进行一系列改革确保纳税人的利益，但是他最终仍受累于税务官身份而丢掉性命。

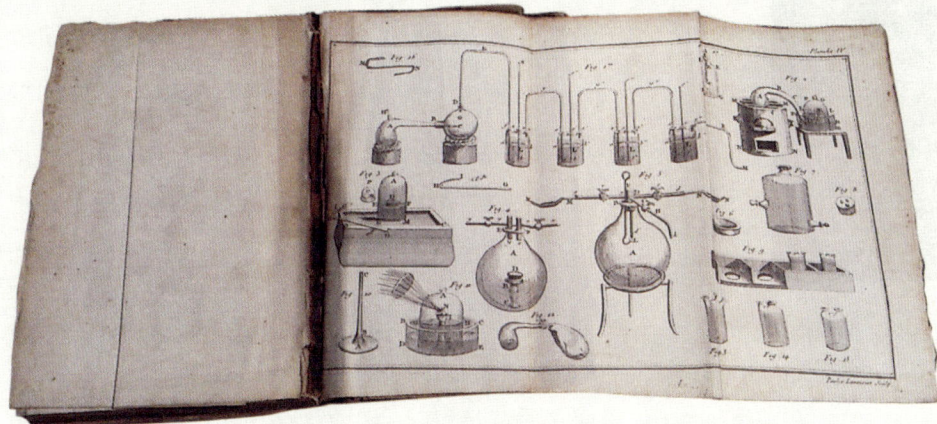

《化学基础论》中的插图。拉瓦锡的夫人皮埃尔莱特是有名的才女，精通绘画。同拉瓦锡结婚之后，夫唱妇随，她发现了化学的乐趣，用手中的画笔为丈夫记录下许多重要的发现。不知《化学基础论》中的插图是否为她的杰作。

最亮的星 哈雷

守得住天文观测的寂寞，哈雷彗星成为夜空中最亮的星。

哈雷是追星的少年，醉心于与星空的对话，偶然的机会促成了牛顿最伟大的著作，为牛顿慷慨解囊。

一举成名的《南天星表》

爱德蒙·哈雷（Edmond Halley，1656—1742年）出生在伦敦肖迪奇，父亲是肥皂制造商，家境殷实。少年时哈雷已经对数学表现出特别的爱好。富裕的家庭出身为哈雷提供了良好的教育环境，曾先后在圣保罗学校和牛津大学王后学院读书。在大学毕业前，已经发表了太阳系和太阳黑子的研究论文，显示出其在天文学领域的造诣。

从牛津大学毕业后，哈雷到圣赫勒拿岛建立了一座临时天文台。这是座神奇的岛屿，在这里，科

爱德蒙·哈雷的肖像画。星空虽然美丽，可是日夜守望并不是一件美丽的事情，相反还十分枯燥乏味。哈雷不仅做到了日夜守望，还成为天空中最亮的星——哈雷彗星。

学家哈雷完成了最著名的发现。数年之后煊赫一时的政坛新星拿破仑被流放于此，孤独终老。在这里，哈雷仔细观测天象，研究南天星空。哈雷1678年刊布《南天星表》，弥补了天文学界原来只有北天星表的不足。星表中包含了 341 颗南天恒星的详细数据，还附上了星图。凭借这一突出贡献，哈雷获得牛津大学硕士学位，当选英国皇家学会院士。此时的哈雷只有 22 岁。

无论什么时候，做事情都不要太过功利，也许换一种方式就能轻易到达胜利的彼岸。舍弃了大城市繁华的社交生活和与家人团聚的时光，大学毕业的哈雷在圣赫勒拿岛，每晚准时守候寂静的星空，照耀他的是心中对天文学的喜爱。《南天星表》才得以问世。

催生《自然哲学的数学原理》

《自然哲学的数学原理》的出版，牛顿开启了一个时代，但大家所不知道的是哈雷催生了这部杰作。哈雷对引力问题一直比较关注，但是未能取得突破性进展，他与牛顿会面之后，事情有了转机。

1684 年 8 月，哈雷到剑桥和牛顿就引力问题展开探讨。牛顿声称，他在一篇论文中已经解决该问题，遗憾的是该论文未公开发表，牛顿的原稿也不知所踪。在哈雷的敦促下，牛顿重新开始就引力问题展开论述，这就是今天我们看到的《自然哲学的数学原理》。有趣的是，《自然哲学的数学原理》完成之后，皇家学会因为经费不足背弃当初付钱出

圣赫勒拿岛首府詹姆斯敦的海港俯瞰图。圣赫勒拿岛是南大西洋中的一个火山岛，隶属于英国，孤悬海中。哈雷当年就在这座美丽但孤独的岛上守望着星空，观测天象。

版该书的承诺，作者牛顿也认为，该书就算出版了也卖不出去。他不想让皇家学会做赔钱的买卖，决定放弃据理力争。深知牛顿作品科学价值的哈雷不愿让该书胎死腹中，他慷慨解囊为牛顿提供资助，这部科学史上最伟大的著作于 1687 年问世。

哈雷用另一种方式，为这个世界作出了卓越的贡献。如果没有哈雷的远见卓识，《自然哲学的数学原理》可能就像牛顿之前的论文原稿一样遗失到某个黑暗的角落，而科学的进程将被完全改变。

哈雷彗星的发现

1680 年，哈雷与巴黎天文台第一任台长卡西尼合作，观测出现的一颗大彗星，开始了对彗星的研究。

哈雷在整理彗星观测记录的过程中，发现 1682 年出现的一颗彗星的轨道根数，与 1607 年开

知识链接：哈雷的科学之赌

1683 年，哈雷与罗伯特·胡克和克里斯托弗·雷恩爵士在饭桌上讨论到天体运动但未能找出答案。于是雷恩爵士提出，他们中间如果有人能找到答案，他愿意为其提供 40 先令的奖品。这个善意的科学之赌，结局如何我们不得而知，甚至于这个赌博是否存在也有待考证。可以确定的是，好奇心强的哈雷对此问题十分着迷，并最终将这一问题抛给牛顿，催生出科学史上最伟大的著作《自然哲学的数学原理》。

普勒观测到的和 1531 年阿皮延观测到的彗星轨道根数相近，出现的时间间隔都是 75 年或 76 年。哈雷运用牛顿万有引力定律反复推算，认为这三次出现的彗星是同一颗彗星在不同时间内的现身。哈雷以此为据，预言这颗彗星将于 1759 年再次出现。哈雷去世 18 年之后的 1759 年 3 月 13 日，人们在星空中看到了这颗拖着长长尾巴的彗星，这是全世界人民对哈雷最好的怀念。

按照哈雷的计算，这颗彗星在 1835 年和 1910 年如期而至，彗星的神秘面纱从此被揭开。这颗彗星也被命名为哈雷彗星。

1835 年 11 月 5 日，当哈雷预测的彗星再次划过天际时，用天文望远镜观测到的哈雷彗星。

恒星天文学之父
赫歇尔

他是恒星天文学的创始人，被誉为"恒星天文学之父"。

赫歇尔出身于音乐世家，注定成为音乐家。可是音乐才子半路出家，成为星空最浪漫的守护者。

音乐才子

1757 年，弗里德里希·威廉·赫歇尔（Frederick William Herschel，1738—1822 年）出身于德国汉诺威一个音乐世家，在天文学史上，以 Willim Herschel 及其"著名英国天文学家"的标签闻名于世。赫歇尔从小浸润在优美的音乐声中，幼年便崭露出音乐方面的天赋，长大后成为出色的双簧管演奏者。1758 年，赫歇尔为了躲避战争之苦，离开生活多年的家乡偷渡到英国的伦敦。

音乐是畅通无阻的语言。初到英国，不懂英语的赫歇尔凭借音乐才华免于饥饿，并且在最短时间内学会了英语。赫歇尔逐渐在英国站稳脚跟，成为卓越的音乐教师和乐团领队，曾做过巴斯公众音乐会的总监。

天王星的发现

只有你想不到的，没有你做不到的。赫歇尔在音乐的道路上坦途一片，可是 33 岁的他对天文学的兴趣开始浓

1785 年，莱缪尔·弗朗西斯·阿博特（Lemuel Francis Abbott）为赫歇尔绘制的肖像画。此时的天文学家已进入晚年，可谓功成名就。

1998 年，由哈勃太空望远镜获得的天王星云带图像。

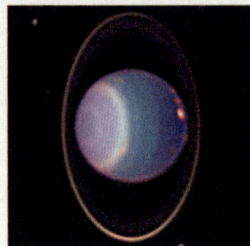

厚，利用业余时间自制望远镜。只要肯开始，永远不会晚。中年投身天文学研究的赫歇尔就是最具说服力的例子。

赫歇尔是耐得住寂寞又肯吃苦的学者，业余时间他用自制的望远镜做研究。他的主要工作是观测月球并编撰双星目录。功夫不负有心人，1781 年 3 月 13 日，赫歇尔在寻找双星时，观测到一个类似盘状的物体并认为极可能是一颗彗星或恒星盘，并对它进行密切观测。俄罗斯院士安德斯·莱克塞尔通过计算它的轨道发现可能是一颗行星。赫歇尔确定，这颗新行星肯定处于土星轨道之外的更远处，遂将之命名为"乔治星"。

1781 年 11 月，威廉·赫歇尔因为发现"乔治星"荣获科普利奖章，并当选为英国皇家学会院士。1782 年，赫歇尔荣幸地获得乔治三世的接见，被任命为"皇家天文官"（The King's Astronomer），年薪 200 英镑。在音乐领域颇有建树的赫歇尔终于在天文学领域获得一席之地。

望远镜的制造

赫歇尔的另一项重大贡献是制作望远镜。鉴于当时的技术水平，先进的望远镜成为天文观测能否成功的关键因素。赫歇尔因为经济原因无力负担昂贵的望远镜的费用，为了继续进行天文学研究遂

英国巴斯的威廉·赫歇尔博物馆陈列着天文望远镜的复制品，复制的望远镜与当年赫歇尔发现天王星的那架望远镜十分相似。对一位天文学家而言，没有什么比一架高清的天文望远镜更重要的了。作为天文望远镜的制作者，赫歇尔在天文观测领域有了更大的竞争力。

自己动手研磨透镜，亲自制造反射式望远镜。从1773年起，在妹妹卡罗琳·赫歇尔的帮助下，开始研制高精度天文望远镜。

赫歇尔使用的望远镜都是他自己制作的，在他的职业生涯中，共制作了400余只。其中最大最著名的是一台40英尺（12米）长、口径49.5英寸（12.6厘米）的反射望远镜。1789年8月28日，赫歇尔第一次使用该望远镜发现了土星的新卫星，1个月后又发现了另一颗新卫星。英国皇家天文学会的会徽就是此台望远镜。

除供自己使用外，赫歇尔将部分望远镜转卖给当时的天文学家。1783年，赫歇尔送给自己的妹妹卡罗琳一台自制望远镜。这台望远镜开启了卡罗琳的天文观测之路，并在彗星方面取得重大发现：8颗彗星、11座星云。卡罗琳因为她的重大发现受到英国皇家天文学会的表彰，正式踏上天文观测的道路，成为哥哥的全职助理，负责撰写天文观测记录。

天王星的发现，彻底改变了人类对太阳系的认识。发现者赫歇尔声名远播，从一个爱好天文的乐师转变为精通乐理的天文学家。赫歇尔开创了恒星天文学，研究并假设（某些）星云是由恒星组成，提出著名的恒星演化学说。赫歇尔为恒星天文学的建立奠定了基础，被称为"恒星天文学之父"。

知识链接："乔治星"名称的起源

"乔治星"即今天我们所说的天王星。赫歇尔将之命名为"乔治星"，是因为当时在位的英国君主为乔治三世，他用英王名字称呼该新行星是希望得到王室青睐。这一做法不够明智，带有谄媚的性质。当时在法国，如果可能的话，要尽量避免提及英国国王，所以这一命名并未获得广泛的认可。在"天王星"被普遍使用前，这颗行星被称为"赫歇尔"。

Caroline Herschel.

1896年的平版印刷品，图片中哥哥威廉·赫歇尔正在妹妹卡罗琳·赫歇尔的帮助下，一起打磨天文望远镜的镜头。在他们的父亲去世之后，赫歇尔建议妹妹加入他在巴斯进行的研究，并将自己的妹妹介绍给英国天文学界。卡罗琳是一位杰出的女性天文学家，在哥哥的带领下进入天文观测行业，并在彗星研究方面取得重大发现。

一话一说一世一界一

植物学王子
林奈

未知的土地总是充满了诱惑，丰富的植被资源成就了植物学王子的植物学研究。

爱花的孩子运气不会太差。林奈经由名师指点，在拉普兰的土地上艰难求索，奠定了现代生物学命名法双名法的基础，是现代生物分类学之父。

1958 年罗马尼亚邮票上的卡尔·林奈。他静默地坐在那里，眼神中透出悲悯。作为现代生物学分类之父，林奈提出了界、门、纲、目、科、属、种的物种分类法，至今仍被人们采用。

爱花的小王子

卡尔·冯·林奈（Carl von Linné，1707—1778年），出生在瑞典南部的小山村，父亲尼尔斯是牧师。尼尔斯对儿子进行启蒙教育，向儿子传授拉丁语、宗教和地理知识。据说林奈先学会拉丁语，后学会瑞典语。父亲的教育为林奈进入用拉丁语写作的植物学的学习扫除了障碍。

尼尔斯是业余植物爱好者，在父亲的影响下林奈从小就表现出对植物尤其是对花的喜爱。当小林奈调皮的时候，只要给他一朵小花就能让他安静下来。尼尔斯对儿子的兴趣相当珍视，专门花费时间带林奈到花园赏花，告诉他各种花的名字。父亲还给林奈一块地，让林奈种植自己喜欢的花。林奈空

闲时间就到田野中寻找各种植物，他的童年时光几乎都在田野中度过。尽管他小时候的学习成绩并不理想，但生物学的成绩一直比较优秀。爱花的小王子，他对植物的喜爱是与生俱来的。

罗斯曼，林奈的启蒙老师

在中学的最后一年，经由喜爱植物学的校长介绍，林奈遇到了伯乐约翰·罗斯曼（Johan Rothman）。罗斯曼是林奈最为尊敬的恩师。

罗斯曼是斯莫兰省的医生，韦克舍的一所文科中学（Katedralskola）的老师，也是一名植物学家。罗斯曼非常珍惜人才，他发现了林奈在植物学上的才能，为天才少年提供了无私的帮助。他告诉林奈："读书就像吃饭，什么都吃的孩子才长得壮，因此一

拉普兰之秋。清澈的河水欢快地向前流淌，两岸树木的色彩在蓝天的映衬下显得愈发的浓郁，位于瑞典北部的拉普兰很少受到人类的打扰，这里的一切都显得如此美好。300多年前，林奈正是在这片土地上发现了植物的诸多秘密。

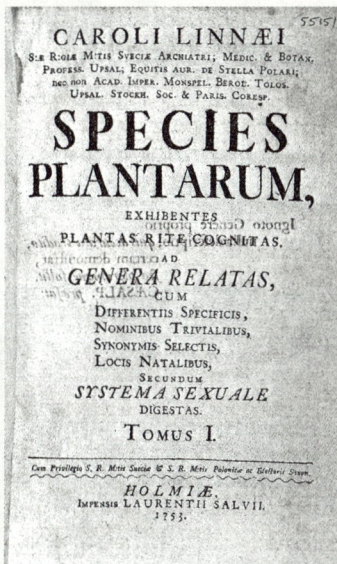

CAROLI LINNÆI
Sæ Riolæ Mætis Svecuæ Archiatri; Medic. & Botax.
Profess. Upsal; Equitis aur. de Stella Polari;
nec non Acad. Imper. Monspel. Berol. Tolos.
Upsal. Stockh. Soc. & Paris. Corerp.

SPECIES
PLANTARUM,
EXHIBENTES
PLANTAS RITE COGNITAS,
AD
GENERA RELATAS,
CUM
DIFFERENTIIS SPECIFICIS,
NOMINIBUS TRIVIALIBUS,
SYNONYMIS SELECTIS,
LOCIS NATALIBUS,
SECUNDUM
SYSTEMA SEXUALE
DIGESTAS.
TOMUS I.

Cum Privilegio S. R. Mtis Sveciæ & S. R. Mtis Poloniæ ac Electoris Saxon.

HOLMIÆ,
IMPENSIS LAURENTII SALVII.
1753.

1753 年，林奈在生物学领域的扛鼎之作《植物种志》出版。

个耐得住枯燥课程的人，才能获得更高教育的机会"。为了林奈的学习，罗斯曼让林奈生活在自己的家中，方便教授他更多的生理学和植物学的知识。林奈非常尊重罗斯曼，视他为父亲和朋友。正是在罗斯曼的引领下，林奈进入了植物学专业学习的殿堂。

林氏分类法

林奈在大学学习的时候，将花的花粉囊和雌蕊作为植物分类学的基础，并在论文中发表此发现，还斩获教授职位。1732 年，在乌普萨拉科学院的资助下，林奈到瑞典北部的拉普兰进行考察。林奈的拉普兰之行收获甚多。

在林奈之前，欧洲人对拉普兰一无所知。在 4600 英里的土地上，林奈发现了一百多种新种植物。在 1737 年，林奈将在拉普兰植物考察的结果整理成书出版，首次根据植物的生殖器官进行分类，这在当时是一大创见。

1753 年，林奈将多年的研究成果整理成《植物种志》（Species Plantarum）出版。他提出双名法，用拉丁文为生物命名。双名就是用两个名字，第一个名字是属的名字，用名词；第二个名字是种的名字，用形容词或者形容种的特性，或者可以加上发现者的名字。加上发现者的名字，一是为了纪念发现者的贡献，二是让发现者慎重考察，用自己的名声对这一发现负

> **知识链接：大小林奈**
>
> 林奈的父亲尼尔斯是业余植物爱好者，林奈将父亲的爱好发展成为自己的职业，并为后世留下宝贵的分类法。林奈的儿子小卡尔·林奈（Carl Linnaeus the Younger, 1741—1783 年）同样继承了父亲对植物学的兴趣，成为瑞典另一位名留史册的自然学家。后人用大小林奈对二人进行区分，上文我们提到的是大林奈。祖孙三代都爱好自然科学，出了两个伟大的自然学家，可谓自然学史上的佳话。

瑞典首都斯德哥尔摩蛇麻花园（Humlegarden）的林奈雕像。蛇麻花园是斯德哥尔摩重要的花园之一，瑞典皇家图书馆就位于此。

责。林奈先用这一方法为植物命名，后来也用此法为动物命名。林奈的分类方法沿用至今。

正所谓名正才能言顺，林奈的分类法改变了过去学者凭自己的喜好命名的传统，避免了一物多名或者重名的混乱问题，使得生物学规范化发展起来。卢梭认为，"他（林奈）的这一发现，地球上没有人比他更伟大"，歌德更是直言"除了莎士比亚和斯宾诺莎，再没有其他的先人对我的影响比林奈更强"。林奈这一植物学的王子，使人类对生物的认识进入一个新的时代。

一话一说一世一界一

启蒙时代风尚：社会生活

思想是有温度的，它的温度会传导到社会生活中。作为西方历史上轰轰烈烈的启蒙运动，它的温度在地域、领域等方面产生了广泛的影响，深刻地改变了社会生活。

启蒙运动在地域上从英国发端，在法国达到高潮，德国、俄罗斯、意大利和西班牙纷纷卷入，发展成为18世纪西方社会最具影响力的事件。它始自哲学，扩展到绘画、音乐、小说、史学、科学等各个领域，在社会生活中也发生了诸多变化。中产阶级布尔乔亚随着资本主义经济的发展实力扩展，开始取代贵族，成为启蒙运动的领导者并引领新的社会风尚。

社会交往不再局限在一家一户，咖啡馆开放的环境、高雅的装修成为人们社交的新场所。民众走出家庭，在散发着浓郁香味、干净温馨的咖啡馆里，社会阶层开始被消弭，人类数世纪以来首次用平等的身份共坐在咖啡馆里，凭借高超的见解和动人的思想就可以被尊重和接纳。人们还走出居住的城市，青年绅士到意大利、西班牙、法国等西方文明的源头旅行穿梭，学习浸润古典文明和先进思想，将壮游作为接受教育的最后阶段，在旅途中丰满自己的灵魂。巧克力从玛雅传到欧洲后经过多次改良，细腻的口感、甜而不腻的丝滑逐渐征服了挑剔的食客，从上流社会流传到民间，成为广受大众欢迎的美食。启蒙运动的温度随处可见。

美好生活的调味品
巧克力

没有什么是一杯美味的咖啡抚慰不了的，如果有，那就两杯。

巧克力是用可可豆作为主料加工而成的混合型食品，是人们最喜欢的居家旅游休闲美食之一。从中南美洲小小的可可豆到风靡世界的巧克力，关于美食的故事开始了。

神秘的饮品

最早饮用巧克力的是玛雅人。不过当时的巧克力饮料配方比较特别，里面竟然有辣椒粉。这种神秘的饮料传入阿兹特克帝国，逐渐被人们接受。可是，可可豆无法适应当地的气候条件，阿兹特克帝国的可可豆只能从外地进口。可可豆因为稀少而价格昂贵，甚至一度被当作货币使用。一般寻常人家无法负担这么昂贵的调味品，无缘尝到舶来品的味道，巧克力成为只有富人才能问津的奢侈品。

可可豆是常绿乔木可可树的果实，含有咖啡因等神经中枢兴奋物质以及丹宁。可可豆榨出的可可脂具有独特香味及融化特性，它的熔点接近人的体温，所以能够入口即化，在室温下保持一定的硬度。可可豆具有较高的营养价值，不易氧化，是制作巧克力的主要原料。

西班牙的黄金

新航路开辟后，探险家哥伦布从新大陆带回了可可豆。遗憾的是，欧洲人还没有找到可可豆的正确打开方式，可可豆的美味未被充分开发出来。

转折发生在 1517 年。欧洲的航海家埃尔南·科尔特斯乘船来到阿兹特克帝国，阿兹特克帝国君主蒙特祖马二世热情接待了科尔特斯，并将他最爱的饮料——巧克力介绍给科尔特斯。此时的饮料是由巧克力、香草、香料和蜂蜜混合而成的冷饮，入口后逐渐融化的口感和味道让科尔特斯十分着迷。然而，科尔特斯并不是只为品尝美味而来。他很快击败阿兹特克人并迫使他们进贡，在 1528 年乘着载有可可豆和巧克力饮料制造机器的盖伦帆船回到西班牙。巧克力饮料凭借其独特的口感旋即征服了查理五世和他的宫廷，成为西班牙上层社会的流行饮料。

西班牙人具有敏锐的洞察力，他们看到了巧克力饮料中蕴藏的商机，

埃尔南·科尔特斯（Hernán Cortés，1485—1547 年），西班牙军事家、征服者，因为听闻墨西哥的城市拥有巨额的财富和黄金、珠宝，遂率领一支探险队在 1519 年入侵墨西哥。贪婪的科尔特斯建立了城市维拉克鲁斯，还征服了阿纳华克地区的阿兹特克人。

巧克力最初被引入中国时因为高昂的价格让普通百姓望而却步。可是，随着人们生活水平的提高，巧克力日益普及。秀色可餐的卖相和甜而不腻的口感迅速征服了中国消费者的味蕾，成为居家休闲必备的美食之一，尤其受到当下年轻人的追捧。

不想让这种赚钱的神树被他国染指。西班牙力图将可可树的种植控制在拉丁美洲有限的区域中，并试图扩大种植规模。西班牙牢牢地把控住可可豆的生产，主导甚至垄断了可可市场。可可豆成为西班牙人的摇钱树，凭借可可豆的贸易西班牙人获得了丰厚的利润，可可豆成为西班牙的新型"黄金"。除了控制原料外，西班牙还将制作巧克力饮料的秘方控制在自己人手中，这样即便有人神通广大搞到可可豆，也不知该如何制作巧克力，西班牙人在超额利润之外又获得了一笔可观的财富。

巧克力走入大众的味蕾

可是天下没有永远的秘密。1606 年，一位意大利商人将他在西印度群岛和西班牙体验过的可可豆和巧克力饮料同他的意大利同伴分享，首次透露了可可豆的秘密。意大利人痴迷于巧克力饮料的口感，掀起了真正的巧克力狂潮。就像多米诺骨牌一样，巧克力经由意大利传入德国、奥地利和瑞士，成为风靡欧洲的时尚饮品。

法国人在巧克力的制作史上作出了卓越贡献，

知识链接：考古发现

一座位于危地马拉的玛雅古典时期前期（460—480 年）的墓葬遗址中，容器表面上发现了带有象征可可的象形文字（或浮雕），在这些容器中还发现含有巧克力饮料的残渣。这些发现有力地证明了玛雅人早就已经开始饮用巧克力饮料，不过玛雅人的原料配比可能会让你大吃一惊。除了美味的可可豆，他们还混入水、玉米面、辣椒和一些其他原料，并将这种混合饮料在杯子和壶之间来回倾倒，直到出现大量的泡沫。加入辣椒面的巧克力饮品貌似口味奇特超出我们的想象，不过这是玛雅人喜爱的日常饮品，而富人在制作过程和饮用器皿上更加考究。

他们制作出我们现在看到的真正意义上的巧克力。1659 年，大卫·夏兰（David Chaillou）在巧克力中添加面粉，制作出巧克力味饼干和糕点，巧克力首次以非液态的形式出现。巧克力变得便携，口感更加细腻和香醇，获得了民众的喜爱。1847 年，可可脂添加到巧克力饮料中，人们熟知的可咀嚼巧克力块制作完成。1875 年，瑞士人将牛奶加入到巧克力中，自此牛奶和巧克力这对完美的搭档结下良好姻缘。

这个装饰用的镀金巧克力壶和加热器大概制作于 1730 年的巴黎。巧克力、咖啡和可可在富人中十分流行。

一方脱俗的精神领地
咖啡馆

在一个城市里行走，街角拐弯处的咖啡馆总会在不经意间让人的思绪千回百转。咖啡馆成为城市最具文化内涵的名片。

随着制作咖啡技术的进步，昂贵的咖啡和咖啡馆慢慢走入寻常百姓家。咖啡馆提供的不仅仅是一杯咖啡，更多的是一种精神关怀。

英国民主思想的大本营

据传咖啡馆诞生于圣城麦加，供应咖啡的店铺和咖啡馆比比皆是。咖啡馆在17世纪传入英国，除了提供现场磨制具有浓郁诱人香味的咖啡，英国的咖啡馆还成为人们针砭时弊、讨论政治的重要场所，是民主思想的大本营。

英国当时阶级矛盾尖锐，咖啡馆用自己的柔软和开放消除了这种剑拔弩张。在散发着沁人心脾的香醇中，咖啡馆安静的气息充满了诱惑。只要你肯付钱，不管是贵族还是平民都可以坐下来慢慢地品味咖啡的唇齿留香。随着咖啡价格的降低，更多普通民众可以走进咖啡馆小憩。各个阶层的民众在咖啡馆里讨论国家大事，咖啡馆成为"政治权利之外，作为民主政治基本条件的公民自由讨论公共事务，参与政治的活动空间"。

英国的咖啡馆成为思想传播的集散地，消弭了封建等级观念，它促进了公民社会的自由发展。布

兰特、弥尔顿等文人充分利用咖啡馆自由的环境，在伦敦的咖啡馆成立"罗布斯塔俱乐部"，针砭时弊，宪法改革问题是其中重要的话题之一。在咖啡馆里讨论政治的传统自此开创。

意大利思考的学者

欧洲的咖啡馆起步于英国，却成名于意大利。威尼斯商人将咖啡带入意大利，1683年水城威尼斯诞生了意大利第一家咖啡馆，咖啡馆迅速风靡意大利各大城市。

咖啡馆开放、闲适、整洁的氛围为知识分子提供了一个安静思考的空间。知识分子聚集于此或静静地思考，或轻声地讨论，咖啡馆孕育出不计其数

伦敦街头的咖啡馆。现如今，城市街头风格各异的咖啡馆已成为一道亮丽的城市名片。

威尼斯的咖啡馆。咖啡馆不再是简单的喝咖啡的场所，而日益成为人们社交生活的重要一部分。

的政治创见、优秀文学作品、思辨的哲学著作。罗马最古老的古希腊咖啡馆同西班牙大台阶一样成为人们聚会的首选场所，无数的天才大家来到这里寻找灵感。作家易卜生、果戈理，音乐家肖邦、李斯特等人在名不见经传的咖啡馆里留下自己的足迹，坊间更是传闻歌德在这里完成了《塔里夫斯的公主》的创作。

意大利的咖啡馆历经几百年的风风雨雨，像一位老人一样阅尽世间的沧桑，平静地接待八方来客。意大利咖啡馆是思考的学者。

引以为傲的"文艺交际沙龙"。

是的，在城市中疲惫的时候，街角不经意间出现的咖啡馆一定能够抚慰你的心灵。即便是什么都不喝，只是静静地坐着已是难言的享受。今天的咖啡馆历经几百年，它早已远超一杯咖啡的意义，是平等自由的交际场，是灵感飞扬的摇篮，是安静沉思的庇护所，是一方脱俗的精神领地。希望你所在的城市，有一家这样的咖啡馆。

抚慰心灵的港湾

意大利人将咖啡馆带入浪漫的时尚之都巴黎，法国与咖啡馆得以相遇。1686 年，弗朗西斯科·普罗科比奥借鉴了凡尔赛宫的装修风格，在巴黎的塞纳河畔，世界上第一所用"咖啡馆"取名的咖啡馆正式开张。这家咖啡馆以法国宫廷为样板，优雅的环境、高档的装修、彬彬有礼的侍者，"咖啡馆"在巴黎上流交际圈一炮打响。达官贵人们在新式的社交场所里自由穿梭，咖啡馆成功取代小酒馆成为人们聚会的首选之地。卢梭、伏尔泰等启蒙思想的巨擘也经常到访，"咖啡馆"一时间又成为巴黎人

在一个维也纳式的咖啡馆里，男人们正在阅读报刊和讨论新闻。

资本主义时代的推动者
布尔乔亚

伴随着商品经济的发展和资本主义经济的壮大而产生的一个全新的社会阶层布尔乔亚，成为资本主义时代的推动者。

布尔乔亚的产生是人类史上的重大事件，他们诞生伊始就积极向上、生机勃勃，他们对人类社会的政治、经济和文化等领域产生了重大影响。

我们是布尔乔亚

从词源上，布尔乔亚即"bourgeois"的音译，源于意大利语"borghesia"，后者又源于由希腊语"pyrgos"演化而来的"borgo"，意为村庄，而"borghese"指在村庄中拥有房子的自由人。中古时期，商业经济的发展改变了原有的社会格局。住在村庄中心的磨坊拥有者等这些拥有房子的自由人经营工商业，经济实力大增，开始变得比住在附近乡间的人富有。他们开始拥有相对较多的权力和影响力，在与统治阶级和宗教人士接近的同时开始正面表达自己的利益诉求，甚至开始使用否决权，对

美是一个永恒的话题，可谓爱美之心人皆有之，女性对美尤其关注。自从人类产生后，从穿草裙到时下的美衣华服，都透露出人类在提高自身美丽上所做的不懈努力。图片中的性感女郎是17、18世纪布尔乔亚审美时尚的最佳代表。不过，摩登女郎的这身行头在现代人看来多少有些过时。

不符合自身利益的政策勇敢拒绝。

商品经济的进一步发展导致资本主义经济的萌芽和发展。一部分自由民不满足于政治上的附庸地位，开始谋取属于自己的社会地位。布尔乔亚抓住历史机遇，作为新型的社会阶层登上历史舞台，他们主要从事贸易、金融、手工业等新经济活动。布尔乔亚开始脱离对土地的依赖，他们搬离农村到经济更为发达、机会更多的城市居住，成为银行家、金融家和手工业劳动者。

布尔乔亚推动了城市发展进程的加快。低于贵族、高于农奴，在生产资料拥有者和无产阶级之间的广大群体——布尔乔亚成为社会中间阶层，新兴势力登上人类历史的舞台。"我们是布尔乔亚"成为一个新兴阶层的广泛共识。

18世纪，法国布尔乔亚男女典型的装扮。

哪里有压迫，哪里就有反抗

布尔乔亚秉持利己主义原则，在政治上积极争

1774 年一个富商在伦敦住宅的设计图

取扩大本阶层的权益。资本主义经济迅速发展，布尔乔亚迫切需要统一的市场和更多的自由劳动力。封建领主代表的旧贵族负隅顽抗，企图维护封建经济、扩大自己的势力，这在一定程度上导致市场经济秩序的混乱。布尔乔亚发展势头正猛，一切逆历史潮流而动的势力都终将被消灭。

敌人的敌人就是我的朋友，民族国家的君主成为布尔乔亚的盟友。16 世纪末，在西欧早期民族国家形成的过程中，君主企图限制贵族的权利、扩大王权以实现国家的统一，贵族们不甘心被国王压制，王权和贵族矛盾激化。布尔乔亚果断站到君主一方，同封建贵族展开政治上的斗争。

纵观 17 世纪和 18 世纪，布尔乔亚是政治上进步的阶级，他们支持集权政府和自然权利，反对君权神授，对封建贵族和高级教士享有的特权大力抨击。广为人知的启蒙运动开始了。布尔乔亚的诉求不仅停留在思想文化领域，还身体力行付诸实践。英国内战、美国独立战争和法国大革命皆是布尔乔亚领导的摆脱封建君主的统治，捍卫个人自由、经济发展和财产所有权的政治斗争。

经过几个世纪的努力，布尔乔亚在 19 世纪提出自由主义，获得了政治权利、信仰自由，为自己

知识链接：布尔乔亚的不同定义

布尔乔亚（bourgeoisie）是一个比较有争议的词汇，不同的语境、不同的时代有不同的解释。在中国也被译作资产阶级，是马克思主义理论中与无产阶级相对的词汇。在现代社会中，布尔乔亚有时又指代中产阶级。指实现一定程度的经济独立，对社会的发展和稳定能起到重要作用的社会中间阶层。经济收入成为确定社会阶层的重要依据。此文的布尔乔亚主要是指西方历史上的一个群体，他们在中世纪后期开始兴起，是除贵族和农民之外的一个新兴阶层。

和更低的阶层争取到更多的公民权利，他们是西方社会最进步的力量。然而，19 世纪中期，布尔乔亚势力的大扩张导致阶层的分化，银行家、大企业主等大资产阶级与小商人、白领阶层等小资产阶级的利益不再一致。大资产阶级成为统治阶级之后，他们开始变得故步自封、抱残守缺，布尔乔亚不再是当年的布尔乔亚。

威尼斯派画家隆吉的画作。他擅长刻画威尼斯奢侈的社会生活。

壮哉，壮游！

要么读书，要么旅行，身体和灵魂总要有一个在路上。壮哉，壮游！

壮游（Grand Tour）是 16 世纪末在英国兴起的贵族子弟游学方式，他们在完成学业后开启了一场浩大的欧洲巡游。

壮游的榜样

很多人都有一个流浪的梦想，总期盼着可以来一场说走就走的旅行。可是，即便现在交通发达，旅行也得经受舟车劳顿的辛苦。要进行一场真正意义上的旅行通常都需要充足的准备，资金、路线、证件等不一而足。在 16 世纪的英国，有钱有闲的贵族子弟完美地拥有了综上所述的种种条件，到欧洲游学成为最理想的毕业旅行。

此画为描绘英国参观者的佐凡尼画作局部图，它同时也记录下了乌菲兹美术馆中令人激赏的雕塑作品。

旅行家们开启了最早的旅游线路勘探。托马斯·科里阿尔（Thomas Coryat，1577—1617 年）是伊丽莎白晚期著名旅行家，他关于旅行的著作在 1611 年出版。托马斯·科里阿尔本身是著名的收藏家，他邀请英国建筑师的鼻祖和假面舞会的设计者依理高·琼斯做他的导游，进行了一次广泛了解欧洲文化、历史和艺术的深度游。这本著作引起了轰动，民众对作品中描写的欧洲风土人情十分向往。阿伦德尔伯爵同他的妻子和孩子们在 1613—1614 年横穿意大利直到那不勒斯的旅行成为英国学子巡游欧洲的先例。

约翰·洛克的《人类理解论》为壮游欧洲提供了理论的支持。他提出，知识来自外部的感知，一个人所知道的都是源自身体物理上受到的刺激。因此，人可以充分利用环境中的资源进行学习，旅行就是一个人发展思想、开阔眼界的重要方式。

正在筹划壮游的英国年轻夫妻。图片创作于 19 世纪晚期，描绘的是同时代一对年轻夫妻观看意大利地图的场景。巡游欧洲，特别是意大利的旅行，成为每个年轻人结束求学生涯的闭幕式。

巴黎的时装很受访问者们的欢迎。这幅画来自狄德罗的《百科全书》，图中裁缝师正在为顾客量尺寸。

走，到欧洲去

年轻的英国绅士们完成国内的教育之后，通常在20岁左右开始到欧洲壮游。这些年轻的绅士通常出身贵族或者富有的中产阶级，有较充足的财政支持，根据经济情况配备随行的男仆、家庭教师和专业的导游等。

壮游通常从英国的多佛尔启程，在法国登陆，然后在法国和意大利的主要城市进行寻访西方文明起源的游学旅行。壮游是一场真正意义上的游学，是一场文化的盛宴，学子们在巴黎、罗马、威尼斯和佛罗伦萨等地长时间的停留，参观博物馆、艺术馆和剧院，家庭教师和导游会对杰出的艺术品等为学生们进行极为详尽的讲解。学子们还拜访当地的文化名人、参与沙龙等上流社会形形色色的社交活动，广泛地学习当地的优秀文化成果。

壮游开阔了英国贵族绅士们的眼界，让他们看到了社会更多样的存在，是身体和灵魂同时在路上的最佳方式。英国贵族绅士们耳闻目睹的人和事，亲身验证书本上学到的理论，尽量使用当地的语言去交流，他们的语言能力、交际能力、解决问题的能力、自我克制的能力都得到大幅度的提升，他们丰满的是更为独立、包容的灵魂。

随着经济的发展和社会的进步，除英国的贵族子女之外，更多的普通民众可以参与到壮游的队伍中来。壮游也走出英国，成为风靡西方国家的游学

方式，空档年即是壮游的延续。在高中毕业或者进入大学中，选择一年暂时中止学业，在世界上走走停停重新思考人生、选择新的方向。我们国家越来越多的青年也加入旅行的队伍中，相信他们在旅途中一定会获得在教室里得不到的收获。

这幅版画描绘了造访古罗马广场的人们

责任编辑：詹　夺　王新明

助理编辑：薛　晨

图文编辑：胡令婕

责任校对：杜凤侠

封面设计：林芝玉

版式设计：汪　莹

图书在版编目（CIP）数据

启蒙时代 / 刘小玲 著 . —北京：人民出版社，2022.4

（话说世界 / 陈晓律，颜玉强主编）

ISBN 978 - 7 - 01 - 021820 - 5

I. ①启…　II. ①刘…　III. ①启蒙运动 - 欧洲 - 通俗读物　IV. ① B504-49

中国版本图书馆 CIP 数据核字（2020）第 007256 号

启蒙时代

QIMENG SHIDAI

刘小玲　著

人民出版社 出版发行

（100706　北京市东城区隆福寺街 99 号）

北京华联印刷有限公司印刷　新华书店经销

2022 年 4 月第 1 版　2022 年 4 月北京第 1 次印刷

开本：889 毫米 × 1194 毫米 1/16　印张：17.5

ISBN 978 - 7 - 01 - 021820 - 5　定价：90.00 元

邮购地址 100706　北京市东城区隆福寺街 99 号

人民东方图书销售中心　电话（010）65250042　65289539